수평적 권력

권력의 새로운 패러다임을 제시한 스탠퍼드 명강의

수평적 권력

데버라 그룬펠드 지음 | 김효정 옮김

센시오

나의 부모님께
드립니다

권력의 수평적 본질을
탐색하다

어머니 집에 갔다가 서류 서랍의 맨 구석에서 이 그림을 발견했다. 보자마자 누구인지 알 수 있었다. 눈은 너무 많고, 입은 꾹 다물었고, 팔도 손도 없다. 무엇이든 볼 수 있지만 아는 대로 행동할 수 없는 아이. 세 살 때 그린 나의 첫 자화상이다.

지금의 나를 보면 이 그림과 닮았는지 잘 모르겠다. 나는 스탠퍼드대학교의 석좌교수로 25년 넘게 권력 심리학을 연구하면서 논문을 쓰고 학생들을 가르쳤다. 나는 흥미로운 일을 하고 있다. 목소리를 낼 줄 알고 잘 사용할 줄도 안다. 내 아이들의 첫 자화상은 우리 집의 서류 서랍 맨 안쪽 어딘가에 보관하고 있다. 세 살 이후로 많은 것이 변했지만 이 조그만 막대기 인간은 분명 아직도 내 안에 남아있다.

내가 권력을 연구하면서 배운 점이 있다면, 권력을 얼마나 가졌든 모든 사람은 때때로 무력감을 느낀다는 것이다. 그리고 그렇게 느끼든 아니든 우리 모두는 권력을 갖고 있다.

이 말이 별로 와닿지는 않을 것이다. 권력을 생각하면 우리는 작아지곤 한다. 우리 인생에서 가장 연약한 시기인 어린 시절에 받은 권력에 대한 인상이 영영 떨쳐지지 않는 탓도 있다. 인생에서 처음으로 만나는 권력자인 부모님과 성인 보호자들은 절대 벗어날 수 없는 가족 공동체 속에서 살아남는 법을 가르친다. 일종의 관성에 따라 우리는 정해진 드라마 속에서 오래되고 익숙한 역할을 연기하곤 한다. 우리는 어린 시절이 남긴 이런 짐을 짊어진 채 어른이 되어 관계를 맺는다. 권력이 그은 첫 획은 지워지지 않는 흔적을 남긴다.

학자로서 나는 권력을 갖는 것이 무엇을 의미하는지에 대해 많은 글을 썼다. 나는 한 인간으로서 전문가가 되어 내 분야에서 입지를 다지면 내게도 권력이 생긴 것처럼 느껴지고 나답게 사는 것도 쉬워질 거라는 희망을 놓지 않았다. 하지만 내가 가진 정도의 권력으로는 기대했던 감정을 느낄 수 없었다. 권력은 항상 주의를 끌며 감시의 대상이 된다. 권력에는 더 큰 기대와 실패 가능성과 위험이 따른다. 권력을 가져도 어린 시절의 불안감을 더는 데는 거의 도움이 되지 않았다. 권력을 발산할 무대가 더 커졌을 뿐이다.

자신이 가진 권력을 제대로 연기한다는 것

내가 교수가 된 것은 꽤 극적인 변화였다. 대학원생으로 5년을 지내다 보니 그 역할이 상당히 편안해졌다. 박사 학위를 받고 노스웨스턴대학교에 일자리를 구한 첫날부터 나는 '교수'가 되었다. 실험을 진행하고 논문을 발표하고 가르치는 법을 배우는 등 하는 일은 별로 달라지지 않았기에 나는 여전히 같은 사람처럼 느껴졌다. 하지만 남들에게는 과거와 다른 사람이었다. 나는 많은 것을 아는 전문가여야 했고 다른 사람들에게 책임을 지우고 학생들에게 이런 저런 지시를 내려야 했다.

불편하기 짝이 없는 아이러니였다. 심리학자로서 나는 진정한 권력 전문가였다. 그런데도 여전히 무력함을 느꼈다. 그 역할에 따르는 존경과 관심을 받을 자격이 없는 사기꾼처럼 느껴졌다. 승진할수록, 내 위상이 높아질수록 사람들에게 인정받기 위해 안간힘을 썼다. 권력을 지닌 다른 사람들이 어떤 모습인지는 알고 있었다. 다만 나도 그들 중 하나라는 사실을 받아들일 수 없을 뿐이었다.

그러다 돌파구가 생겼다. 예상치 못한 곳에서 찾은 돌파구였다. 나는 전반적인 수업의 질을 높이기 위해 경영대학원 교수진을 대상으로 실시하는 새 프로그램에 참여하게 되었다. 연극계 출신의 컨설턴트가 제안한 프로그램이었다. 캘리포니아에서도 다소 황당한 시도로 느껴졌지만 내가 빠질 수 없는 자리였기에 참여하기로 했다.

다른 교수 여덟 명과 나는 체구가 작고 활기 넘치는 바버라 레인브라운Barbara Lanebrown이라는 여성과 함께 갑갑한 강의실에서 꼬박 이틀을 보냈다. 바버라는 우리 각자에게 전형적인 강의를 3분 분량씩 준비하여 동료들 앞에서 발표해 달라고 요구했다. 영국 억양을 지닌 반백의 국제경영학 전문가가 첫 발표를 마치자 바버라는 그에게 예기치 못한 질문을 던졌다. "무대에 어떤 인물들을 데리고 올라오셨나요?" 어리둥절한 발표자가 바버라를 보며 눈만 끔벅이자, 그의 불편함을 감지한 한 동료가 그녀에게 설명을 요구했다. "강의실은 우리가 선생님의 역할을 연기하는 극장과 같다"고 바버라는 차분히 설명했다. 그녀는 그 말을 소화할 시간을 주려는 듯 잠시 기다렸다가 말을 이었다. "강의를 할 때 우리는 공연을 하는 것입니다. 배우처럼 그 역할에 생명력을 부여할 캐릭터를 우리 내면에서 선택해 연기하는 거죠."

몇 사람은 엷은 미소를 지었고 누군가는 코웃음을 치기도 했다. 나는 그 말을 곧이곧대로 받아들이는 사람이 있는지 두리번거렸다. 그 순간 누군가 내 생각을 그대로 입 밖으로 꺼냈다. "저는 강의실에서 연기를 하지 않습니다. 원래 내 모습대로 행동하죠."

바버라는 이 의견을 곰곰이 생각하더니 우리가 방금 본 발표에 대해 이렇게 물었다. 동료로서 알고 지냈을 뿐 가르치는 모습은 본 적 없는 이 사람이 선생님 역할을 할 때는 평소와 달라 보이지 않느냐고. 지금껏 본 적 없는 면모를 보았거나 그에 대해 여태 몰랐던 사실을 깨닫지 않았냐고.

물론 대답은 '그렇다'였다. '무대 위'의 그는 우리가 강의실 밖에서 알던 사람과 똑같다고 할 수 없었다. 한 사람씩 차례로 3분짜리 강의를 펼치다 보니 바버라의 말은 계속해서 사실로 증명되었다. 전형적인 근엄한 학자인 줄 알았던 동료는 알고 보니 '코미디언'에 가까웠다. 평소에는 털털하고 서글서글하던 동료는 엄하다 못해 무서운 교수였다. 그는 자신을 '보안관'이라 표현했다. 교직원 회의 때마다 저돌적이고 거침이 없던 세 번째 동료는 강의실에서는 침착하고 진지한 '동네 어르신' 역할을 연기했다. 한 사람도 예외 없이 가르칠 때는 자신의 숨겨진 모습을 드러냈다. 무의식적이라 해도 우리는 공연에서 가장 적합한 모습, 가장 편안한 모습을 보이기 위해 우리가 아는 인물, 이미 우리 안에 살고 있는 인물들을 끌어냈다.

정말 놀라운 경험이었다. 강의 때 나는 활기찬 인물, 열정적인 인물, 불안한 인물, 짓궂은 인물, 연약한 인물, 지적인 인물, 박식한 인물, 진지한 인물, 논리적인 인물, 강한 인물 등 수많은 인물을 동원한다는 사실을 깨달았다. 당연히 그 열 가지 인물이 실제로 초대된 것은 아니었지만 어찌됐든 모습을 드러냈기에 무대가 너무 작게 느껴졌다. 알고 보니 나는 그 가운데 누구도 진심으로 믿지 않았다. 강한 인물은 반감을 사지 않을까, 약한 인물은 딱해 보이지 않을까 두려웠다. 결국 나의 인물 모두가 앞다투어 무대 뒤로 숨으려 했고, 그것은 관객들의 눈에 뻔히 보일 터였다.

그날 우리는 각자의 과제를 안고 강의실을 떠났다. 몇 분짜리 강의를 또 준비해야 했지만 이번에는 인물을 더 많이 드러내는 데 주력하기로 했다. 준비를 마친 우리는 둘째 날을 위해 다시 모였다. 이번에는 특별히 과감한 시도도 있었다. 동네 어르신은 털털한 말투를 쓰며 좀 더 흐트러진 모습을 드러냈다. 카우보이 부츠를 신고 온 보안관은 이따금씩 손가락 총을 쏘며 극적인 효과를 노렸다. 나는 무엇을 시도했는지 기억이 나지 않는다.

하지만 내가 기억하는 것은 동료들과 달리, 나는 자기 검열을 멈출 수 없었다는 점이다. 동시에 나는 동료들이 원래의 자기 모습을 버리고 연기하는 역할을 온전히 받아들일 때, 공연이 더욱 흥미롭고, 매력적이고, '진실'해진다는 것을 알 수 있었다. 연기를 한다고 그들이 덜 '진실하게' 보이는 것은 아니었다. 오히려 더 진짜처럼 보였다.

† † †

이제 나는 권력이 개인에게 속한 것이 아님을 안다. 한때는 그렇게 생각했지만 지금은 생각이 달라졌다. 극장에서처럼 인생에서도 권력은 우리가 연기하는 역할에 따라온다. 성공한 배우들은 자신의 역할을 위해 필요한 인물이 되는 것을 불안하다는 이유로 주저하지 않는다. 어떤 역할이든 잘해내고, 스스로 갈망하는 인물이 되고, (권력이 있다고 느끼든 없다고 느끼든) 권력을 효과적으로 쓰기 위해서는 자신의 드라마에서 빠져나와 다른 사람의 이야기에서 자신의 역할을 연기할 줄 알아야 한다.

'교수'로서의 내 자신에게 확신이 없다 해도 그것은 틀림없는 내 자신이다. 교수 연기를 하는 것은 '거짓 시늉'이 아니라 사람들과 공유하는 사회의 현실을 받아들이고 내 역할에 최선을 다하는 것이다.

자신이 권력자라고 생각하면 마음이 불편해질 때도 있다. 하지만 권력을 잘 사용하려면 우리는 적절한 순간에 자신의 가장 좋은 모습을 끌어내고, 불안정하거나 별로 쓸모없는 모습은 접어두어야 한다. 위대한 배우 주디 덴치의 말을 빌리면 "일을 진지하게 받아들이되, 자신은 전혀 진지하게 받아들이지 않는 것이 요령이다."

내가 가진 권력의 역할에 충실하기

2015년 수업 첫날, 뉴스에서 내 기사를 보았다. 한 종신 교수, 그녀와 별거 중인 남편, 그리고 경영대학원 학장이 '삼각관계'에 휘말렸는데 세 사람은 우연찮게 같은 직장에서 일하고 있다는 내용이었다. 이 이야기는 많은 관심을 끌었다. 〈뉴욕 타임스〉 〈월스트리트 저널〉 〈비즈니스위크〉 등의 언론사 기자들은 학장과 교수 사이에 오간 사적인 메시지를 입수하여 내게 해명을 요구했다.

이것은 내가 맡고 싶은 역할이 아니었다. 나는 졸지에 안줏거리가 되었다. 초기 보도에 따르면, 나는 상사와 '밀회'를 즐긴 권력과 직권 남용 전문가였다. 진실이 무엇이든 상관없는 모양이었다.

사실은 우리 둘 다 싱글이었고, 이미 3년 가까이 만났으며, 그 관계는 비밀도 아니었다. 우리는 학교의 방침을 따랐으니 충분하다고 생각했다. 하지만 내가 '대학원 학장'과 사귄다는 사실이 시각을 바꿔놓았다. 우리의 관계에 대한 이야기는 내가 '팜 파탈'로 캐스팅되면서 흥미진진한 치정극으로 탈바꿈되었다.

나 같은 권력 전문가라면 그런 일이 닥치리라고 사전에 예측하고 그것이 어떤 양상으로 펼쳐질지도 미리 알았어야 한다고 생각하는 사람도 있을 것이다. 하지만 그 소문이 터지기 전에 나는 권력과 어느 정도 거리를 두고 있었다. 권력을 연구하고 생각하고 가르쳤지만, 그 일이 있기 전에는 모래 놀이터에서 장난감을 가지고 놀 듯 권력을 가지고 놀았을 뿐이다. 권력이 어떻게 작용하는지 확인하려고 이리저리 뒤집어보고 만지작거렸다. 성인기 내내, 나는 권력이 매력적인 주제라고 생각했다. 하지만 그것이 나와 큰 상관이 있다고는 생각지 않았다.

그 소문이 터졌을 때 내가 제일 크게 충격받은 것은 모두가 이 일에 관심을 보인다는 점이었다. 내 생각에 우리는 최근에 독신이 된 후 서로를 발견하여 겨우 두 번째 사랑의 기회를 얻은 중년일 뿐이었다. 이 사건으로 우리의 세계는 형편없이 쪼그라들었다. 우리 아이들이 우리 관계를 어떻게 받아들일지 걱정하느라 많은 시간을 허비했다. 우리 관계가 다른 사람에게도 그렇게 중요할 줄은 몰랐다. 물론, 잘못된 생각이었다. 우리의 세계는 좁아졌지만, 우리가 서 있는 무대는 그렇지 않았다.

팜파탈이라는 수군거림은 곧 가라앉았다. 이제 나는 더 이상 입방아의 대상이 아니다. 다른 사람들이 나를 보는 시선을 통제할 수는 없지만, 그들이 나에 대해 하는 말이 나를 정의할 수는 없다는 것은 잘 안다. 이제 나는 내 자신을 배우로, 좀 더 어수선하고 현실적인 사람으로 여긴다. 나는 최선을 다하면서도 실수를 저지르고, 배려심이 많지만 욕심도 많고, 당당한 동시에 불안하고, 어떤 면에서는 강하지만 다른 면에서는 약하고, 책임을 진지하게 받아들이면서도 내 역할을 완벽하게 해내지는 못하는 인간이다.

극장에서 강렬한 공연을 한다는 것은 인간의 의미에 대한 진실을 수용하고 소화하는 것이다. 인간은 강인하면서도 연약하고, 재주가 많으면서도 실수하기 쉽고, 강력하면서도 무력하다. 사실 이런 이중성은 전문 배우들이 배역을 맡을 때마다 감당해야 하는 도전이다. 어떤 배역이든 진실하게 연기하고 싶은 배우라면 판단 없이 역할을 받아들여야 한다. 이것은 누구에게나 적용되는 진리다. 우리 모두가 이런 특성을 지녔다는 사실을 받아들이고, 이 모든 진실을 소중히 여기고, 적절한 순간에 우리의 모든 면모를 드러내는 법을 배우고, 우리가 저지른 실수를 우아하고 침착하게 처리한다면 우리의 회복 탄력성은 강해지고, 우리는 수치심과 자기혐오에 덜 휘둘리게 되어 결국 더 강한 사람이 된다. 역설적이지만 진정성은 더 자기다워지려는 노력이 아니라, 자신을 받아들이는 법을 배우는 데서 나온다.

남들 앞에서 창피를 당하면서 나는 훨씬 더 강한 사람이 되었다. 내가 자신들이 읽은 기사의 주인공이라는 사실을 알게 된 낯선 사람들은 싸늘하고 당황스런 눈으로 나를 보았다. 이제 나는 그들을 좀 더 편안하게 만드는 데 힘을 쏟고 싶다. 나는 여전히 좋아하는 일을 하고 있고, 쓸모 있는 사람이 되려 노력하고 있고, 나를 정의하는 역할을 하고 있기 때문이다. 이제는 아무것도 두렵지 않다. 그렇게 보면 나는 필요한 권력을 전부 가진 모양이다.

항상 원하는 역할, 연기할 준비를 충분히 갖췄다고 느끼는 역할에 캐스팅되는 것은 아니다. 그렇다 해도, 쇼는 계속되어야 한다.

우리 각자가 가진 권력을 제대로 쓰는 법

권력에 관심 있는 사람이 나 혼자만은 아니다. 우리 문화권에서는 자신의 권력과 다른 모든 사람의 권력에 집착한다. 더 큰 권력을 얻는 방법을 다룬 책은 다양하고 관점도 그만큼 다양하다. 하지만 내가 볼 때 이런 접근법은 뭔가를 놓치고 있다. 나의 모든 연구와 개인적이고 전문적인 경험은 성공, 영향력, 삶에 대한 만족도가 많은 권력을 축적한 결과가 아니라, 이미 가진 권력으로 다른 사람들을 위해 할 수 있었던 일의 결과라는 것을 분명히 보여준다.

현재 진행 중인 권력에 대한 논의에서는 이런 진실이 언급되지 않지만, 그 결과는 사회생활의 모든 영역에서 명백하게 드러난다. 있지도 않은 권력을 걱정하며 시간을 허비할 때, 우리는 권력을 개인 소비와 자기 확대를 위한 자원으로 생각하는 것이다. 우리는 권력을 손에 넣는 것 자체를 목적으로 정의한다. 인생의 목표를 달성하려면 더 많은 권력이 필요하며, 개인이 가진 권력의 크기가 인간으로서의 가치를 결정한다는 개념을 믿는다. 무슨 대가를 치르더라도 최고의 위치에 도달해야 하며, 어떤 상황에서도 우위를 유지해야 한다고 여긴다. 권력에 대한 기존 인식에 따르면, 필요한 수단을 총동원해 더 큰 권력을 쥐는 것이 성공의 열쇠이며 더 큰 권력을 가진 사람이 승자다.

이런 인식이 잘못되었다고 말하는 것만으로는 충분치 않다. 그보다 훨씬 나쁘다. 누군가에게 더 많은 권력이 필요하다는 생각은 자신에 대한 최악의 두려움과 우리의 가장 파괴적인 본능을 부추긴다. 권력을 쥐고 있으면서도 실제보다 무력하다고 느낄 때, 자신이 처한 상황의 현실과 동떨어져 있을 때, 자신이 실제보다 적은 권력을 가지고 있다고 두려워할 때 우리는 자기방어에만 힘을 쏟을 뿐 관대해지기 어렵다. 권력을 나쁘게 쓴다는 것이 무슨 의미인지는 누구나 잘 안다. 뉴스만 봐도 증오를 내뿜는 지도자, 부패한 정치인, 부도덕한 CEO, 성적으로 문란한 연예계 거물, 부정한 방법으로 자녀를 대학교에 입학시키려 하는 부유한 부모 등 수없이 많은 예를 접할 수 있다. 자신의 무력감을 해소하기 위해 권력을 사용하는 사람들은 결코 책임을 지지 않는다. 권력을 나쁘게 쓴다는 것은 바로 이런 의미다.

반면 권력을 잘 쓴다는 것이 무슨 의미인지는 별로 명확하지 않다. 훨씬 더 설명하기 힘들다. 핵심은 우리가 생각보다 많은 권력을 가지고 있다는 현실을 받아들이는 것이라고 본다. 허무맹랑한 소리가 아니다. 권력은 모든 역할과 모든 관계에 존재하기 때문이다. 권력은 서로를 필요로 하는 사람들 사이에서 오고가는 자원이다. 그리고 관계를 맺은 사람들은 양쪽 다 서로를 필요로 하고 서로에게 줄 것이 있기 때문에 권력은 한쪽으로 치우칠 수 없다. 결국 우리가 누구인지, 얼마나 탁월한지, 얼마나 적응을 잘하는지, 어떻게 느끼는지와는 관계없이 다른 사람들의 삶에서 어떤 역할을 하느냐에 따라 권력이 생긴다는 뜻이다. 권력을 잘 쓰려면 권력을 지금과는 다르게 바라봐야 한다. 우리가 가진 권력에 따르는 책임을 수용해야 한다. 역할과 책임을 지금보다 더 진지하게 인식해야 한다. 이것이 바로 내가 이 책을 쓰는 이유다.

우리가 생각보다 더 큰 권력을 지녔다는 개념이 어리둥절하게 느껴질지도 모르겠다. 우리를 타인들과 연결시키는 역할과 책임이 약점이나 제약의 원인이 아니라 권력이 원인일 수도 있다는 개념은 내가 들어도 미국의 현실과는 어울리지 않는다. 1등자리를 지킨다고 1등이 확실히 보장되는 건 아니라는 주장은 더더욱 터무니없이 들릴 수 있다. 하지만 사회과학은 이 모두가 사실임을 증명한다. 집단에서 누가 가장 높은 자리를 차지할지는 개인의 능력, 경쟁력, 치열함에 따른 결과가 아니다. 연구 결과에 따르면, 오히려 여러 생물 종에서 자신이 가진 온갖 강점을 책임감 있게 사용하는 개체가 지위 (존중, 공경, 더 많은 권력)로 보상을 받는다. 자신만 챙기기보다 집단에 쓸모 있는 존재가 되고 공동의 문제를 해결해야 한다는 뜻이다. 개인적 야망을 품거나 자신의 지위를 지키려는 욕구는 나쁠 것이 없다. 하지만 자신보다 약한 존재들을 진심으로 보살피는 방법으로도 지위를 높일 수 있다. 권력을 잘 사용하는 것이란 이런 것이다.

이 책은 권력이 무엇인지, 어떻게 작동하는지, 사회생활의 모든 측면에 어떤 영향을 미치는지에 대한 흔한 오해를 바로잡고자 한다. 이 책은 권력의 심리학을 20년 이상 연구하고, 강의실 등에서 가르치고 배운 나 자신의 경험으로 채워졌다. 지금껏 내가 만났고 권력의 진정한 본질에 대한 가르침을 얻은 수많은 MBA 학생, 기업가, 학자, 전문 배우, 지도자들의 질문, 이야기, 지혜도 담겨있다. 또한 이 책에는 기발한 실험처럼 시작했다가 단번에 스탠퍼드 경영대학원에서 가장 인기 있는 선택 과목이 된 MBA 수업 내용이 압축되어 있다. 이 수업에서는 진정한 권력은 개인의 지위를 추구하거나 다른 권력자에게 의존하는 데서 오는 것이 아니라고 가르친다. 진정한 권력은 권력과 리더십을 집단의 이야기를 진행시키는 기회로 보는 데서 비롯된다.

† † †

《수평적 권력》은 권력을 가졌든 아니든 무력함을 느껴본 적이 있는 사람들을 위한 권력에 관한 책이다. 더 큰 역할에 발을 들여놓으면 불안해하는 사람들과 더 작은 역할에 갇혀있다고 느끼는 사람들을 위한 책이다. 불안감을 느끼지만 자신감 있게 행동하고 싶거나 자신이 사기꾼처럼 느껴지지만 역할을 충분히 수용하고 싶은 사람들을 위한 책이다. 권력을 자주 휘두르지만 더 잘 휘두를 수 있을 거라 느끼는 사람들을 위한 책이다.

자기다움을 지키면서도 어떻게 하면 권력을 지금과 다르게 사용할 수 있을지 고심하는 모든 이를 위한 책이기도 하다. 조금 더 존중받기 위해 한 단계 올라서고 싶은 사람들, 공격성을 조금 내려놓고 한 발짝 뒤로 물러서고 싶은 사람들을 위한 책이다. 너무 드세다거나 너무 무르다는 소리를 자주 듣는 사람들을 위한 책이다.

사람들이 왜 권력을 남용하는지 이해하고, 저항하고, 살아남고, 지금보다 강해지려면 어떻게 해야 하는지 배우고 싶은 이들을 위한 책이다. 과거에 권력을 잘못 사용했지만 자기 안의 악마를 다스리고 싶은 사람들을 위한 책이다. 권력이 책임감 있게 사용되고, 괴롭힘과 성희롱 같은 권력 남용이 일어나지 않는 문화와 환경을 위해 노력하는 리더들을 위한 책이다. 그런 곳에서는 올바른 이유로 선택되고 올바른 행동으로 보상받는 올바른 사람들이 리더가 된다. 그런 리더는 사람들의 롤모델이 되어야 한다는 책임을 마음 깊이 새긴다.

이 책은 4부로 나뉜다. 1부에서는 권력에 대한 일반적인 오해를 밝히고 권력이 실제로 어떻게 작용하는지, 또 어떻게 작용하지 않는지를 살펴본다. 권력을 발휘하는 것이 무엇을 의미하는지, 권력을 잘 쓰는 것은 어떤 의미인지를 정의한다. 2부에서는 특히 권력이 따르는 경우에 사회와 직장에서 맡은 역할이 중요한 이유는 무엇인지, 자신이 맡은 역할을 어떻게 이해해야 하는지, 그 역할이 자연스럽게 느껴지든 아니든 잘 해낼 수 있는 방법은 무엇인지 알아본다. 또 과거의 역할들이 어떻게 우리를 새로운 상황으로 이끄는지, 왜 어떤 사람들은 권력을 한 방향으로만 쓰는지 살펴본다. 권력을 잘 사용하려면 지휘와 통제, 존중과 연결에 모두 능숙해야 한다. 그래서 2부에서는 직관이 연결을 요구할 때 지휘하는 것에 익숙해지고, 직관이 통제를 요구할 때 존중하는 것에 익숙해지는 법을 이해해 당신의 역량을 넓히는 방법을 제시한다.

3부에서는 더 큰 무대에 오를 때 자연스레 발생하는 불안감, 즉 배우들이 말하는 수행 불안을 다스리는 방법을 알아본다: 역할 전환의 어려움, 역할을 바꾸는 능력이 그토록 중요한 이유, 배우가 '줄거리를 놓치는 것'을 피하기 위해 낯설게 느껴지는 새 역할을 소화하는 방법도 살펴본다. 역할을 진지하게 받아들이면서도 자신의 본모습을 잃지 않는 것이 어떻게 가능한지도 설명한다.

4부에서는 성폭력과 괴롭힘 같은 권력 남용을 다루고, 그런 일이 일어나는 이유를 설명한다(당신이 생각하는 이유가 아닐 수도 있다). 피해자, 혹은 악당으로 캐스팅되는 것을 피하는 방법은 무엇인지, 의도치 않게 관계를 망가뜨리는 것은 어떻게 피할 수 있는지도 살펴본다. 주변에서 펼쳐지는 드라마 속에서 구경꾼이 아닌 '나서는 자'가 되는 방법도 알아본다. 마지막으로, 권력 남용이 지금보다 흔하지 않은 환경을 만들려면 조직의 최고 권력자가 권력을 어떻게 써야 하는지를 생각해 본다.

이 책《수평적 권력》에서는 지배보다 책임을, 진정성보다 성숙을 우선시하는 권력을 다룬다. 이 책은 자신을 생각하기보다 상황에 집중해야 권력을 더 잘 사용할 수 있다고 주장한다. 당신도 나나 내 동료들과 같다면, 사회생활에 대한 이런 접근법이 모든 것을 바꿀 수 있음을 깨달을 것이다. 권위를 편안하게 느끼게 되고, 관계의 질이 높아지고, 모든 역할을 성공적으로 수행하여 영향력을 얻게 되며, 당신이 속한 집단의 기능마저 바꿀 수 있다. 개인들이 전체 결과와 서로의 성과를 높이는 데 집중할 때 심리적 안정감이 형성되고, 집단의 민첩성과 유연성은 높아지며, 지위와 권력 경쟁은 최소화되어 결국 에너지가 집단의 목표로 전달된다. 거창하게 들릴지 몰라도 나는 권력을 연기하는 사람이 많아질수록 사회 전체에 이익이 된다고 믿는다. 큰 규모에서 권력을 더 잘 사용하는 법을 익히면 우리는 온갖 사회 제도를 유해하게 만들 수 있는 권력 남용을 예방할 수 있다.

권력에 관한 책들은 대부분 다른 사람들과 싸워서 이기는 방법을 다룬다. 하지만 이 책에는 우리 자신과의 싸움에서 이기는 방법이 담겨있다.

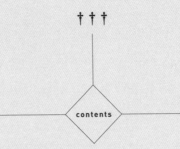

contents

3장
권력 숨기기

3부 나에게 주어진 권력의 역할은 무엇인가?

4장
'나다움'과 '권위'를 동시에 지키려면

5장
달라진 역할에 맞게 권력을 쓰는 법

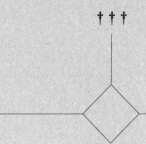

Part 1

우리가 아는 권력은
모두 틀렸다

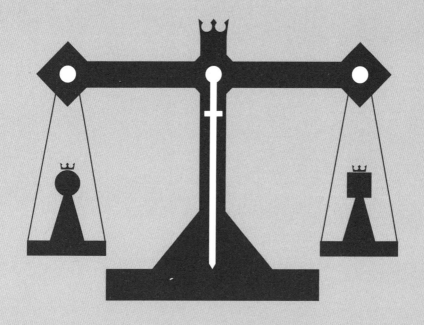

Horizontal Power

Chapter 1

우리 모두는 권력을
갖고 있다

　권력은 매력적인 주제다. 여성이든 남성이든, 상위 1퍼센트든 나머지 99퍼센트든, 비영리단체의 관리자나 비즈니스 리더, 기업가, 중간 관리자, 고위 간부든 아니든 우리는 누구와 함께 있더라도 권력을 의식한다. 그럴 만한 이유가 있다. 권력을 가진 사람들이 우리 운명을 쥐락펴락하기 때문이다. 권력은 사람들을 끌어당기기도 하고 물리치기도 한다. 권력은 창조하기도 하고 파괴하기도 한다. 권력은 문을 열기도 하고 닫기도 한다. 권력은 누가 전쟁을 일으키는지, 왜 평화가 찾아왔는지, 우리가 무엇 때문에 싸우는지 설명한다. 권력은 우리가 어떻게 살고 어떤 법의 지배를 받는지, 누가 물질적 이익을 차지하고 누가 차지하지 못할지를 판단한다. 버트런드러셀Bertrand Russell은 권력을 인간관계에 작용하는 근본적인 힘이라고 말했다. 뮤지컬 〈해밀턴Hamilton〉에서는 권력이 "누가 살고 누가 죽고 누가 당신의 이야기를 전할지 결정한다"라고 표현했다.

권력에 대한 인간의 관심은 깊은 실존적 뿌리를 갖는다. 심리학자들은 우리가 죽음을 두려워하기 때문에 권력을 좋아한다고 본다. 권력이 일종의 불멸을 약속한다는 것이다. 다소 지나친 주장 같지만 진화의 관점에서는 일리가 있다. 권력에는 생존가survival value(어떤 생물의 특성이 생존과 번식 등에 유리하게 기여하는 효과 - 옮긴이)가 있다. 권력이 있으면 공유 자원을 더 많이 이용할 수 있고, 자신의 성과를 더 잘 통제할 수 있으며, 사람들과 더 쉽게 관계를 맺고, 집단 내에서 더 높은 지위를 차지할 수도 있다. 인간의 심리는 이런 진화적 현실에 도움이 되는 쪽으로 진화했다. 권력이 클수록 우리는 더 나은 삶을 더 오래 누릴 수 있고 육체가 소멸한 뒤에도 다른 사람들의 마음과 머릿속에 살아남을 수 있다고 여긴다.

이런 이유로 우리는 자신도 모르는 사이에 권력을 추구한다. 인정하고 싶지 않지만, 권력과 상관없어 보이는 곳에서도 권력 경쟁은 어김없이 일어난다. 직장은 말할 것도 없고, 가정에서, 부부 관계에서, 형제자매나 친구들 사이에서, 그리고 사회 전반에서 권력은 체계를 세우는 중요한 힘이다. 다른 일을 하고 있다고 생각하는 순간에도 알고 보면 우리는 항상 권력의 차이에 대응하고 권력을 흥정한다.

유심히 살펴보면 곳곳에서 이런 경쟁이 눈에 띄기 시작한다. 새로운 소식, 10대 자녀의 통금 시간, 데이트 때 저녁식사 장소를 정하는 문제처럼 권력과 거리가 먼 화제로 정답게 이야기를 나눌 때도 우리는 누가 더 많이 아는지, 누구 인맥이 넓은지, 누구의 관심사가 가장 중요한지, 누가 결정권을 갖는지, 누가 도덕적으로 우월한지, 누가 규칙을 정할지를 두고 기 싸움을 벌인다.

권력자들의 습관, 전략, 약점에 대해서는 많은 자료가 나와있다. 대체로 사람들은 두려움, 감탄, 부러움이 섞인 눈으로 그들을 우러러보며 권력을 연구한다. 이런 '개인 우상화' 접근 방식을 보면 권력은 우리 같은 보통 사람들은 갖지 못한 탁월한 매력과, 수단과 방법을 가리지 않는 야망을 겸비한 사람만이 얻을 수 있는 것 같다. 그렇다면 권력을 손에 쥐기 위해서는 그 밖의 모든 것과 모든 사람들을 희생시키면서 자신의 세력을 넓히고 세상을 제패해야 한다는 뜻이다. 이런 사회생활 방식이 못마땅할 정도는 아니라도 바람직하지는 않다고 생각하는 사람들은 자신이 권력과 어울리지 않는다고 결론짓고 권력에서 슬며시 물러난다. 품위를 지키고 나쁜 사람들과 같은 수준으로 떨어지지 않겠다는 생각으로 통제권을 포기해 버린다. 하지만 알고 보면, 권력을 갖는 동시에 좋은 사람이 되는 법을 알지 못하기 때문에 엉뚱한 사람들에게 권력을 넘기는 것이다.

권력을 처음 연구하기 시작할 무렵, 나는 이 주제 자체에 거부감을 느꼈다. 평등권의 시대에 성장한 우리 세대는 다 그렇겠지만, 나는 자랄 때 사회 정의에 관심을 가져야 하고, 사회생활에 어떤 부당함이 있는지 인식해야 하고, 모든 사람이 평등한 권리를 지녔음을 믿어야 한다고 배웠다. 내가 처음으로 숭배한 인물들은 마틴 루서 킹 주니어, 로버트 F. 케네디, 드러내 놓고 페미니스트였던 고등학교 영어 선생님이었다. 선한 사람은 어떤 형태의 권력도 거부해야 하는 줄 알았다.

그래서 나는 연구자로서 권력의 베일을 벗기고 어두운 면을 까발려 그 실체를 드러내겠다고 별렀다. 어렵지 않았다. 연구를 거듭할수록 어떤 실험에서든 무작위로 '높은 권력' 조건에 배정된 피험자들이 '낮은 권력' 조건에 배정된 피험자들보다 충동적이고, 남의 눈치를 덜 보며, 자신의 행동이 가져온 결과에 개의치 않는다는 사실이 밝혀졌기 때문이다. 처음에는 권력만 잡으면 누구든 악당이 되는 것처럼 보였다.

하지만 이 분야가 발전하고 연구에 동참하는 전문가가 늘어나면서 상황은 조금 달라졌다. 나와 동료들이 실험실에서 평범한 사람들에게 권력을 쥐어주면, 그들은 이기적으로 돌변하고 사회 규범에 무뎌지곤 했다. 하지만 반대인 경우도 있었다. 권력이 모든 사람을 괴물로 만드는 것은 아니었다. 오히려 사람들의 가장 협조적이고 친사회적인 본능을 이끌어내기도 했다.

경쟁이 치열한 우리 문화권에서는 권력을 자기 발전의 수단으로 여기는 것도 당연하다. 하지만 권력은 우리가 아끼는 사람들을 돌보는 도구이기도 하다. 더구나 사람들을 보살피는 것 자체가 자신을 높이는 방법이 될 수 있다. 실제로 더 많은 것을 희생하며 스스로 위험을 감수하는 경우, 이를 테면 일을 적게 할 때보다 많이 할 때, 대가를 바라지 않고 다른 사람들에게 자신이 가진 자원을 내어줄 때 지위가 높아진다는 연구 결과도 있다.

시간이 흐르면서 이런 정황은 더 뚜렷해졌다. 권력은 사람들이 가장 좋은 본능과 가장 나쁜 본능에 따라 행동할 가능성을 모두 높인다. 누구에게나 이기적인 충동은 있지만, 누구나 다른 사람들의 행복을 더 우선시할 수도 있다. 권력에 대해 내가 깨달은 진실은 권력 자체가 본질적으로 좋거나 나쁜 것도, 권력을 지닌 사람들이 본질적으로 우월하거나 결점이 많은 것도 아니라는 점이다. 그보다 권력을 가지고 어떻게 행동할 것인지는 권력을 쓸 기회가 생겼을 때 어떤 마음을 먹는지에 달려있다. 결국 얼마나 많은 권력을 가졌느냐가 아니라 권력을 어떻게 사용하느냐가 우리가 어떤 사람인지, 세상에 어떤 영향을 미칠지를 규정한다.

권력의 본질을 알아야 하는 이유

권력의 개념은 다소 애매모호하다. 권력이란 정확히 무엇을 의미할까? 잠시 생각해 볼 필요가 있다. 권력을 보고 그것이 권력인 줄 알면 그만이라는 사람도 있다. 하지만 누가, 왜, 어떻게 권력을 손에 넣을지 예측하고 싶다면 권력이 정확히 무엇인지, 권력이 아닌 것은 무엇인지 이해해야 한다. 이때는 사회심리학자 쿠르트 레빈Kurt Lewin의 지적대로 "훌륭한 이론만큼 실용적인 것은 없다." 권력의 차이에 적절히 처신하거나 권력의 균형을 바꾸거나 특정 상황에서 자신의 권력이 얼마나 되는지 이해하고 싶다면 권력이 무엇이며 어디서 나오는지 알아야 한다.

정의에 따르면 권력이란 다른 사람들과 그들이 만드는 결과를 통제하는 능력이다. 그렇다면 당신의 권력은 다른 사람들이 가치 있는 보상을 얻고 처벌을 피하기 위해 특히 당신을 얼마나 필요로 하는가에 달려있다. 그런 결과를 가져다줄 수 있는 사람이 당신뿐이라면, 누구나 그렇게 할 수 있을 때보다 당신에게 큰 권력이 주어진다. 당신이 필요한 사람에게는 당신의 비위를 맞출 동기가 생기고, 그렇게 되면 당신에게는 통제력이 생긴다.

권력은 지위가 아니다. 지위는 다른 사람들이 당신을 존경하고 존중하는 정도를 보여준다. 물론 권력과 지위는 서로 관계가 있지만, 지위가 없어도 권력을 가질 수 있다. 당신이 지각을 했는데 낯선 운전자가 그 인근에 하나밖에 없는 주차 공간을 떠나려 한다고 가정해 보자. 상황의 긴급성과 결과를 통제할 수 있는 능력(그는 전화를 받느라 당신을 기다리게 할 수 있다) 때문에 그는 자신도 모르는 사이에 권력을 갖게 된다. 당신에게 지위가 있으면 대체로 권력이 따라온다. 사람들이 당신과 가까워지고 싶어 하기 때문이다.

권력은 권한도 아니다. 하지만 둘은 관계가 있다. 권한은 공식 직책이나 직함을 근거로 사람들에게 무엇을 하라고 지시할 수 있는 권리다. 그래서 권력과 권한은 서로를 보완하지만, 공식적 권한이 없어도 권력을 가질 수 있다(주차 공간을 비우려는 운전자처럼). 공식적 권한은 있는데 권력이 없는 경우도 있을 수 있다. 이를 테면 대학교 행정 직원은 추가 연구비와 출장비 신청을 승인하거나 거부할 수 있지만 예산을 직접 통제할 수는 없다.

권력은 영향력과도 다르다. 영향력은 권력의 '효과'다. 영향력이 있으면 힘을 쓸 필요가 없다는 생각에 권력보다 영향력을 선호하는 사람들도 있다. 하지만 이런 구분은 잘못되었다. 누군가에게 무언가를 시킬 능력이 있으면, 사실 그 능력을 사용할 일이 거의 없다.

한마디로 권력은 사회 통제 능력이다. 그렇게 보면 매우 간단하지만, 그 정도는 빙산의 일각일 뿐이다. 권력을 잘 쓰려면 권력이 어떻게 작용하는지도 이해해야 한다. 권력의 법칙에 대한 믿음과 해석은 우리가 권력을 쓰는 방식에 영향을 미치지만, 우리가 생각하는 권력의 법칙 중에는 잘못된 것이 많다. 권력을 잘 쓰려면 우리는 권력을 다르게 바라봐야 한다. 관계, 집단, 조직, 공동체에서 권력이 어디에 존재하는지부터 살펴봐야 한다. 권력은 개인의 특성이나 소유물이 아니다. 권력은 다른 사람의 이야기에서 당신이 담당하는 역할이다.

권력은 개인에게 주어진 권리가 아니다

오해: 권력은 개인에게 속한다. 개인은 권력을 가지거나 못 가지거나 둘 중 하나다.

진실: 권력은 사회에 속한다. 권력은 상황에 따라 생기거나 없어진다.

개인주의 문화에서는 권력을 다른 모든 것처럼 개인의 소유로 본다. 우리는 권력을 획득하거나 축적해야 할 개인의 특성 또는 소유물로 취급한다. 하지만 권력을 유심히 살펴보면 우리가 큰 그림을 놓쳤음을 알 수 있다.

권력은 자아의 한 측면이라 할 수 없다. 한 사람이 소유할 수도 없다. 부, 명성, 카리스마, 미모, 야망, 자신감은 모두 우리가 권력과 동일시하는 개인의 특성이다. 하지만 이것들은 권력의 잠재적 원천에 불과하다. 권력의 결과일 수도 있다. 하지만 그런 특성 중 어느 것도 다른 사람들에 대한 영향력을 보장하지 않는다.

그런 특성은 누군가에게 권력을 쥐어줄 정도, 다른 사람들이 그의 뜻을 따르게 만들 정도만 갖추면 족하다. 모든 사람의 권력은 권력을 협상하는 상황에 온전히 달려있다. 권력은 관계, 목표와 목적, 환경, 사회적 역할에 따라 생기기도 하고 없어지기도 한다. 예를 들어, 모두가 자신감이 넘치는 상황에서 자신감은 경쟁력이 될 수 없으며, 어떤 장소에 특출하게 매력적인 사람이 있으면 다른 사람들이 제법 아름다워도 외모가 평소처럼 사회적 장점이 되지 못한다. 부, 야망, 명성 같은 특성 역시 매우 상대적이다. 권력이 어떤 고정된 특징이나 성향과 연결되어 있다는 근본적인 오해는 권력에 대한 사실과 다른 숱한 오해를 낳았다.

권력은 영원하지 않다. 권력의 크기 역시 일정하지 않다. 권력은 어느 순간에 누가 누구를 더 필요로 하는가를 근거로 사람들의 관계에서 누가 무엇에 대해, 언제 통제력을 가질지 합의한 결과이기 때문이다. 그 말은 이 상황에서 얻은 권력을 항상 저 상황으로 가져갈 수는 없다는 뜻이다. 예를 들어, 직속 부하 직원들과 회의할 때 권력을 갖는 CEO가 이사회나 십대 자녀들과의 저녁식사 자리에서도 꼭 권력을 갖는 것은 아니다.

권력이 영원할 수 없는 또 다른 이유는 특정 상황에 누가 더 큰 가치를 더하느냐로 결정되기 때문이다. 다시 말해, 흔해빠진 기술이나 지식보다는 유일무이한 지식이나 기술에 더 큰 권력이 따라온다. 그리고 특정 인간관계에서 권력은 자기편이 얼마나 막강한지, 자신의 선택권이 얼마나 강력한지와 관계가 있다. 자기편도 선택권도 없는 사람은 똑같은 능력과 기술을 갖췄더라도 기회를 열어줄 인물과 끈끈하고 헌신적인 관계를 맺은 사람들보다 큰 권력을 쥘 수 없다.

권력은 사회 계약의 일부다. 사람들이 갖는 권력은 다른 사람들이 통제받는 것에 동의하는 정도까지로 제한된다. 권력자가 자신에게 권력을 부여하는 암묵적 합의 조건을 위반하면 권력은 오래 유지할 수 없다. 폭력적인 혼인 관계는 지속되기 어렵고, 폭력적인 가정의 아이들은 자라면 부모와 연을 끊는다. 직원들을 습관처럼 괴롭히는 상사는 결국 해고되고, 도덕적 분노를 지나치게 자극하는 잔인한 독재자는 혁명을 유발한다. 다시 말해, 권력의 균형은 바뀔 수 있다는 뜻이다.

가장 강력한 권력자가 되었다가 곧바로 권력을 완전히 잃을 수도 있다. 팀을 우승으로 이끈 운동선수라면 다음 선발 때 권력을 쥘 수 있겠지만, 시즌을 앞두고 훈련을 받다가 무릎 부상을 당하면 다시 권력을 잃는다. 지지율이 높은 정치인이라면 재임 중에 막강한 권력을 누릴 수 있지만 횡령을 하다가 들통나서 사퇴한 다음이라면 권력은 없다. 권력을 휘둘러 배우 지망생들에게 성상납을 요구하는 연예계의 거물은 같이 일하려는 배우, 감독, 투자자가 없어지면 당연히 권력을 잃는다.

권력은 감정이 아니다. 권력을 얻었다고 느끼든 잃었다고 느끼든 우리는 자신의 권력에 대해 크게 잘못 평가할 때가 많다. 자신이 강하다고 느끼는 사람에게 꼭 권력이 있는 것은 아니듯, 약하다고 느끼는 사람에게 권력이 없는 것도 아니다. 행동이 감정에 휘둘리면 상황은 좀처럼 계획대로 흘러가지 않는다.

자신의 권력을 과대평가하면 단기적으로는 이익이 생길 수도 있다. 우리의 대담한 행동이 다른 사람들에게도 유익할 때는 더욱 그렇다. 한편 자신의 권력을 과소평가하는 경우, 대개 바람직한 품성이라 할 수 있는 겸손함이나 조신함을 갖춘 사람으로 보일 수 있다. 하지만 자신의 상황을 있는 그대로 보는 편이 훨씬 낫다.

다른 사람들이 우리보다 지위가 높다는 사실을 인식하지 못하면 무례를 범하는 경우가 왕왕 생긴다. 다른 사람들에 대한 자신의 권력을 인지하지 못해도 심각한 결과를 초래할 수 있다. 이를 테면, 직장에서의 성희롱은 상사들이 자신의 권력이 다른 사람들에게 미치는 영향을 과소평가하는 데서 발생한다. 언젠가 대형 통신회사의 인사담당자가 밝혔듯이, 여성 부하 직원들이 불만을 제기하면 당황하는 남성 간부들이 많다. "대체 뭐가 문제야?" 그들은 이렇게 반문한다. "다 큰 어른이잖아. 거절하면 될 것을." 하지만 이는 부하 직원과 상급자의 관계가 현실적으로 어떤지 제대로 이해하지 못하기 때문에 할 수 있는 말이다. 권력 격차의 진실을 부정하면 모두에게 부당하고 위험한 상황을 만들 수 있다.

권력은 권리가 아니다. 그렇게 믿는 권력자도 있지만 권력을 차지한다고 저절로 존경이 따라오거나 사회적 지배력이 생기는 것은 아니다. 자신에게 권력을 부여한 제도를 기만하거나 집단의 복지를 고려하지 않은 채 개인의 이익을 추구하는 식으로 권력을 잘못 사용하면 권력자는 지위와 명분을 잃고 다른 이들의 성과를 통제할 능력도 얼마간 줄어든다. 망해가거나 부패한 정권이 분노한 대중의 의지에 맞서 권력을 간신히 유지하고 있는 나라에서 이런 일은 항상 일어난다. 자격도 없이 부당하게 권력을 차지한 사람들은 괴롭힘, 협박, 무력 사용에 의존해 권력을 지키는 수밖에 없다. 권력을 과시해야 하는 사람일수록 알고 보면 권력이 보잘것없을 공산이 크다.

겉으로 드러나는 권력이 전부가 아니다. 하지만 우리가 어떻게 처신하느냐에 따라 달라질 수 있다. 자신의 권력에 대해 제대로 판단하지 못하듯, 우리는 다른 사람들의 권력이 어느 정도인지에 대해서도 종종 오해한다. 권력이 눈에 보이지 않기 때문에 발생하는 현상이다. 권력에는 숨겨진 속성이 있다. 우리는 특정 부류의 사람들에게서 더 큰 권력을 보고 그들이 권력자의 역할에 더 적합하다고 여기는 경향이 있다. 하지만 겉모습을 보고 누구에게 권력이 있는지 짐작하려고 하면 잘못된 판단을 내리기 쉽다.

예를 들어, 겸손해 보이지만 좋은 일자리를 제안받은 구직자는 구체적인 선택지도 없으면서 자신감만 넘치는 구직자에 비해 권력이 있다. 회사 내의 유력 인물들과 강한 연줄을 가진 신입사원은 직급이 높거나 근무 기간이 긴 동료들보다 끗발이 셀 수 있다. CEO의 일정을 관리하는 비서는 조직에서 막강한 권력자가 될 수도 있다(많은 사람들이 힘들게 얻는 교훈이다). 지식은 대부분의 경우 권력의 원천이 되지만, 다른 사람들이 무엇을, 누구를 아는지 단번에 알 수는 없다.

힘을 과시하는 듯한 신체 언어를 사용하여 권력을 슬며시 겉으로 드러낼 수도 있지만, 이 또한 오해를 불러일으킬 소지가 있다. 동물들은 위협을 느끼면 공격성을 드러낸다. 즉 이길 수 있다는 확신이 들 때가 아니라 질 수도 있다는 두려움이 생길 때 그렇게 한다는 뜻이다. 비싸고 빠른 차를 모는 사람들, 으스대는 사람들, 다른 사람들보다 말이 지나치게 많거나 웃음이 요란한 사람들, 부나 지위를 과시하는 사람들도 마찬가지다. 무력하다는 느낌을 보상받기 위해 그런 행동을 하는 것이다. 사실 어떤 공간에서든 가장 중요한 인물은 지나치게 나서는 법이 없고, 남들에게 위압감을 주거나 원치 않는 관심을 끄는 것을 꺼린다.

거울에 자신의 모습을 비춰보며 자신감을 얻을 수도 있고, 때로는 허세를 부려 권력 다툼에서 이길 수도 있지만, 장기적으로 정말 중요한 것은 진실, 즉 당신이 활동하는 상황 속에서 사람들이 공유하는 현실이다.

권력은 지배다? 권력은 관계다!

오해: 권력은 곧 지배다.

진실: 권력은 지배이고 관계이다.

권력을 쓴다는 것은 대개 지배하고 강제하거나 사람들의 두려움을 조장해 의지에 반하는 일을 하도록 강요하는 것을 연상시킨다. 하지만 권력은 완력을 써서 사람들을 위협하는 능력이 아니다. 권력은 사회적 영향력의 원천으로 공격적이지 않은 방법으로도 휘두를 수 있고, 얻을 수 있으며, 투입될 수 있다. 권력은 사람들 사이를 틀어지게 할 수 있지만, 알려진 바와 달리 사람들을 이어주고 하나로 모을 수도 있다.

권력이 작은 사람들이 권력이 큰 사람들에게 끌리기도 하지만, 권력이 많은 사람들이 권력이 없는 사람들에게 끌리기도 한다. '상보성 원리'에 대한 연구는 이 점을 분명히 보여준다. 권력 격차가 매력이 될 수도 있는 것이다.

권력은 관계를 형성하고 강화하는 협조와 연결의 바탕이 된다. 위계질서 속에서는 함께 일하는 사람들끼리 통제권을 두고 싸울 필요가 없기 때문에 공동 목표를 효율적으로 달성할 수 있다. 따라서 관계를 고려하지 않고 권력을 사용하려는 것은 에너지 낭비다. 내가 아는 어느 원숙한 고위 간부는 이런 말을 즐겨 한다. "당신이 앞장서고 있는데 아무도 따라오지 않는다면, 당신은 그냥 산책하는 것이다."

권력과 인간의 동기 분야 전문가였던 심리학자 데이비드 매클렐런드David McClelland에 따르면, 직업을 가진 성인 대부분은 권력을 쟁취하려는 자신의 도전을 더 적극적이고 싶은 욕망으로 설명한다. 하지만 우리는 존중과 순종을 드러내는 능력 또한 권력의 원천이 될 수 있다는 사실은 좀처럼 깨닫지 못한다. 존중은 다른 사람의 지식과 경험이 자신의 지식과 경험만큼 중요하다는 것을 인정하면서 상대를 대하는 것이다. 그런다고 존중하는 상대보다 자신의 권력이 줄어드는 것은 아니다. 자신이 가진 권력을 관계 맺는 상대방에게 쓸 의도가 없다는 뜻을 전할 뿐이다. 존중은 경계심을 완화하고, 위협할 의도가 없음을 알리고, 관계 형성의 기초가 될 신뢰를 쌓는다.

집단이 순조롭게 운영되고 발전하는 데 기여하면 지위(존중, 존경, 집단 내에서의 높은 사회적 지위)를 얻는다. 존중을 통해 권력을 쓰는 방법을 잘 이용하는 것은 지위를 높이는, 결국 더 큰 권력을 얻는 원동력이 될 수 있다. 존중은 너그러움으로 이해되기 때문이다. 존중은 집단이 수준 높은 결정을 하는 데 도움이 되고, 사람들에게 자신의 가치를 인정받는다는 느낌을 주며, 그들의 신뢰를 얻는 데도 중요하다.

1990년 정치학자 조지프 나이Joseph Nye는 국제관계에 하드파워hard power와 소프트파워soft power의 개념을 도입했다. 그가 정의한 하드파워에는 위협, 군사 개입, 그리고 경제 제재 같은 강압 외교가 포함된다. 소프트파워는 매력, 협상, 다른 나라의 이익을 자국의 이익과 조화시키기 위해 한 나라가 마음껏 쓸 수 있는 거의 모든 외교 수단을 가리킨다. 나이는 미국이 수십 년 동안 하드파워에 지나치게 의존한 탓에 국익이 손상되었다고 주장했다. 한편 중국은 강력한 매력 공세로 동맹을 구축하여 오랜 수난을 극복하고 평화적으로

도약했다. 소프트파워가 다른 전술과 결합하여 얼마나 훌륭하게 활용될 수 있는지를 잘 보여준 셈이다. 중국의 지도자들은 외교에서 소프트파워를 십분 활용하여 문화 교류를 확대하고 사업 협력을 강화하는 방식으로 전략적 우위를 달성했다.

나이는 하드파워와 소프트파워를 결합한 외교정책을 설명하기 위해 스마트파워smart power라는 용어를 만들었다. 스마트파워는 무기 보유량이나 무력 사용의 의지뿐만 아니라 상대방과 그 관심사, 그들이 생각하는 이상적인 결과 등도 깊이 고려하는 것이라고 주장했다. 또한 충돌 발생의 맥락을 이해하고, 그 이해를 바탕으로 필요한 조치, 적용 수단과 적용 방법 및 시기를 결정해야 한다고 보았다.

나는 이 전략이 대인관계에도 똑같이 적용된다고 본다. 통제는 강한 것, 존중은 약한 것이 아니다. 둘 다 강력할 수 있다. 권력을 발휘하기 위해서는 두 가지 '무기'를 완벽하게 갖추어 자유자재로 이용할 줄 알고, 어떻게 하면 문제를 가장 잘 해결할 수 있는지 고민함으로써 당면한 상황을 분석해야 한다. 우리가 얼마나 강하거나 약하게 보일지를 의식하기보다는 우리 자신을 뛰어넘는 집단의 결과를 생각하는 것이 무엇보다 중요하다.

자신의 목적을 위해 다른 사람들을 통제하는 능력을 권력이라고 생각할 수 있다. 하지만 권력은 다른 사람의 삶에 긍정적인 변화를 주는 능력이기도 하다. 권력을 잘 사용하려면 대개 두 가지를 다 할 줄 알아야 한다.

우리 모두는 권력을 갖고 있다

오해: 권력은 지위나 권한에 따라온다.

진실: 우리 모두는 생각보다 많은 권력을 갖고 있다.

우리는 자신보다 다른 사람들에게서 권력을 보는 경향이 있다. 하지만 권력은 부유하고 유명한 사람들의 삶에만 있는 것이 아니라 모든 관계에 존재한다. 관계는 사람들이 서로에게 의존하는 것을 가리킨다. 그렇게 보면 자신을 아무리 작거나 보잘것없거나 무력하다고 느껴도, 어떤 역할을 맡고 있어도 다른 사람들에게는 어떤 식으로든 당신이 필요하다. 부모와 자녀의 관계를 예로 들어보자. 직관적으로 부모는 자녀보다 '윗사람'처럼 보인다. 부모에게는 권한이 더 많다. 즉 아이들에게 무엇무엇을 하라고 지시할 권리가 있다.

하지만 또 대부분의 부모는 아이들의 사랑과 존경을 받고 부모로서의 능력을 인정받기를 바란다. 이것이 바로 부모가 아이들을 통제하는 방법이다. 다시 말해, 부모로서 권력을 잘 쓴다는 것은 권위 자체에 기대기보다 권위를 발휘하면서도 아이들의 욕구와 불안을 자신의 욕구와 불안보다 더 중요하게 생각한다는 것을 얼마나 잘 보여주느냐에 달려있다. 권력의 차이가 중요한 다른 환경이나 관계에서도 마찬가지다.

항상 그렇다고 느껴지는 것은 아니지만 직장에서는 연공서열,

공식 직함, 직위에 관계없이 누구에게나 권력이 있다. 물론 어떤 면에서는 상사들이 우리보다 큰 권력을 갖는다. 그들은 우리의 급여, 승진, 업무 배정에 영향력을 행사한다. 그들은 우리를 채용하고 해고할 수 있으며, 우리의 경력을 키울 수도 망칠 수도 있다.

하지만 하급자도 자신의 가치만큼 권력을 갖는다. 부하 직원이 근면하고 유능하고 헌신적이라면 상사는 대개 그 부하 직원을 만족시키고 싶어 한다. 이 역시 환경에 어느 정도 영향을 받는다. 노동력이 부족하고 피고용인들이 쉽게 직장을 떠나 다른 직장에서 더 나은 일자리를 구할 수 있는 상황에서는 상사가 어느 정도 권력을 갖는다 해도 없어서는 안 될 직원은 이론상 그보다 더 많은 권력을 가질 수 있다. 남다른 전문 지식과 탁월한 대안을 지닌 소중한 직원에게는 자신이 원하는 것을 더 많이 얻을 수 있는 영향력이 생긴다. 어떤 관계에서 권력을 가지려면 꼭 필요한 사람이 되어야 한다. 자신을 다른 사람들에게 유용한 존재로 만들어야 한다.

권력욕은 남녀가 다르지 않다

오해: 남성과 여성은 권력에 접근하는 방식이 다르다.

진실: 남성과 여성이 권력에 접근하는 방식에는 몇 가지 사소한 차이가 있을 뿐이지만, 그 결과에는 큰 차이가 나타난다.

사람들은 일반적으로 권력에 관한 한 남성과 여성은 모든 면에서 다르다고 생각한다. 사회에서는 남성이 여성보다 대체로 더 큰 권력을 쥐고 있는 것이 사실이다. 하지만 그렇다고 남성이 여성보다 권력을 좋아한다는 뜻은 아니다. 심리학자 데이비드 윈터^{David Winter}가 수행한 한 연구에 따르면, 권력 욕구 또는 권력 동기라 불리는 것이 여성에 비해 남성이 크다고는 볼 수 없다. 여성들이 남성들보다 권력에 관심이 적다고 응답했다는 연구도 있지만, 이런 현상의 원인은 따로 있다. 우리 문화의 성 역할은 남성이 여성보다 권력에 더 관심을 가져야 한다고 규정한다. 그래서 남성이 권력에 관심이 있는 듯이 행동하면 당연한 것처럼 보이는 반면, 권력에 관심이 있는 듯이 행동하는 여성은 부정적인 평가와 의심을 받는 경향이 있다. 그래서 여성은 권력에 대한 관심을 드러내기를 꺼리고, 권력에 별로 관심이 없는 남성은 자신에게 권력 외의 다른 가치가 더 중요하다고 밝히기를 꺼린다. 결국 남성과 여성 모두 권력을 쥐는데 관심이 있다는 뜻이다. 그 관심이 다른 방식으로 표현될 뿐이다.

이를 테면, 남성은 계급의 차이를 좀 더 인정하는 편이다. 그들은 사회에서 일부 집단이 다른 집단보다 더 많은 권력을 가져야 한다고 믿는 반면, 여성들은 대체로 집단과 사회가 더 평등해야 한다고 믿는다. 이런 차이를 보면 여성은 자신을 다른 사람들보다 높이기보다 다른 사람들이 자신들을 지배하지 못하게 하는데 더 관심이 있다고 해석할 수 있다. 여성 지도자가 남성보다 권력을 좀 더 민주적으로 사용하는 경향에 비추어 볼 때 이런 해석이 옳은 듯하다. 그에 반해 남성 리더는 대체로 더 권위적이다. 이 차이는 통계적으로 신뢰할 수 있다. 하지만 그 평균 차이는 생각만큼 크지 않다. 남성은 여성보다 조금 더 공격적이지만, 여성에게는 다른 지배 방식과 통제 방법이 있다. 하지만 남녀를 가리지 않고 리더 역할을 제대로 수행하기 위해서는 권위적 리더십과 참여적 리더십을 적절히 혼용해야 한다.

높은 자리에 앉아있는 사람 중에는 여성보다 남성이 더 많기 때문에 여성보다 남성이 권력에 적합하다고 생각할 수도 있다. 이 또한 오해에 불과하다. 누구를 채용하거나 승진시킬지 선택할 때 흔히 남성이 여성보다 선호되는 것은 사실이다. 하지만 연구에 따르면, 일단 역할을 맡고 나면 여성이 남성보다 더 유능하다고 평가받는다. 다양한 업종의 360도 근무 성과 평가를 살펴보면 여성이 남성보다 고위직에 부적합하다고 인식되는 경우는 드물며, 오히려 더 유능한 리더로 평가받을 때가 많다. 실제로 한 대규모 메타분석에서는 거의 모든 상황에서 여성 리더가 더 높은 평가 점수를 받았다. 하지만 두 가지 예외가 있었다. 남성 리더는 금융업계와 군대처럼 남성이 지배하는 업종(공격적이거나 권위적인 권력 사용이 더 일반적이고 가치 있다고 여겨지는 분야)에서 평가 점수가 높았다. 그리고 여성들은 이미 예상했겠지만, 남성 리더는 여성 리더에 비해 자신을 높이 평가했다.

권력은 실제로 무엇을 추구하는가

오해: 더 큰 권력은 더 큰 성공과 만족으로 이어진다.
진실: 얼마나 큰 권력을 가졌느냐보다 그것을 어떻게 사용하느
냐가 중요하다.

개인주의 문화권에서는 권력을 자신을 높이는 도구나 개인이
소비하는 자원쯤으로 여기는 경향이 있다. 하지만 조금만 거리를
두고 바라보면 가족, 조직, 공동체 등의 사회 집단에서 나타나는 권
력 차이는 개인의 문제뿐만 아니라 집단의 문제 해결에 도움이 된
다는 사실을 알 수 있다. 인간과 동물 사회에서 우두머리가 권력을
갖는 이유는 무리를 보호하기 위해 위험을 기꺼이 감수해야 하기
때문이다. 서열이 낮은 구성원들은 소속감을 얻고, 보호를 받고, 남
이 획득한 자원으로 보살핌을 받는 대가로 서열이 높은 구성원들에
게 복종한다.

자기 자신을 염려하고 '나에게 무슨 이득이 될까?' 따져보는 것
은 자연스럽고 건강한 반응이다. 하지만 권력을 쥐거나 행사하는
문제에 이런 질문으로 접근하는 것은 적절하지 않다. 우리는 무력
하다고 느끼는 정도만큼 권력을 추구한다. 하지만 실제로 권력을
가져보면, 아무리 많이 갖는다 해도 무력감을 해소하는 데는 별 도
움이 되지 않는다. 우리 삶에 스며든 무력감은 권력 자체와는 관계

가 없다. 그것은 어린 시절의 유물이자 생존 본능이며, 우리가 영원히 이 세상에 존재하지 않는다는 사실에서 나오는 반응이다. 그렇게 따지면 우리 모두는 무력한 존재다. 이 현실을 받아들이고 우리에게 주어진 시간에 다른 사람들을 위한 변화를 만드는 데 집중하는 것이 우리가 할 수 있는 최선이다. 나이가 들면서 우리의 사고방식은 자연스레 이런 식으로 변한다. 지혜, 인생 경험, 죽음에 대한 인식이 커지면서 우리는 미래 세대에 관심을 갖고 그들의 번영을 위해 무엇을 할 수 있을지 더 고민하기 시작한다. 무언가를 성취한 다음에는 그 의미와 목적이 궁금해지기 시작한다. 자신의 성공과 행복보다는 미래 세대의 성공과 행복을 더 걱정하기 시작한다.

더 지체할 이유가 있을까? 인생과 세상에서 권력의 목적에 대해 지금과 다르게 생각하는 법을 배운다면 나이와 관계없이 이런 지혜와 성숙함을 얻을 수 있다.

Part 2

권력의 두 얼굴

Horizontal Power

Chapter 2

권력 드러내기

1998~2003년에 중화인민공화국의 제5대 총리를 지낸 주룽지
는 세계 최강국에 속하는 나라의 최고 권력자였다고 할 수 있다. 총
리로서 주룽지는 중국 관료 사이에 퍼져있던 당 우선주의 전통을
타파했다. 그는 중국 경제를 세계무대로 끌어내 국유 기업 일부를
해체하고 중국을 세계무역기구에 가입시켰다. BBC 뉴스에 따르면
"그는 무엇이든 해내고야 마는 사람으로 명성이 높았다."

공직을 떠난 주룽지는 중국에도 경영대학원이 필요하다고 느
끼고 자신이 직접 설립하기로 결심했다. 위치는 모교인 칭화대학교
로 정했다. 세계 일류 경영대학원에는 예외 없이 특별한 자문위원
회가 있다는 점에 주목한 그는 원대한 목표를 세웠다(그가 대단한 권

력자라는 증거이기도 했다). 월마트, 애플, 페이스북, 알리바바의 CEO
는 물론, 하버드대학교, 와튼스쿨, 스탠퍼드대학교, MIT의 현직 학
장을 포함해 탁월한 인재를 폭넓게 불러 모으는 것이었다.

2016년 주룽지는 베이징 외곽의 호화로운 이화원에서 이사회
를 열었다. 그곳에 입장하려면 내빈들은 흠잡을 데 없이 손질된 정
원과 층고가 높은 회랑을 지난 다음 주룽지를 만나기 위해 긴 줄을
서야 했다. 주룽지는 맨 앞줄에서 바로 옆에 통역사를 대동하고 내
빈을 맞으며 그들과 환담을 나누었다. 그런 설정 때문에 사람들은
위축될 수밖에 없었다. 하지만 일단 그의 앞에 도착한 참석자들은
주룽지가 40명도 넘는 사람들과 일일이 인사와 대화를 나누는 모
습을 보며, 주룽지를 친절하고 너그럽고 자상한 인물이라고 느꼈
다. 위용이 넘치는 물리적 환경은 주룽지의 권력과 지위에 대한 흥
미를 자극했다. 하지만 손님들에 대한 주룽지의 관심은 그들의 권
력과 지위에 대한 존경으로 드러났다.

회의는 이 행사를 위해 연출하듯 꾸민 호화로운 무도회장에서
열렸다. 참석자들은 여러 줄의 반원형 형태로 착석했다. 한쪽에는
자문위원들이, 다른 한쪽에는 중국 고위 인사들이 자리 잡았다. 모
두가 자리에 앉자 주룽지는 천천히 입장해 앞쪽에 놓인, 조금 높고
커다란 안락의자를 향해 걸음을 옮겼다. 그는 느릿느릿 앞으로 나
아가 자리에 앉고 자세를 잡았다.

참석자들이 하나하나 자기소개를 했다. 세계에서 가장 영향력

있는 기업가, 대학교 학장, 고위 정치인들에게 좋은 인상을 남길 단한 번의 기회가 주어졌다. 대부분은 이 이사회에 참석하기 위해 빡빡한 일정에서 힘들게 시간을 내어 지구 반 바퀴를 돌아왔다. 하지만 누구도 권력을 거만하게 드러내지 않았다. 참석자들은 자신이 누구인지 아무도 모르기라도 한 듯 한 번에 한 명씩 이름과 소속 기관을 충실히 밝혔다. 더구나 그들은 자기소개에 성의를 다했다. 그자리에 초대되어 너무 기쁘고 영광스럽고 감사하다는 듯이 차례로 존경과 경의의 표현을 쏟아냈다.

지극히 격식을 차리는 분위기였지만 주룽지는 자신이 연출한쇼를 즐기기라도 하듯 아주 여유로워 보였다. 내게 그 현장을 전해준 참석자는 이렇게 말했다. "이 모든 상황이 진행되는 동안 그가 어쩌나 조용하고 차분해 보이던지, 눈만 감았다면 혹시 명상을 하고 있나 싶었을 거예요. 아니면 낮잠을 자거나."

주룽지는 회의가 진행되면서 최근에 특정 기업에서 벌어진 사건들이 언급되자 가벼운 농을 던지기도 했다. 그는 이사들을 '좋은 친구들'이라 부르며 친근하게 대했다. 그러더니 "새 구성원들을 환영한다"며 두 사람을 지명했다. 조금 의외였지만, 코카콜라의 CEO 무타 켄트Muhtar Kent와 펩시의 CEO 인드라 누이Indra Nooyi가 같은 공간에 있었다.

주룽지가 통역할 시간을 주며 천천히 말했다. "회의 시작 전에 우리 직원들한테 물어봤어요. 코카콜라가 좋은지, 펩시가 좋은지."

회의장이 쥐죽은 듯 조용해졌다. 주룽지는 청중을 둘러보며 잠시 뜸을 들이다가 활짝 미소를 지었다. "코카콜라가 좋다는 사람도 있고 펩시가 좋다는 사람도 있더군요." 청중은 껄껄 웃으며 한숨을 내쉬었다. 하지만 그의 말은 끝난 것이 아니었다. "나는 말이죠." 주룽지가 목소리를 높였다. "둘 다 좋아요!" 이번에는 웃음소리가 더 커졌다. 주룽지도 고개를 젖히며 호탕하게 웃었다.

코카콜라와 펩시 유머는 거의 예술의 경지라 할 수 있다. 업계 경쟁자들을 한 공간에 불러들이면서 조성된 긴장을 싹 날려버렸을 뿐 아니라, 그의 마음속에서 두 CEO는 동등하므로 앞으로 공정할 대우를 받을 것이라고 암시하여 그들을 안심시켰기 때문이다. 그 말은 '우리는 친구이고, 모두 한배를 탔다'는 의미다. 동시에, 두 사람과 나머지 참석자들에게 중국에서는 자신이 둘 중 어느 쪽의 운명도 좌지우지할 수 있는 권력자임을 일깨웠다.

주룽지는 어느 모로 보나 강력한 배우였다. 그에게는 중국의 전임 총리라는 명성에 근거한 지위가 있었다. 그는 세계에서 가장 거대하고 급성장하는 시장에서 사업 기회를 통제하는 능력을 지닌 권력자였다. 그에게는 권위도 있었다. 그것은 그의 본거지에서 개최된 첫 이사회 회의였다. 그리고 그의 권력은 그가 역할을 수행하는 방법 덕분에 강화되었다.

어찌 보면 이 모임을 통해 주룽지는 자신의 권력을 과시했다. 그는 참가자들에게 그곳의 우두머리가 누구인지 한시도 잊을 틈을 주지 않았다. 하지만 그는 그들에게 존경과 경의를 표하여 자신의 권력을 낮추었다. 그는 통제권을 쥐고 있었지만 연결을 선택했다. 그는 권력을 이용해 다른 사람들을 밀어내기만 한 것이 아니라 가까이 끌어당기기도 했다. 사람들을 서로 경쟁시키는 것이 아니라 둘 사이에 유대감을 만들었다. 사람들의 불안감을 조장하기보다 그들에게 안정감을 선사했다.

누구의 권력이 되었든 권력은 두 얼굴을 지녔다. 당신은 권력을 휘두르고, 과시하고, 누가 우월한지 사람들에게 일깨울 수 있다. 또는 권력을 억누르고, 숨기고, 사람들에게 그들이 얼마나 중요한 존재인지 일깨울 수도 있다. 우리 대부분은 이런 얼굴들 가운데 하나를 먼저 드러내고, 그것에 지나치게 의지하는 경향이 있다. 권력을 잘 쓰려면 두 얼굴을 편히 다 드러내야 한다.

존중과 인정이 따라오는 지위 갖기

내가 배우들과 어울리기 시작하면서 가장 먼저 느낀 것 중 하나는, 대부분의 사람들이 어떻게 하면 강력하게 '연기'할 수 있을지 생각할 때 주로 무슨 말을 할지 고민하는 것에 반해, 배우들은 주어진 대사가 있으므로 신체 동작을 고민하는 데 시간을 좀 더 할애할 수 있다는 점이다. 권력을 쓸 때도 말의 내용뿐만 아니라 말을 전달하는 '방식'에 관심을 가지면 많은 것을 배울 수 있다.

직업으로서의 연기는 예술이고, 무대에서 권력을 드러내는 것은 예술적 표현의 수단이다. 배우들은 직업 훈련의 핵심적인 일부로서 권력을 드러내는 법과 숨기는 법을 배운다. 영국의 연극 감독이자 즉흥극의 개척자인 키스 존스톤Keith Johnstone은 두 인물의 관계에 중요한 기반을 만들어주는 지위놀이status play라는 것을 제안한다. 배우로서 이런 행동 레퍼토리를 습득하는 것은 그가 연기하는 역할에 찾아왔다가 지나가는 상황을 충실히 소화하는 데 꼭 필요하다.

존스톤은 지위 경쟁에서 이기기 위한 배우의 신체 동작을 '지위 높이기playing high'라는 용어로 표현한다. 무대에서 습관대로 행동하거나 '나답게' 행동하는 사람은 아무도 없다. 지위 높이기는 전략적 선택이다. 역할을 맡은 배우가 관객이 아닌, 같은 장면 속 다른 배우들을 상대로 더 높은 지위를 주장하거나 더 많은 존중을 강요하거나 더 큰 인정을 요구할 때마다 지위 높이기를 하는 것이다. 다시 말해, 더 높은 지위와 큰 권력을 얻으려 하는 것이다.

존스톤에 따르면, 지위 높이기는 유명인과의 인맥을 들먹이거나 전문지식을 내세우거나 지위를 과시하는 등 자신을 남들보다 높이려는 목적으로 하는 행동이다. 누군가를 비판 또는 평가하거나 그의 의견에 반대하거나 조롱하고 무시하여 자신보다 깎아내리는 방법도 있다. 지위 높이기가 늘 뜻대로 진행될 거라 착각하기 쉽다. 하지만 존스톤의 예리한 관찰에 따르면, 등장인물들은 극장에서나 인생에서나 지위 높이기를 한다. 그들이 다른 사람들보다 더 권력을 가졌고 그 사실을 알고 있어서가 아니라, 현실과 상관없이 자신이 충분히 존중받고 있거나 권력을 지녔다는 확신이 없기 때문이다. 존스톤은 지위 높이기를 한다고 반드시 입장이 우월해지는 것은 아니라고 본다. 존스톤에 따르면, 인생과 무대에서 지위 높이기를 하는 것은 '나한테 가까이 오면 물 거야'라는 메시지를 보내는 것이다.

극장에서나 인생에서나 지위 높이기라는 전략은 상황에 따라 효과가 있을 때도 있고 없을 때도 있다. 어떻게 하느냐에 따라, 무엇보다 언제 하느냐에 따라 지위 높이기는 공격성, 오만함, 무관심, 자만심을 내보일 수도 있고, 능력, 품위, 침착함, 관대함을 나타낼 수도 있다. 상황을 고려하지 않고 아무 데서나 지위를 과시해서는 안 된다. 그렇게 하면 우스꽝스럽게 보이기 쉽다.

불편하지 않게 지위를 높이는 방법

우리가 어떻게 '지위 높이기'를 하는가에 대한 존스톤의 설명에는 과학적 통찰이 담겨있다. 그의 가르침은 대부분 과학으로 검증되었다. 몸을 쫙 펴고, 팔을 흔들고, 입을 크게 벌리고, 치아를 드러내는 등의 행동은 모두 사회과학자들이 '우성 행동'이라 부르는 신체의 확장에 해당한다. 어떤 종류의 동물이든 싸움에서 이기기 위해 필요한 경우 무력을 사용할 용의가 있음을 보여주는 수단이다.

잭 런던Jack London의 고전 소설《야성의 부름The Call of the Wild》에서 세인트버나드와 스카치셰퍼드 잡종인 벅은 캘리포니아에서 도둑에게 잡혀 주인과 떨어진 후 클론다이크에서 썰매 개로 팔려간다. 벅은 서로 먹고 먹히는 낯선 세계에서 살아남기 위해 가장 기본적인 동물적 본능을 되찾아야 했다. 문명사회에서는 우호적이고 협력적으로 행동하는 것이 원하는 것을 얻는 최선의 방법이었지만, 이제 그의 세상은 한쪽 눈을 뜨고 자고, 이빨을 드러내고, 죽기 살기로 싸워야 하는 경쟁의 장으로 바뀌었다.

야생에서 대부분의 동물은 무리 지어 생활한다. 무리에 받아들여져 생존 가능성을 극대화하려면 첫째로 안전해질 방법을 찾고, 둘째로 무리에서 위로 올라가는 법을 찾아야 한다. 이런 목표를 이루기 위해 자리를 두고 치열하게 다투는 과정에서 때로는 복종하고, 때로는 지배해야 한다.

우월함을 보여주기 위해 짐승은 공격 태세를 취하고, 상대를 마주보고 눈을 똑바로 맞추며 언제라도 덮칠 준비가 되었음을 알린다. 동물도 인간과 마찬가지로 자기 몸을 부풀린다. 깃털을 세우는 종도 있고 뒷다리로 일어서는 종도 있다. 몸집을 부풀려서 몸이 차지하는 공간을 늘리는 것이다. 이빨뿐만 아니라 발톱과 큰 덩치를 무기처럼 드러내기도 한다. 동물도 인간과 마찬가지로 자신이 얼마나 가졌는지를 보여주기 위해 '힘자랑'을 한다.

인간이 힘자랑을 한다는 개념을 불편하게 받아들이는 사람도 있다. 하지만 우리는 인간도 동물과 똑같은 방식으로 서로를 가늠한다는 사실을 인정해야 한다. 또 의도적이든 아니든 우리는 끊임없이 타인들에게 우리의 의도를 담은 비언어적 메시지를 보내고 있다. 현실 속 문명 세계에서 권력을 발휘할 때도 우리의 신체언어를 통제하면 무대나 야생에서처럼 그럴 듯한 공연을 할 수 있다. 우리는 다른 사람들의 비언어적 메시지를 언어적 메시지보다 더 신뢰하는 경향이 있다. 권력에 대한 비언어적 주장도 언어적 주장보다 효과적일 때가 있다.

물론 말하는 방식도 중요하다. 말 자체가 신체적 행동의 일종이다. 자기를 높이려 할 때 배우는 목소리를 낮추고, 자음을 또박또박 발음하며, 명확하게 끝나는 완전한 문장으로 천천히 신중하게 말한다. 서두르지 않고, 시간이나 관심을 빼앗은 데 대해 미안해하지도 않고, 군말 붙이는 것을 거부한다. 배우가 자신을 높일 때, 목소리는 평소보다 깊고 낭랑하다. 목구멍보다는 횡격막에서 올라오는 소리다. 하지만 의도적으로 속삭이는 것도 자신을 높이는 방법이다. 특히 갈등이 고조될 때는 상대방이 더 귀를 기울이게 하고 감정적인 상황에서도 자신을 완전히 통제할 수 있음을 나타내기 때문이다.

배우는 자신을 높일 때 고개를 반듯이 들고 말한다. CEO답게 행동하지 않는 젊은 창업자에게 나는 이런 자세를 참고하여 중요한 회의에 들어가기 전에 '왕관을 쓰라'고 조언했다. 머리에 묵직한 왕관을 쓴 자신을 상상하면서 무슨 일이 생기는지 주목하라고 했다. 더 꼿꼿한 자세로 서서 어깨에 힘을 빼고, 동작과 호흡의 속도를 늦추고, 왕관이 미끄러져 내리지 않도록 턱을 살짝 쳐들면 된다.

자기 높이기는 문자 그대로나 비유적으로나 공간을 차지하는 것을 의미한다. 자기를 높이는 배우는 숨지 않으며, 머뭇대며 등장하지도 않는다. 결단력과 집중력을 드러내며 당당하고 우아하게 등장하고, 하이힐이나 묵직한 신을 신고 요란하게 걸어오기도 한다. 자기를 높일 때 배우는 몸을 쭉 펴고 상체를 뒤로 젖히며, 내 동료 댄 클라인^{Dan Klein}의 말마따나 "가구를 엉터리로 사용한다." 책상 위에 발을 올려놓고, 다리를 벌린 채 의자에 거꾸로 앉고, 다른 사람의 좌석 등받이에 팔을 걸치고, 사무실 소파에 기대는 것 등이 전형적인 예다. 자기 높이기는 공간을 차지하고 최대한 편안한 자세를 잡는 것이다. 목적을 아주 명확하게 드러낸 채 망설임이나 회의감 없이 온몸을 사용하여 장면을 자연스레 누비는 것이다.

지위를 이용하여 규칙을 정하고 관리하라

지위를 이용하는 것은 특히 직장에서 권력 드러내기의 가장 명백한 예다. 지위를 이용한다는 것은 자신의 지위나 계급상의 위치를 근거로 결과를 통제할 권리를 노골적으로 주장하는 것이다. 자녀들이 당신의 지시에 따라야 하는 이유를 문제 삼으며 밀고 당기기를 하려 들 때 당신이 "내가 네 엄마고 그렇게 지시했으니까"라고 반응하는 식이다. 비즈니스 세계에서는 아마존의 팀원들이 지시 사항을 이행하지 않자 CEO 제프 베이조스^{Jeff Bezos}가 아래층에서 "내가 CEO"라는 확인 문서를 받아와야겠냐며 불쾌감을 드러냈다는 일화를 예로 들 수 있다. 또 다른 예로 헨리 포드^{Henry Ford}는 그에게 질문을 던진 사람들에게 "내 이름은 건물에 적혀있다"며 복종을 종용한 것으로 알려져 있다.

지위를 이용하는 것은 당신이 하급자들에게 무엇을 하라고 요구할 정당한 권한(즉 역할이나 공식 직함에 따라오는 권리)을 가졌음을 상기시키는 것이다. 반박하기 어려운 통제권을 주장할 정당성이므로 매우 효과가 있다. 하지만 이는 당신을 소외시킬 수도 있다. 권력이 오로지 계급이나 공식적인 권한에서만 나올 때는 특히 그렇다.

지위를 이용하는 것은 또한 기본 규칙을 정하고 관리하는 데 권한을 동원하는 것을 의미하기도 한다. 이는 과제를 완료해야 하는 상황에서 효율적인 환경을 조성하는 데 꼭 필요하다. 나는 회의 시작 전에 스마트폰과 전자기기를 상자에 수거하는 CEO를 안다. 회의에 장난감 총을 가져와 구성원들이 스스로 정한 규칙을 지키지 않으면 서로에게 총을 쏘게 한다는 관리자나, 규정을 어긴 사람들에게 벌금을 걷어 단체 점심비로 쓴다는 관리자의 이야기도 들었다. 내가 아는 다른 관리자는 새로 부임했을 때 한 사람이 회의에 지각하자 회의를 멈추고 늦게 온 사람을 복도로 불러냈다. 밖에서 정확히 무슨 일이 있었는지는 아무도 몰랐지만, 그 관리자는 혼자 회의실로 돌아왔다.

내가 아는 어느 교수는 수업이 시작되면 강의실 문을 잠그고 지각한 학생들은 밖에 세워둔다. 수업 중에 학생의 휴대전화가 울리면 자신이 직접 전화를 받겠다고 고집하는 교수도 있다. "안녕하세요!" 그녀가 발신자에게 스피커폰으로 쾌활하게 인사하면 원래 전화를 받아야 할 학생은 자기 자리에서 움츠러든다. 당황한 발신자가 "어, 론 휴대폰 아닌가요?" 또는 "누구세요?" 하고 물으면 그녀는 이렇게 떠든다. "나는 에이커 교수예요. 당신은 내 수업 시간에 전화를 했고요. 론은 옆에 있는데 지금 바빠요. 할 말 있으면 내가 대신 전해드려요?" 말할 필요도 없이 이런 일은 자주 일어나면 곤란하다.

대부분의 사람들은 꺼리는 일이지만, 적절한 순간에 적절한 사람이 지위를 이용하면 관용이나 관심을 드러낼 수 있다. 부모는 자녀를 안전하고 건강하게 지킬 책임이 있다. 교수들에게는 학생들을 공부시킬 책임이 있다. 관리자는 소속 팀에 대해 자신이 운영하는 회의의 생산성을 높일 책임을 진다. 때때로 지위 이용하기는 공식 책임자로서 사람들에게 무엇을 하라고 말할 권리와 책임이 우리에게 있음을 일깨우는 것을 의미한다.

적절한 유머는 특별한 지위를 부여한다

유머에는 계층 의식이 담겨있다. 사람을 깔아뭉개거나 깎아내리는 내용이 많기 때문이다. 트위터에서 무슨 일이 일어나는지 살펴보자. 인신공격은 특히 대응하기 곤란한 권력 드러내기의 일종이다. 발끈했다가는 농담도 받아들이지 못하는 사람 취급을 받기 때문이다. 트럼프 대통령은 이 수법의 달인이다. 모든 정적들에게 웃기는 (그리고 모욕적인) 별명을 붙이고 사정없이 부르며 놀려댄다. 트럼프가 지은 별명들은 다른 사람들을 깎아내리는 것이 목적인 듯하지만, 던지고 나서 돌려받지는 못할 때 그의 위상이 받는 타격에도 주목하자. 남을 끌어내리려고 모욕적인 말을 하면 제 무덤을 파는 격이 될 수 있다.

한편, 심리학자 대처 켈트너Dacher Keltner의 연구에 따르면, 어떤 상황에서는 놀리고 욕하는 것도 존경과 애정이라고 착각하게 만들수 있다. 가끔은 누군가를 콕 집어 놀린다는 사실 자체가 상대에게 특별한 지위를 부여한다. '우리 사이가 특별하기 때문에 내가 당신을 놀릴 수 있는 거야'라는 뜻이다. 중학교 때 수영 강사는 나를 '왕코'라고 불렀다. 그의 코도 컸기 때문에 꼭 우리 둘만 특별한 클럽에 속한 기분이었다. 간혹 불쾌할 때도 있었지만, 우리 팀의 다른 친구들은 강사가 자신들에게도 뭔가 놀릴 거리를 찾아줬으면 하고 바라는 눈치였다.

지위에 맞는 칭찬, 상대에 맞는 격려

애매한 칭찬은 거의 항상 일종의 권력 게임이라 볼 수 있다. 긍정적이든 부정적이든 누군가의 외모를 두고 이러쿵저러쿵하는 것은 상대를 대상화하는 것인데, 자신에게 누군가를 뜯어보고 판단을 내릴 권리가 있음을 가정하기 때문이다. 부하 직원이 상사의 외모를 칭찬하는 것은 금기시되지만 상사가 아랫사람의 외모를 칭찬하는 것은 완전히 용납된다. 내가 아는 어느 관리자는 자신의 직원 한 명이 날마다 "혹시 살 빠지셨어요?" "헤어스타일이 멋진데요"라며 그의 외모를 두고 친근하게 논평을 던지곤 하는데, 그런 말을 들을 때마다 "모골이 송연해지는" 이유를 이해할 수 없었다고 털어놓았다. 그런 말은 면밀한 관찰, 스스럼없는 태도, 판단을 내릴 권리를 암시하기에 그는 상사로서의 지위가 미묘하게 훼손당하는 기분을 느낀 것이다.

우리가 칭찬을 하는 이유는 상대를 기분 좋게 해주고 싶어서일 테니, 효과적인 칭찬 방법을 쓰는 편이 나을 것이다. 이를 테면 "얼굴 보니까 정말 좋네요!"라든지 눈을 맞추면서(몸을 훑는 것은 금지!) "오늘 멋지세요!"라고 말하는 식이다. 하지만 하급자는 피드백을 요청받지 않는 한, 상급자를 판단하지 않는 편이 낫다.

상사와는 넘지 못할 선이 있다

부하 직원의 아첨에 대한 관리자의 본능적인 반응은 계층적 삶을 정의하는, 보편적으로 받아들여지고 있지만 대체로 암묵적인 규칙을 부각시킨다. 바로 계급이 높은 사람이 사회적 경계와 사회 규범을 정한다는 규칙이다. 그러므로 경계를 침범하고 규범을 거스르면서 그렇게 할 권리가 있는 듯이 행동하는 것은 권력을 드러내는 한 가지 방법이다.

이런 사회적 관습은 다소 미묘하여 놓치기 쉬운 탓에 무례로 이어질 수 있다. 상사가 부하 직원에게 주말을 어떻게 보냈는지 물어보는 것은 얼마든지 허용되지만, 그 반대는 아니다. 마찬가지로 상사가 부하 직원을 점심식사에 초대하는 것은 괜찮지만, 반대 방향의 제안은 다소 건방지거나 부적절하게 느껴진다. 그 증거로 1991년에 노먼 슈바르츠코프Norman Schwarzkopf 장군이 웨스트포인트에서 강연을 마치고 청중의 질문을 받고 있을 때 생도 하나가 같이 술 한잔하자고 제안하여 그를 당황하게 하자, 얼마나 소란스러운 반응이 일어났는지를 떠올려 보자. 슈바르츠코프는 난감해하면서도 조금 재미있다는 반응이었고, 청중은 함성을 지르며 휘파람을 불었다. 생도는 그런 초대로 자신의 권력을 드러냈지만, 초대에 대한 설명을 덧붙일 때는 몇 단어마다 경칭을 삽입하며 대단히 격식을 차렸다. 슈바르츠코프는 제안을 수락했다.

업무상의 관계가 어디까지 친밀해질 수 있는지를 결정하는 사람은 상급자다. 초대는 먹이사슬의 위 단계에서 아래 단계로 향할 뿐, 반대 방향은 곤란하다. 대부분의 사람들은 이 사실을 안다. 내게는 아주 고위직에 있는 친구가 몇 명 있는데, 그들은 주로 혼자서 시간을 보내며 외출은 좀처럼 하지 않는다는 말을 농담처럼 한다. 그들에게 먼저 무엇을 하자고 감히 제안할 사람이 거의 없는 탓일 것이다.

직급이 낮은 사람이 높은 사람들에게 너무 스스럼없이 행동하면 모두를 불편하게 만들고, 괜한 오해를 살 수 있다. 고위층에게 너무 친근하게 굴면 자신의 위치를 모를 뿐 아니라 다른 사람의 위치까지 인식하지 못한다는 인상을 준다. 직급이 높은 부하 직원은 상급자가 먼저 놀리면 똑같이 맞받아칠 수 있는 반면, 상사와 노닥거릴 권리를 갖지 못한 직급이 낮은 부하 직원은 똑같은 행동을 하다가 반감을 살 수 있다.

권력은 고위층으로 하여금 지위가 낮은 사람들은 꿈도 못 꿀, 친숙함과 친밀감을 가장한 자유를 행사하게 할 수 있다. 자신이 친밀감을 표현한다고 생각하며 여성 부하 직원을 포옹하는 남성 상사를 예로 들어보자. 자신에게는 거절할 권리가 없다고 느끼는 이 여성이 그런 행동을 징그럽게 여긴다는 사실은 눈치 채지 못하고서 말이다. 그런 태도는 그야말로 도를 넘는 수준으로 치닫기도 한다. 과거에 내 상사 중에는 내가 집무실에 찾아갔을 때 느긋하게 치실질을 하면서도 자신의 행동을 사과도 인정도 하지 않은 사람이 있었다. 린든 존슨Lyndon Johnson 대통령은 변기에 앉은 채로 회의를 진행하곤 했다.

과거에 우리도 이런 경향을 증명하는 연구를 설계한 적이 있다. 권력을 쥐었던 순간에 대해 글을 쓴 직후의 대학생들은 우리가 연구실에 신중하게 배치해 둔 선풍기를 (센 바람이 자신들의 얼굴에 직접 향하도록) 옮겨야 한다고 결정한 뒤에는 허락을 구하지 않고 실행할 가능성이 높았다. 반면에 다른 사람이 자신을 지배하던 순간에 대해 글을 쓴 참가자들은 어떠한 행동도 취하지 않고 불편을 참는 경향이 있었다. 우리의 영역에 들어온 셈인데도, 첫 번째 집단은 내키는 대로 편안하게 행동했다.

대부분의 규범이 그렇듯 친숙성 규범에도 위계적인 요소가 있는데, 누가 위반하기 전에는 좀처럼 눈에 보이지 않는다. 권력을 드러낼 때는 물리적, 사회적 경계를 원하는 대로 정한다.

때로는 무관심이 지위를 강화한다

관심은 권력을 살 수 있는 주요 화폐 가운데 하나다. 우리는 더 중요하다고 생각하는 사람에게 더 관심을 쏟는다. 그러므로 특정 상황에서 특정인이 얻은 관심의 양은 그들에게 권력이 얼마나 있는지를 보여주는 믿을 만한 척도다. 따라서 사람들은 흔히 다른 사람의 존재를 인정하지 않거나 그에게 집중하지 않는 식으로 권력을 행사한다. 약속 시간에 늦게 나타나거나 회의나 수업 중에 휴대 전화를 확인하는 것은 불쾌한 행동이지만, 계급이 낮은 사람보다는 높은 사람에게 좀 더 허용되는 이유도 이렇게 설명된다. 이는 자신의 시간이 가장 중요하다는 뜻을 전하기 위해 전략적으로 취할 수 있는 행동이다.

하지만 잘못된 맥락에서는 무심코 사용해도 역효과를 낼 수 있다. 예전에 내가 가르치던 대학원생이었다가 지금은 종신 교수가 된 한 동료는 최근에 나더러 '힘자랑'을 한다고 비난했다. 언젠가 내가 그녀의 약혼자를 만나기로 해놓고 잊었다는 것이었다. 그녀가 그 일을 모욕으로 느꼈기에 나는 마음이 아주 좋지 않았다. 변명을 하자면, 나는 그녀의 이전 남자친구들도 여러 번 만났기에 그 남자가 '그 사람'이라는 사실을 알지 못했을 뿐이다. 의도적이든 아니든, 우리가 주위 사람들의 존재를 인정하지 않거나 만나기로 한 약속을 잊거나 그들의 이름조차 기억하지 못하는 것처럼 행동할 때, 그들은 "나는 나의 시간을 소중히 여기거나 관심을 쏟을 가치가 없는 존재" 취급을 받는다는 기분을 느낀다.

이런 상황은 대개 관심에 대한 수요가 공급을 크게 앞서는 세상에서, 관심에 우선순위를 정하여 적절히 분배할 필요가 있음을 보여주는 결과일 뿐이다. 그래서 자신의 사무실 입구에서 아랫사람이 서성대는 것을 의식하지 못하는 듯이 보이는 상사를 꼭 무례하다고 할 수는 없다. 그는 더 긴급하다고 느끼는 대상에 주의를 쏟고 있을 뿐이다. 최근에 새로 회사를 설립한 한 창업자는 내게 자신이 개인 사무실 문을 닫고 숨어있자, 탁 트인 사무실에서 일하는 직원들이 자신들에게 신경을 쓰지 않는 것처럼 느끼더라는 말을 내게 한 적이 있다. "당신은 개인 사무실에서 뭘 하고 있었죠?" 내가 물었다. "겁에 질린 채 뒤에 숨어있었어요. 회사가 망하지 않게 하느라, 그리고 월급 줄 돈을 마련하느라 전전긍긍했죠."

　무관심은 나쁜 행동을 통제하는 수단으로도 유용하게 사용될 수 있다. 이를 테면, 부모들은 말썽을 피우는 아이들에게 '반응하지 말라'는 조언을 받는다. 꾸중이 무관심에 비해 오히려 긍정적인 강화처럼 느껴질 수 있기 때문이다(관심으로 보상하면 말썽은 끝나지 않는 경우가 많다). 최근에 나의 옛 학생에게 듣기로, 자신은 지금도 동창들과 만나면, 다른 친구가 한 말을 인정하지 않고 주제와 관계없는 엉뚱한 말을 지껄여 토론을 장악하려는 학생들을 대놓고 차단하던 내 방식을 화젯거리로 삼는다고 한다. 모두를 제 방향으로 이끌기 위해서는 가끔 하나를 추락시켜야 할 때가 있다.

권력을 이용해 약자를 배려하라

　남이 말하는 도중에 끼어드는 것은 대체로 나쁜 행동으로 취급받지만, 그런 일은 늘 일어난다. 우연히 일어날 수도 있다. 스타트업을 성공적으로 키워서 매각한 옛 제자 하나는 최근에 팀원들이 충분히 목소리를 내지 않는다고 코치에게 불평했더니, 그가 자신에게 회의 중에 남의 말을 자르는 버릇이 있다고 지적했다며 멋쩍은 듯 고백했다. "제가 너무 들떠서 생각과 아이디어가 넘쳐났나 봅니다." 그는 직원들을 위협하여 입을 꾹 닫게 하거나 자신의 생각이 다른 누구의 생각보다 중요하다는 듯이 행동할 의도는 없었지만, 어쩌다 보니 그렇게 되었다.

리더가 말을 자르고 대화를 지배하면 직원들의 목소리를 억눌러 사기를 꺾게 되고, 그들은 자신의 의견이 무가치하므로 말을 해봤자 불이익만 생긴다고 느끼기 때문에 심리적 불안이 조성된다. 하지만 상황에 따라 이런 행동은 반대의 효과를 가져오기도 한다. 예를 들어, 리더가 조용한 사람들에게 발언권을 주기 위해 팀이나 그룹에서 가장 목소리가 큰 구성원들의 말을 자르면, 그 팀은 목소리를 내지 않았을 수도 있는 사람들의 의견과 통찰에서 이익을 얻는다. 이 역시 권력 과시로 집단에 기여하는 한 가지 방법이다.

누가 내 말에 끼어들면 어떻게 대처해야 하냐고 내게 묻는 사람이 많다. 나는 그들의 관점을 바꾸려 한다. 자기 방어가 권력 균형을 바꾸는 최선의 방법은 아니다. 오히려 다른 사람들이 방해받지 않도록 막아줄 때 우리의 권력은 가장 커진다. 그런 절호의 기회가 생긴다면 붙잡아야 한다. 자신의 이익을 보호하기 위해 권력을 드러내면 대개의 집단에서 우리는 불리한 상황에 놓인다. 하지만 다른 사람들의 이익을 보호하기 위해 권력을 행사하면 우리는 거의 항상 유리한 상황에 놓인다. 말할 때마다 끼어드는 사람, 자신이 방해를 받았을 때 방어하는 사람, 당신을 방해하는 사람을 막아주는 사람 가운데 당신이 곁에 두고 싶을 사람은 누구일지 생각해 보자.

단호한 거절이라는 권한

'예'라고 말하기는 쉽다. 다른 사람들의 노력을 인정하면 그들을 만족시킬 수 있다. 반면, '아니오'라고 말하기는 어렵다. 그것은 권력을 드러내는 연습이기도 하다. 다른 의견을 내거나 거부하거나 반려하거나 다른 사람의 뜻에 따르지 않는 것은 구체적인 권한 표현이다. 권한이란 다른 사람들에게 그들이 무엇을 할 수 있고 무엇을 할수 없는지 말할 권리다. 권력을 책임감 있게 이용한다는 전제하에 아니라고 말하는 능력은 권력자가 권력을 잘 쓰는 데 꼭 필요하다. 집단이 최우선 순위에 주력하게 하고, 프로젝트가 예산 범위 안에서 일정에 따라 진행되게 하며, 구성원들이 탈선하거나 진로를 이탈하는 것을 막는다. 권력자가 집단에 이익이 되지 않는 개인적인 이유로 제안이나 요구, 기회를 무차별적으로 거부할 때만 '아니오'는 문제가 된다.

나는 교수로서 관리 책임이라는 역할을 내면화했기 때문에 '아니오'라고 말하는 법을 배워야 했다. 이 역할에는 미미한 권력, 소소한 지위, 엄청난 책임이 따른다. 학생들이 교육과정을 이수하여 무사히 졸업할 수 있도록 도움을 주고, 학생들의 성장을 평가하는 데 공정한 절차를 사용해야 한다. 처음에는 이 역할이 내게 어떤 어려움을 안길지 몰랐지만, 머잖아 내가 '권한'을 가지고 하는 일의 상당 부분이 특별대우를 해달라는 요구를 거절하는 것임을 알게 되었다.

이 역할을 수행하면서 만나는 학생 대부분은 충실하게 자기 할 일에 전념하고 정해진 규칙을 잘 지키므로 강의실 밖에서는 따로 만나거나 연락받을 일이 없다. 하지만 내게 자주 연락을 해대는 학생이 항상 몇 명씩 있는데, 그들은 받을 자격이 없는 것을 요구하는 경우가 많다. 나는 다양한 '언어'로 거절하는 법을 배웠다. 직접 만났을 때는 이야기를 들을 때 고개를 끄덕이는 대신 고정해야 하고, 가끔씩 입을 삐죽거려야 한다. 이메일을 받으면 상대의 요구와 그 정당성을 고려할 시간을 충분히 갖기 위해 속도를 조절한다. 그 말은 너무 재깍 답장하지 않는다는 뜻이다. 때로는 상대의 '비상사태'가 나의 비상사태는 아니라는 것을 알릴 필요가 있다. 협상의 여지를 남기지 않으려면 단어를 가급적 적게 사용해야 한다는 것도 깨달았다. 상대의 요구가 다른 친구들에게는 불공평하다고 지적하는 법도 배웠다. 거절하는 데는 좋은 방법이 많다.

권력을 드러내야 할 때

위의 예에서 알 수 있듯이 권력 드러내기가 시합에서 이기는 것과 같다고는 할 수 없다. 그것이 사회적 상호작용에서 이기는 접근법인지 아닌지는 상황, 당신의 목적, 당신이 상대하는 대상, 그리고 무엇보다 당신이 실제로 지닌 권력이 얼마나 되는지와 같은 맥락에 달려있다. 권력 드러내기의 때와 방법은 이 책의 다른 부분에서 상세히 설명한다. 지금은 권력을 드러내는 것(또는 숨기는 것)이 학습된 행동이며, 여기에 유난히 뛰어난 사람들이 있다는 정도만 밝혀둔다.

"내가 왜 그렇게 해야 하지?" 하고 의문을 품는 독자가 있을 것이다. 다른 사람들의 이익을 지키려면 권력을 드러내야 할 때가 있으므로 당신은 그 방법을 배워야 한다. "내가 왜 지금과 다르게 행동해야 하지?"라고 의문을 품는 독자도 있을 것이다. 여기에도 같은 규칙이 적용된다. 당신이 가장 아끼는 사람들이 안전함을 느끼도록 하기 위해 권력을 드러내거나 숨길 수 있다면, 그렇게 할 때 성공할 가능성이 훨씬 높기 때문이다.

대부분의 상황에서 대부분의 사람들은 같은 것을 원한다. 다른 사람들에게 위압감을 주거나 거만하게 행동하지 않으면서 좋은 인상을 남기고 존경받기를 원한다. 계급 내에서의 실제 지위와 관계없이 늘 그렇다. 동료들과의 사이에서 역할을 두고 경쟁하든, 상급자 또는 하급자로서 업무를 수행하든 권력을 드러내기와 숨기기는 균형을 유지하는 데 필요한 수단이다. 마치 시소 위에 서 있거나, 심리학자 리처드 해크먼**Richard Hackman**이 말하는 '권위의 평균대**authority balance beam**'에 올라갔을 때처럼 떨어지지 않기 위해 체중을 이동하거나, 적어도 다른 사람들의 행동에 반응하여 한쪽 다리에서 다른 다리로 무게 중심을 옮기는 법을 알아야 한다.

권력 드러내기는 적대적으로 보일 수 있다. 하지만 집단 속에서 권력을 드러내는 것이 당신이 할 수 있는 가장 관대한 행동일 수도 있다는 점에 유념해야 한다. 어떤 집단에든 나서서 방향을 제시하고 상황을 통제할 사람은 필요하다. 일을 순조롭게 진행시키고 나쁜 행동을 즉시 중단시킬 사람이 있다는 것을 알면 모두가 긴장을 풀고 눈앞의 일에 집중할 수 있다.

당신이 책임자라면 마땅히 그 역할을 수행해야 한다. 사람들에게 '내가 책임자다'라고 알려야 한다. '나쁜 놈'이 되고 싶은 사람은 아무도 없다. 하지만 우리에게 의존하는 사람들을 공정하게 대하려면 권력을 이용하여 지배하는 방법과 때를 알아야 한다.

하급자의 권력 드러내기도 효과가 있을 때가 있지만, 좀 더 위험이 따른다. 윗사람을 뒷받침하려면 가끔씩 현실을 일깨워 주어야 한다. 때로는 잘못될 수 있다. 때로는 경계를 넘을 수도 있다. 때로는 불필요한 위험을 감수해야 한다. 윗사람이 당신을 대하는 태도를 바꾸지 않는다면 당신이 떠날 것이라는 뜻을 전해야 할 때도 있다. 자신을 보호하고, 다른 사람들을 보호하고, 권력에 따르는 위험에서 상사를 보호하려면 하급자로서 당신이 가진 힘을 인식해야 한다. 일단 신뢰를 쌓은 다음, 당신이 분수를 아는 사람이고 상대방의 이익을 염두에 두고 행동한다는 것을 보여주는 것이 핵심이다.

동료들 사이에서는 분명 권력 드러내기가 지위와 권력을 얻는 효과적인 수단이 될 수 있다. 다양한 사회 계층에 대한 연구에 따르면, 지배 성향은 영향력 있는 위치로 누가 가장 먼저 빠르게 상승하는지 예측하는 가장 강력한 변수에 속한다. 캘리포니아대학교 버클리 캠퍼스의 캐머런 앤더슨Cameron Anderson과 돈 무어Don Moore 등의 연구에서는, 동료 집단에서 문제에 대한 자신의 해결책에 지나칠 정도로 자신감을 보인 구성원들은 자신을 좀 더 정확하게 평가하는 사람들보다 더 쉽게 높은 지위를 차지했다. 가장 존경받던 동료가 틀렸다는 것을 구성원들이 나중에 알게 된 후에도 자신감 넘치던 구성원들의 지위는 타격을 입지 않았다. 이 연구에 따르면, 지나친 자신감은 생각만큼 위험하지 않은 모양이다. 우리는 집단의 발전을 위해 개인의 위험을 기꺼이 감수하는 사람들을 인정하기 때문이다.

결국 권력 드러내기는 지위 경쟁에서 이기는 한 가지 방법이지만, 항상 최선의 수단이라고 볼 수는 없다. 권력을 지배적이고 권위적으로 사용하는 방법은 집단이 위기에 처하여 강한 권력자가 집단을 이끌어야 한다는 요구가 있을 때 참여적인 접근법보다 선호된다. 또한 연구에 따르면, 권력자들은 지배력, 통제력, 심지어 공격성을 발휘해 권력이 적은 사람들에게 이익을 주거나 집단의 이익을 위해 자신을 위험에 빠뜨릴 때 유능하고 세심한 인물로 평가받는다. 이 두 가지 특성은 그들의 판단을 신뢰하는 근거가 된다. 결국 대체로 권력 드러내기는 집단이 필요로 할 때 권력을 사용하는 효과적인 접근법으로 볼 수 있다.

Chapter 3

권력 숨기기

권력을 드러내는 능력과 숨기는 능력은 계급 사회에서 성공하는 데 유용하고 꼭 필요하다. 하지만 대부분의 사람들은 한 가지 접근법에만 의존하는 경향이 있다. 우리 중에는 나서서 일처리를 해야 할 운명을 타고난 듯한 사람이 있는 반면, 뒷받침하는 역할에 특화된 사람도 있는 것 같다. 공격에 강한 사람도 있고 수비에 강한 사람도 있다. 누구는 천성적으로 상대를 주눅 들게 하고 누구는 천성적으로 상대를 편안하게 한다. 분명 타고나는 성향도 있지만 유전이 전부는 아니다. 권력을 드러내고 숨기는 것은 우리가 누구인지, 살면서 필요한 것을 얻고 성공하는 방법에 대해 무엇을 배웠는지에 따라 자연스럽고 익숙할 수도 있고 그렇지 않을 수도 있는 학습된 행동 양상이다.

세쿼이아 캐피털Sequoia Capital은 미국 벤처 캐피털 업계의 최대 기업 중 하나다. 애플, 구글, 페이팔, 오라클, 유튜브, 인스타그램, 야후 등 세쿼이아가 투자한 기업들의 현재 시가 총액을 합치면 나스닥의 22퍼센트에 해당하는 1조 4,000억 달러에 달한다! 이 회사의 파워와 명성은 전 세계에 알려져 있으며, 세쿼이아와의 만남은 기업가에게 소망인 동시에 악몽이다. 세쿼이아의 지원을 받는 것은 대단한 영광이라 할 수 있다. 하지만 세쿼이아의 파트너가 가득 앉아있는 회의실에서 강렬한 인상을 남겨야 한다는 압박감은 일부 창업자들에게 시도조차 꺼려질 만큼 부담스럽다.

벤처 캐피털 업계에서 세쿼이아 파트너들의 예리한 지성과 공격성은 유명하다. 1972년에 도널드 T. 밸런타인Donald T. Valentine이 설립한 이 회사의 미국 사업부는 현재 롤로프 보타Roelof Botha가 이끌고 있다. 남아프리카공화국 외무장관의 아들인 그는 회의실에서 거의 항상 가장 똑똑한 인물이다. 그는 케이프타운대학교 전공 학과에서 역대 최고 학점으로 졸업했고, 스탠퍼드 경영대학원을 수석 졸업했다. 보타는 큰 곰을 닮았다. 따뜻하고 체격이 크며 잘 웃는다. 하지만 그 앞에서 실수는 금물이다. 당신의 훌륭한 주장을 갈가리 찢어발길지도 모른다.

보타는 세쿼이아에서 승승장구하다가 2017년에 미국 사업부를 이끄는 자리에 임명되었다. 세계적인 명성과 평판에도, 이 시기에 회사는 변화하는 업계에 적응하느라 내부적으로 힘든 과정을 겪고 있었다. 이를 테면, 당시에 세쿼이아 미국 법인의 투자 파트너는 12명 전후였는데, 그중에 여성은 한 명도 없었다.

보타는 이런 상황이 바뀌어야 한다고 여겼다. 그는 이렇게 설명한다. "우리 회사의 문제는 지금까지 우리 포트폴리오에 속한 기업에서 인재를 채용했다는 것이다. 기존 네트워크에서 선택하면 일이 쉬워진다. 채용 대상자에 대해 많은 정보를 확보할 수 있고, 그들도 우리를 잘 안다. 하지만 그렇게 채용된 인력은 우리와 같은 방식으로 보고 생각하는 경향이 있다."

네트워크를 벗어나는 것이 쉬운 일은 아니었겠지만, 보타는 회사가 성공하려면 다양한 관점이 꼭 필요하고 다양한 관점은 많을수록 좋다고 여겼다. 2013년에 보타는 세쿼이아의 파트너 앨프리드 린Alfred Lin과 함께 골드만삭스 컨퍼런스에 참석했다. 그가 참석한 어느 회의에서는 마침 폴리보어Polyvore라는 스타트업의 젊은 여성 CEO 제스 리Jess Lee가 예비투자자들에게 자신의 회사(디지털 스타일링 플랫폼으로 훗날 야후에 인수된다)를 홍보하고 있었다! "그녀는 내게 깊은 인상을 남겼다. 그래서 나중에 그녀를 점심식사에 초대했다." 보타가 말한다.

보타가 다가와 처음으로 자신을 소개했을 때, 리는 날아갈 것 같은 기분이었다고 회상한다. "세쿼이아가 내 회사에 관심을 보이다니! 나는 그들이 투자를 원하는 줄 알았다." 그래서 보타가 그녀에게 회사를 그만두고 세쿼이아에서 일하자고 제안하자, 리는 크게 실망했다. "당시에 나는 투자자가 될 생각이 없었다. 그런 일은 조금도 매력적으로 보이지 않았다."

보타는 일단 물러섰지만 포기한 것은 아니었다. 2년 후, 폴리보어가 야후에 매각되자 리에게 전화가 걸려왔다. "이번에 그들은 나더러 사무실에 한번 들르라고 했다. 나는 샌드힐 로드를 올라가 그곳 사람들을 만났고, 홍보 회의에 참가하던 중에 결국 내가 취업 면접을 보고 있다는 사실을 깨달았다." 그들이 합류를 제안했지만, 리는 야후에서 자신이 이끄는 팀에 의리를 지키느라 제안을 거절했다! 의외였다. 이런 자리를 마다하는 사람이 있다니. 그럼에도 그들은 리를 설득하기로 했다. 다만 평범한 방법은 먹히지 않는다는 것을 인정해야 했다.

오랜 구애였다고 보타는 말한다. 근사한 저녁식사라는 흔한 방법 대신에 그들은 시간을 들여 리를 관찰하면서 그녀가 누구이고 무엇을 좋아하는지 파악했다. 보타는 이렇게 말한다. "그녀를 있는 그대로 받아들이고 이해할 뜻이 있음을 알리고 싶었다. 알고 보니 그녀는 매우 소박한 사람이었다. 낡은 차를 탔고, 좋아하는 만화 캐릭터 코스프레에 푹 빠져있었다. 그래서 짐 고츠Jim Goetz(보타의 전임자)가 이런 아이디어를 냈다. '우리 둘이서 만화 캐릭터로 분장하고 커피숍에서 그녀를 만나는 게 어때요?' 우리는 주말에 분장용품 가게를 돌아다녔다. 일단 〈고인돌 가족〉 의상을 입어봤는데, 그 분장은 잘못된 인상을 줄 수도 있다는 생각이 들었다. 몽둥이를 들고 팔을 드러내면 너무 마초처럼 보일 터였다. 그건 아니다 싶었다. 다음으로 나는 〈토이 스토리〉의 우디 의상을 입어보았고 짐은 버즈 의상을 발견했다. 서로 문자를 주고받으며 짐은 우리에게 어울릴 가면도 구했다."

그저 흔한 캐릭터 의상이 아니었다. 가장 잘나가는 벤처투자자 두 명이서 픽사가 만든 가장 재미있고, 사랑스럽고, 충성스러운 애니메이션 캐릭터의 옷을 입고 새 파트너를 초빙하러 나타난 것이다. 두 사람은 거기서 멈추지 않았다. 창의적으로 제안할 방법을 찾기 위해 세쿼이아의 디자인 책임자 제임스 벅하우스James Buckhouse에게 도움을 청했다. "카우보이 스타일의 수배 전단을 만들자고요." 벅하우스는 〈토이 스토리2〉에 등장하는 제시를 완벽하게 소환했다. 착한 사람들 편에 합류한 제시는 놀랍게도 채용 후보자와 이름이 같았다(Jess). 전단 하단에는 "우리와 함께 새로운 모험을 떠나지 않을래요?"라는 문구가 적혀있었다.

그들은 리와 로스앨터스의 피츠 커피숍에서 만날 약속을 잡았다. 보타는 이렇게 말한다. "그녀는 눈치를 채지 못했다. 우리는 그녀를 놀래줄 작정이었다." 그들은 음료를 주문하고 테이블에 앉아 인형머리를 쓴 채 그녀를 기다렸다.

이번에는 리도 마음이 조금 열려있었다. 야후의 상황이 예전과 달라졌기에 그녀는 자신의 선택지를 재고하는 중이었다. 커피숍에 들어온 리는 북부 캘리포니아의 전형적인 근무복인 고급 캐주얼 차림을 한 두 명의 벤처 캐피털리스트를 찾느라 두리번거렸다. 하지만 아무리 둘러봐도 그 이미지에 들어맞는 사람은 아무도 없었고, 우디와 버즈 복장을 한 관중 둘이 전부였다. 리는 그들을 보자마자 휴대전화로 사진을 몰래 찍어 '대박 사건'이라는 제목으로 스냅챗에 올려야겠다고 생각했다. 하지만 그녀가 다시 그쪽을 쳐다보자, 둘은 인형머리를 벗고 전단을 쳐들었다. "나는 웃음을 터뜨렸다. '네, 저도 참여할게요'라고 불쑥 말해버렸다." 나중에야 그녀는 두 사람에게 자신이 얼마를 받게 될 것인지 물었다.

"나는 크게 감동했다. 그들은 나와 함께 일하기를 원했고 나를 있는 그대로 받아들일 것 같았다. 내 괴상한 취미에 개의치 않는, 함께 일하면 재미있을 사람들이라는 생각이 들었다. 그런 사람들이라면 진짜 한 팀처럼 느껴질 터였다. 그 순간 커다란 조각 하나가 딱 자리를 잡는 기분이었다. 이 사람들과 진실한 관계를 맺을 수 있을 것 같았다. 나는 아주 특별한 사람이 된 기분이었다."

보타와 동료들의 행동은 절대 평범하지 않았다. 영리하고 전략적이었다. 그들은 리에게 부담을 주지 않고 감동시킬 방법을 찾았고, 그녀가 진짜 어떤 사람인지 이해하고 있으며 그녀의 남다름을 존중한다는 것을 알렸다. 더 높은 연봉을 제시하고, 회사의 자산을 강조하면서 얼마나 대단한 곳인지 과시하는 대신에, 그들은 자신을 한 단계(또는 두 단계) 낮추었다. 우스꽝스럽다고? 그럴지도 모른다.

위험을 감수할 가치가 있었을까? 물론이다. 비용을 들이지 않고도 리의 신뢰를 얻는 방법이었으니까. 그녀가 편안한 마음으로 팀에 합류할 수 있다면 무슨 일이든 할 것임을 그들은 보여주었다. 다양성이라는 목표를 추구하기 위해 어떤 노력도 마다하지 않겠다는 의지를 드러내어 회사 내부적으로도 좋은 선례를 남겼다.

이 잘나가는 벤처 캐피털리스트들은 그 면접 날까지 그들이 아는 최선의 방법을 동원했다. 권력을 과시하려 하지 않고도 권력을 드러냈다. 큰 노력 없이 자연스럽게 일어난 일이었다. 권력 드러내기는 의도하든 의도하지 않든 자신을 높이고, 드러내고, 통제권을 주장하고, 존경을 요구하고, 자신이 특별한 존재임을 숨기기보다 사람들에게 상기시키는 것이다. 얼마간 강제와 협박에 의존하는 권력 사용법이다. 권력 드러내기는 당신이 이기기 위해 경쟁하는 사람임을 보여주기 때문이다. 앞장에서 살펴보았듯, 이것이 바로 우리가 생각하는 권력자들의 모습이다. 하지만 보타와 리의 일화는 권력을 잘 쓰기 위해서는 권력을 숨기는 것이 낫다는 점을 분명히 보여준다.

이들은 자신들의 권력을 숨기기 위해 의식적이고 계획적인 결정을 내렸다. 성공 가능성을 높이기 위해 권력을 억누르고 상대를 추어올렸다. 권력을 숨긴다는 것은 약점을 드러낸다는 뜻이 아니다. 우리가 개인의 위험을 감수하고 타인의 이익을 우선시할 만큼 단단하고 튼튼하다는 것을 보여주는 것이다. 권력을 숨기는 것은 상대방에게 명령을 하는 것이 아니라 존중, 배려, 경의를 표하고 상대방의 방어 심리를 누그러뜨리는 것이다. 권력을 숨기는 것은 상대를 이해하고 자기편으로 포용하는 것이다. 권력을 드러내는 것처럼 권력을 숨기는 것도 연기다. 그 목적은 우리가 별로 위협적이지 않고, 싸움에서 이길 생각이 없고, 실제보다 덜 무정하다는 것을 보여주는 것이다. 그렇다고 진실하지 못한 행동이라는 뜻은 아니다. 권력을 숨길 때, 우리는 돋보이는 것보다 조화를 이루는 데 관심이 있고, 통제보다 관계에 신경을 쓴다는 것을 보여주어야 한다. 권력을 숨기는 것이 권력을 포기하는 것은 아니다. 싸움에서 이기는 것(이 벤처투자자들의 경우 채용을 성공시키는 것)이 더 중요하다고 판단하는 것이다. 이기기 위해 최고위직 사람들이 가진 힘과 안위의 원천이 되는 지위와 권한의 일부를 희생하기로 결정하는 것이다.

대개 권력자들은 그렇게 할 수 있기 때문에 늘 권력을 과시하며, 약자들은 그렇게 해야 하기 때문에 권력을 숨기는 것 같지만, 이런 두 가지 태도를 당연하게 받아들일 수는 없다. 권력 드러내기는 흔히 위협과 강박이 뒤따르는 적대적인 행동이라고 인식되며, 실제로 그럴 때도 있다. 하지만 권력 드러내기는 보호가 필요한 사람을 보살피는 수단이 될 수도 있다. 마찬가지로, 권력 숨기기는 책임을 무마하거나 포기하려는 수작으로 보일 때가 많지만, 존경을 드러내고 신뢰를 쌓고, 다른 사람들에게 안전하다는 느낌을 주는 수단이 될 수도 있다.

권력 드러내기와 권력 숨기기는 특정 배우의 선택이나 스타일이 아니다. 오히려 춤이나 펜싱 경기처럼 대화의 일부라고 볼 수 있다. 모든 행동이 그 전의 행동에 대한 반응인 것이다. 두 배우가 동시에 권력을 드러내면 불꽃 튀는 시합처럼 느껴진다. 두 배우가 동시에 권력을 숨기면 교착 상태처럼 보인다. 서로 상대의 뜻에 따르겠다고 우기면 연기는 중단될 수밖에 없기 때문이다. 《앨폰스와 개스턴Alphonse and Gaston》이라는 옛날 만화는 이런 상황을 기본 소재로 삼고 있다. 우스꽝스러운 두 인물이 서로에게 양보하는 데 집착해 "당신 먼저!" "아니, 당신 먼저!" "아니, 당신이 먼저 하세요!"라는 말을 자꾸 반복한다. 양쪽 다 상대에게 '먼저 하세요'라고 양보만 하면 아무것도 진행되지 않는다.

이런 이유 하나만으로도 권력을 드러내고 숨기는 능력은 중요한 사회적 기술이라고 볼 수 있다. 이 두 가지 기술을 적절한 시기에 적절한 맥락에서 신중하게 사용하면 사람들을 공동의 목표에 기여할 수 있도록 효과적으로 배치할 수 있다.

✝ ✝ ✝

권력 숨기기도 권력 드러내기만큼 유용하지만, 그 목적은 다르다. 권력 드러내기가 권위성authoritativeness을 보여주는 방법이라면 권력 숨기기는 접근성approachability을 보여주는 방법이다. 권력 드러내기는 다른 사람들을 위해 싸울 의지가 있음을 보여주지만 권력 숨기기는 집단을 위해 희생할 의지가 있음을 보여준다. 권력 숨기기에는 위험이 따른다. 자신이 약하게 보일까 걱정하는 사람들이 많다. 하지만 권력 숨기기가 꼭 지배력의 포기는 아니며, 오히려 힘의 표시가 될 수도 있다. 권력 숨기기는 지배와 관계의 균형을 맞추는 수단으로, 당신이 자신보다 다른 사람들을 우선시하므로 그들도 똑같이 할 필요가 있음을 일깨운다. 권력을 숨길 때마다 우리는 집단의 이익을 위해 개인이 돋보일 기회를 기꺼이 포기할 용의가 있음을 사람들에게 알리게 된다. 그러면 다른 사람들도 똑같이 행동할 수 있다.

다른 사람들의 이익에 관심이 없으면서 관심 있는 척하라는 뜻이 아니다. 그것도 그리 쉬운 일은 아니다. 내 말은 힘의 균형을 다른 사람들에게 넘겨 배려심을 드러내라는 뜻이다. 사과를 하거나 자신을 웃음거리로 만들거나 주목받는 것을 피하거나 다른 사람들에게 결정을 맡기거나 자신은 지위와 관심을 얻을 가치가 없는 사람이라는 듯이 행동하여 다른 사람들에 비해 자신을 낮추면 된다. 하지만 다른 사람들을 자신보다 높이는 방법도 있다. 사람들을 배려와 존중으로 대하고, 그들의 말에 귀를 기울이고, 그들의 뜻에 따르고, 그들의 욕구를 짐작하려 노력하고, 그들의 목표 추구를 명시적이고 암시적으로 지지하는 것이다.

존스톤은 이런 행동들이 '자기 낮추기'에 속한다고 본다. 존스턴은 우리가 다른 사람들을 자극하지 않으려고 비자발적으로 이런 행동을 한다고 강조한다. 살면서 우리는 의도치 않게 자기 낮추기를 할 때가 많다(자기 높이기도 마찬가지다). 하지만 극장에서 배우들은 맡은 역할을 생생하게 구현하기 위해 실제로 자기 낮추기와 자기 높이기를 선택한다. 자기 낮추기를 할 때, 배우는 빠르지만 머뭇거리듯 말한다. '어, 음, 그러니까, 글쎄' 등 불확실, 망설임, 자기 불신을 드러내는 감탄사를 쓰며 말을 더듬거리기도 한다. 자기를 높일 때는 말할 기회를 더 많이 차지하고, 자기 낮추기를 할 때는 대개 말수를 줄인다. 하지만 자기 낮추기는 자기 높이기보다 말을 할 때 더 많은 단어, 더 많은 소리를 사용하며 그 모두를 짧은 시간에 압축한다. 자기 낮추기를 하는 배우들은 침묵을 채우려 애쓴다. 틈이 생기면 누가 치고 들어올세라, 길게 이어지는 문장을 사용한다.

자기 낮추기를 할 때 배우들은 자신을 편집하고 말끝을 흐리거나, 마치 자신의 말이 다른 이들의 대답을 유도하는 질문인 양 말끝을 올린다. 자신을 낮출 때 음성은 높아지고, 음색은 거칠고 날카롭고 부자연스러워진다. 의외로 요란한 감정 폭발과 고함 역시 배우가 자기 낮추기를 하고 있다는 신호가 될 수 있다. 통제력을 잃으면 우위를 뺏겼다고 느끼는 사람의 특징인 두려움, 좌절, 방어가 드러나기 때문이다.

자기 낮추기를 할 때, 배우들은 상대와 눈을 맞추지 않고 말을 하면서도 시선을 피하는 경향이 있다. 반면에 누가 말을 걸어오면 아무것도 놓치지 않으려고 말하는 사람을 열심히 응시한다.

자기 낮추기를 할 때 배우들은 자기 높이기를 할 때보다 더 자주 미소를 짓는다. 밑바닥의 삶이 더 나아서가 아니다. 아무도 불편하지 않도록 겸연쩍게 웃는 것이다. 이런 미소는 부자연스럽고, 나약하고, 어색해 보일 수 있다. 오스카 와일드Oscar Wilde는 이런 종류의 미소를 '회유의 증표'라 표현한 적이 있다. 웃음에 대한 연구에 따르면 킥킥대는 것도 순종의 표현이다. 절제된 미소와 마찬가지로 킥킥대는 웃음은 상대에게 불쾌감을 주지 않고, 자신이 너무 진지하게 받아들여질 필요가 없는 존재임을 확실히 드러내려는 시도다. 미소와 킥킥대는 웃음에는 눈썹을 추켜세우고, 고개를 끄덕이고, 몸을 앞으로 기울이고, 동그랗게 뜬 눈으로 상대를 올려다보는 등 '아기 얼굴'이 따라온다. 또 자신을 낮추는 연기를 하는 배우들은 몸을 재빠르고 날렵하게 움직여 불확실성, 망설임, 산만한 에너지, 몰입의 부족을 암시하는 경향이 있다. 이 모든 행동은 위협할 생각이 없다는 뜻을 전한다.

자기 높이기가 공간을 차지하여 물리적 존재감을 확대하려는 것을 의미한다면, 자기 낮추기는 숨거나 물러나거나 눈에 띄지 않으려 하는 것을 의미한다. 자기 낮추기를 하는 배우는 사람들에게 보이지 않으려는 듯이 날렵하게 움직이고, 소리 없이 이동하고, 종종걸음을 친다(게이샤를 생각해 보자). 자신을 낮추는 연기는 그곳에 있어서 미안하다는 듯이 혼란, 방향성의 부족, 자기 불신을 드러내는 방식으로 몸을 사용하는 것이다. 낮추는 연기를 할 때 배우는 옷

매무새를 고치고, 얼굴과 머리를 만지작거리고, 몸을 꼼지락거리는 등 신체적, 심리적 위협으로부터 자신을 보호하고 불안감을 드러내 보이는 행동을 한다. 모두 통제가 쉽지 않지만 불가능하지도 않은 보상적 습관이다.

자기 높이기는 거친 행동으로 우위를 표현하지만, 자기 낮추기는 위협적으로 보이지 않기 위해 물리적 약점을 만들고 드러낸다. 존스턴에 따르면, 배우는 자신을 낮추면서 이런 메시지를 전하려는 것이다. "제발 나를 해치지 마세요. 나는 그럴 가치도 없는 존재예요."

무분별한 공격을 피하는 자기 낮추기

자기 낮추기와 관련된 행동은 주로 무의식적으로 표현되지만, 자기 높이기처럼 전략적인 행동이다. 권력 숨기기를 하는 데는 다 이유가 있다. 대부분의 사회적 만남에서 (대부분의 인간을 포함한) 대부분의 동물은 싸우지 않는 쪽을 선호한다. 이는 탁월한 생존 본능이다. 이빨을 드러내고 경쟁자를 위협하여 물러서게 하는 것도 일종의 전략이지만, 이빨을 숨긴 채 미소를 띠며 선제적으로 물러서는 것은 훨씬 안전한 대응이다. 배를 까 보이는 자세를 취해 무력함을 나타내는 동물은 공격할 이유가 없다.

동물 훈련사들은 동물들이 부족한 자원을 차지하려고 서로를 위협하기보다 기꺼이 물러서는 행동을 굴복submission과 유화

appeasement라는 용어로 표현한다. 인간의 굴복과 유화도 자신은 위협할 뜻이 없고 연약하며 다른 사람들의 이익을 우선시할 의지가 있다는 뜻을 전한다. 굴복과 유화 역시 동물에게 힘이 없다는 신호는 아니다. 그 순간에 그 동물이 가진 힘을 사용할 의도가 없다는 신호다. 한마디로 권력 숨기기를 하겠다는 뜻이다.

강력함의 의미를 생각하면 '저자세'라는 말이 쉽게 떠오르지 않는다. 하지만 세계의 진정한 권력자들은 권력 숨기기에 많은 장점이 있음을 알고 종종 시도한다. 자신보다 계급이 높은 사람들을 경멸하면서도 그들이 가진 이점 때문에 접근하는 사람도 있기 때문이다. 진짜 권력자에게는 너무 두드러지지 말아야 할 동기가 충분하다.

가벼운 자기 비하는 경계심을 낮춘다

다른 사람들을 조롱하는 것은 그들보다 자신을 높이려는 행동이지만, 자신을 조롱하는 것은 자신을 먼저 낮추려는 행동이다. 누구나 때때로 자신을 비하하는 농담이나 논평을 할 때가 있지만, 특히 여성들이 그럴 때가 많다. 에이미 슈머Amy Schumer의 유머는 이점을 완벽하게 보여준다. "에이미, 모자가 참 예쁘네요." 다른 여성이 말한다. "취하셨어요? 딱 아르메니아 남자처럼 보이잖아요!" 에이미가 대답한다. "축하해요. 크게 승진했네요." 다른 여자의 말에 에이미는 곧장 이렇게 대답한다. "아마 금방 해고될 걸요." 과장이라고? 그럴지도 모른다. 하지만 이런 대화가 우스운 이유는 항상 접할 수 있기 때문이다. 자기비하 유머는 전형적인 권력 숨기기로, 특히 칭찬과 찬사를 받아들이기 어려운 여성들이 종종 사용한다. (많은 상황에서 남성보다 지위와 권력이 낮은) 여성들은 다른 사람들의 호감을 얻을 수 있는 방향으로 사회화되는데, 이 목표를 달성하는 가장 쉬운 방법은 자신의 단점을 부각하고 자신을 다른 사람들보다 낫다고 생각하지 않는다는 점을 확실히 강조하는 것이다. 자기비하 유머로 특별히 사랑받는 여성(그리고 남성)은 적지 않다. 그들과 함께 있을 때면 우리는 항상 유쾌하다. 하지만 이런 상황에는 문제가 있다. 모든 사람이 끊임없이 자신을 과소평가하면 대화가 쉽게 이어지지 못하고, 솔직해질 기회도 생기지 않으며, 무슨 일이든 제대로 진행되기 어렵다. 그러면 결국 아무도 높여지지 못하는 결과가 생긴다.

누군가가 당신의 성취에 관심을 가질 때 쑥스러워 하는 것은 당연하고, 겸손해 보이고 싶어 하는 것도 정상이다. 하지만 다른 사람의 호감을 사는 것이 목표라면, 칭찬을 받아들이는 것이 비껴가는 것보다 훨씬 낫다. 만약 당신이 누군가에게 좋은 인상을 주고 나서도 상대가 당신을 잘 몰라서 그렇게 생각하는 것이라 여긴다면 상대의 판단력을 무시하는 것 아닐까? 그냥 고맙다고 대답하고 더 중요한 주제로 넘어가는 것이 최선일 때도 있다.

솔직한 도움 요청은 동료 의식을 일깨운다

도움을 요청하는 것은 다른 사람들을 높이고 존중을 표현하는 훌륭한 방법이다. 나는 이 방법을 일종의 협상 전략으로 사용하는 사람을 안다. 그녀는 상사에게 뭔가를 요구하면서 그것을 자신이 해결해야 할 문제인 듯이 이야기한다. 이를 테면 이런 식이다. "다른 곳에서 스카우트 제의를 받았어요. 정말 이곳에 머물고 싶은데, 어떻게 하면 쉽게 거절할 수 있을까요?" 이렇게 말을 꺼내면 상사는 스스로 뿌듯해하며 그녀가 원하는 것을 주게 된다(물론 상사도 그녀가 머무르기를 원하는 경우에 한해 그렇다).

흔히 우리는 폐가 될지도 모른다는 생각에 사람들에게 도움을 요청하기를 꺼리지만, 나의 스탠퍼드대학교 동료 프랭크 플린Frank Flynn의 연구에 따르면, 대부분의 사람들은 할 수만 있다면 도움을 베푸는 것을 좋아한다. 호구가 되는 것을 좋아할 사람은 없지만, 도움 요청에 응답하면 영웅이 된 듯한 기분을 느낄 수 있다. 자신이 꼭 필요한 존재이고 다른 사람의 삶에 변화를 가져다 줄 힘이 있다는 사실을 알면 누구나 뿌듯해진다.

권력을 지닌 사람이 도움을 요청하거나 자신의 약점을 인정하면 힘이 더 커질 수 있다. 현대사에서 가장 성공적인 브랜드와 프랜차이즈를 구축했다고 인정받는 스타벅스의 전임 CEO 하워드 슐츠Howard Schultz는 《뉴욕 타임스》와의 인터뷰에서 기자 애덤 브라이언트Adam Bryant에게 이렇게 말했다. "위대한 지도자와 위대한 CEO가 지닌 강점 중 하나는, 항상은 아니더라도 적절한 순간에 약한 모습을 보인다는 것입니다. 그렇게 하면 사람들이 좀 더 쉽게 다가올 수 있죠. 당신의 인간적인 면모를 드러낼 수도 있고요." 권력자가 도움을 요청하는 것은 다른 사람들을 가까이 끌어당겨 자신의 편으로 만드는 방법이다.

퍼스널 스페이스 지켜주기

권력을 숨기는 또 다른 방법은 다른 사람들에게 사회적 경계를 정하게 하는 것이다. 우리 모두는 공적 영역과 사적 영역을 구분하는 개인 공간의 테두리 안에서 활동한다. 대체로 사적 테두리의 크기는 사회적 지위와 일치한다. 계급이 높은 사람들은 다른 사람들을 멀찍이 떨어뜨리는 큰 테두리를 갖는다. 이는 고위직과 하위직 직원들이 한 공간 내의 다른 구역에 모이는 이유 중 하나다. 지위가 낮을수록 회의 때 우두머리(또는 책임자)로부터 뚝 떨어져 앉는다. 지위가 높은 사람이 개인 공간을 차지할 권리와, 누구를 '들이고' '내보낼지' 지시할 권리를 존중한다는 뜻이다. 결국 테이블에서 가장 높은 사람과 적절한 거리를 두고 앉는 것은 자신의 가치에 대해 과대평가나 과소평가를 하지 않는다는 신호를 보내는 방법이다.

다른 사람들의 경계를 물리적으로든 사회적으로든 존중하는 것은 우리와 더 가까워질지 말지를 결정할 권리가 상대에게 있다는 인식을 드러내어 권력을 숨기는 방법이다. 지위가 높은 사람이 상대와의 사이에 거리를 정할 권리를 허락하는 것은 상대를 높이고 자신을 낮추는 방법이다. '당신이 규칙을 만들면 나는 따르겠다'는 메시지를 보내는 것이다.

인정 욕구를 적극적으로 표현하라

인정 욕구는 인간의 기본적인 동기다. 누구나 다른 사람들이 자신을 좋아하고 긍정적으로 판단하기를 원한다. 인정을 추구할 때 우리는 권력을 숨긴다. 어떤 행동을 하기 전에 허락을 구하거나 일단 행동한 다음에 사과하는 방법을 쓰는 사람도 있다. 허락을 구하는 것과 사과하는 것은 모두 유화의 행동이다. 다른 사람들에게 우리를 판단하고 방향을 정하게 하는 것이다. 또 사과를 한다는 것은 상대에게 해명할 의무가 우리에게 있다는 것을 인정하는 것이다.

누군가에게 지위에 비해 훨씬 큰 지배력과 권리를 부여하는 것은 권력을 숨기는 효과적인 방법이다. 상대의 지위에 관계없이 상대에게 인정받는 것을 중요하게 생각한다는 뜻을 밝혀 존중을 드러내는 능력은 계층 관계를 매끄럽게 유지하는 훌륭한 방법이다.

'아니오'라고 말할 수 있는 권리

다른 사람들의 뜻에 동의하고 순응하고 복종하는 것은 그들의 이익이 우리 자신의 이익보다 중요하게 취급되기를 바란다는 것을 보여주는 방법이다. 누구나 자신보다 지위가 높은 사람들을 대할 때 그런 행동을 할 가능성이 훨씬 높다. 그런 행동은 가장 강력한 계층 규범에 속하기 때문이다. 다른 사람들의 뜻에 따르는 것은 자신의 위치를 알고 있음을 알리는 방법이 될 수 있다.

하지만 어떤 사람들은 이 전략을 남용하여, 누구에게도 이익이 되지 않을 때조차 '예'라고 반응한다. 당장은 '아니오'라고 하는 쪽보다 쉬워 보이기 때문이다. '예스맨'으로 알려진 사람이 지위를 얻는 경우는 드물다. 그는 상사가 아무리 틀렸거나 잘못 판단해도 항상 그 의견에 동조하는 사람이다. 그럴 생각이 없는데도 누군가의 의견에 따르거나 따를 의도가 없으면서 무언가를 하기로 동의하는 것도 잘못이다. 이러한 행동은 '연기'라기보다 '거짓말'에 가깝다. 자신이 품은 의도와 다른 말을 하면 우리의 진정성은 약화되고 신뢰는 떨어진다. 그런 행동은 정직한 조언을 바라는 상대방의 요구보다 자신의 안전을 지켜서 얻는 이익이 더 중요하다는 것을 보여준다.

많은 사람들이 단순히 호감을 얻고 싶은 마음에 따르지 말아야 할 때 상대를 따른다. 하지만 자신의 권력을 끊임없이 숨기고 '무리 중의 평범한 한 사람'으로 행동하려는 리더는 필요한 상황에서도

'대장' 역할로 돌아오기 어렵다. 2003년 〈하버드 비즈니스 리뷰〉 기사에서 매클렐런드와 데이비드 버넘**David Burnham**은 사람들이 자신을 좋아하지 않을까 봐 지나치게 걱정하는 관리자들은 혼란스럽고 무질서한 업무 환경을 만들기 때문에 오히려 관리자로서 미움을 받는다고 밝혔다. 그런 관리자들은 환심을 잃지 않으려고 까다로운 하급자들을 위해 규칙을 왜곡하는 등 편파적인 태도를 보이기도 했다. 직원들은 그런 관리자들을 변덕스럽고 예측할 수 없는 사람들로 여겼다.

작년에 나는 벤처 캐피털의 지원을 받는 약 백 명의 창업자들과 함께 연찬회에 참가했다. 다들 멋진 아이디어에서 시작된 사업체를 키워 수백 명의 직원을 거느린 관리자로 변신하는 과정에 있는 사람들이었다. 내가 만난 그들은 모두 충분히 존경받지 못할까 두려워하고, 너무 유약해서 권위를 세우지 못할까 걱정했으며, 자신이 사람들을 지배하려 하면 얼간이처럼 보일까 봐 고민하기도 했다. 나는 그들에게 당신들은 이미 일터에서 자신에게 매우 소중한 무언가를 만들어내고 있기 때문에 누구에게 호감을 얻든 얻지 못하든 별로 중요하지 않다고 말했다. 지금 당신들 앞에 놓인 과제들을 고려하면 권력을 쥘 것인지 나누어줄 것인지를 분명히 정해야 하고, 일단 그렇게 하면 나머지 문제는 저절로 해결된다고 조언했다.

자신을 낮출수록 소통과 합의가 쉬워진다

오래전 어느 만찬회에 참석한 적이 있다. 주최자는 내 친구였다. 우리 아이들은 같은 유치원에 다녔고, 알고 보니 그 친구와 나는 관심사도 비슷했다. 당시에 나는 여성 리더를 위한 경영자 교육 과정을 운영하고 있었고, 성공한 경영자인 그녀는 맞벌이 부부에 관한 책을 쓰느라 직장을 쉬는 중이었다. 스탠퍼드대학교 동창인 남편과 함께 그녀는 경영대학원 여성 동기들, 개인적으로 친분이 있는 교수와 지인 몇 명을 초대해 여성의 리더십에 대해 이야기를 나누는 조촐한 식사 자리를 마련했다. 소수 인원이 참석한 비공식 행사였다. 전채요리를 맛보고 있는데 쾌활한 젊은 여성이 내게 다가와, 나를 꼭 만나봐야 한다는 말을 들었다며 자신을 소개했다. 그녀는 여성 리더가 겪는 어려움의 성질에 대한 내 견해를 알고 싶어 했다. 구글에서 일한다는 그녀는 궁금한 것이 많다면서 나와 같은 테이블에 앉아도 되겠냐고 물었다. 그녀는 멋진 대화 상대였다. 따뜻하고 쾌활하고 개방적이었으며, 나의 제안을 열심히 경청하고 자신의 통찰, 견해, 경험도 들려주었다. 저녁식사가 끝나고 우리는 작별인사를 했다.

"죄송한데, 성함이 뭐라고 하셨죠?" 내가 물었다.

"셰릴 샌드버그Sheryl Sandberg예요." 그녀가 맘에 들어서 그 이름을 기억해 두었다. 그녀가 누구인지는 꿈에도 모른 채.

그 후 셰릴이 《린인LeanIn》을 집필할 때 그녀의 자문위원이 되면서 나는 그녀를 깊이 알게 되었다. 셰릴은 대단한 인물이 분명하다. 그녀의 이름은 곳곳에서 접할 수 있다. 그녀는 유명하고 부유하다. 또 그녀는 세상에서 가장 강력한 회사에 속하는 페이스북의 최고운영책임자로서 매우 중요하고 어려운 도전을 하고 있다. 책임이 수반되는 자리에서 온갖 위기를 관리하고 있는 것이다.

하지만 지금까지 셰릴이 이룬 모든 성과를 설명하는 그녀의 권력은 직업상의 어느 한 가지 역할보다는 그녀가 관계를 맺는 방식과 관계가 깊다. 셰릴은 재능이 뛰어나고, 매우 부지런하며, 집중력이 엄청나다. 현재 페이스북은 우리의 선거 과정을 오염시키려는 적대적인 사람들에게 이용당하면서 위기를 겪고 있지만, 그녀는 내가 만난 가장 다정한 사람이 틀림없다. 셰릴은 따뜻하고 상냥하고 상대를 편안하게 만드는 사람이며, 자신의 그런 면을 잘 알고 있다. 하지만 무엇보다 그녀는 다른 사람들에 대한 의무를 진지하게 받아들인다. 그녀는 도움을 주고, 변화를 만들고, 쓸모 있는 존재가 되기를 원한다. 그녀가 관계를 어떻게 관리하는지를 보면 분명히 알 수 있다. 사람들을 서로 인사시키고, 통찰과 조언을 제시하고, 일자리를 소개하고, 승진에 힘을 써주고, 이사회에 추천한다. 자기 밑에서 일하는 사람들에게 책임 있는 일을 맡기고, 자신의 관심 사업을 진행할 공동체를 만든다.

우리가 권력과 그 출처에 대해 이야기를 나눌 때 셰릴은 진심으로 의아해했다. "아직도 권력이 지배력이라고 생각하는 사람이 있을까요?" 셰릴의 권력은 조작이나 통제, 영향력 과시에서 오는 것이 아니라, 그녀와 계속 관계를 유지하고 그녀의 자상한 행동에 보답하려는 사람들의 진실한 욕구에서 비롯된다.

권력 숨기기는 저자세를 의미하지만 그 영향력은 클 수 있다. 그것은 우리가 관계를 형성하고, 신뢰를 구축하고, 사람들에게 우리 앞에서 안전하다고 느끼게 하는 방법이다. 강력한 행동을 생각할 때 존중을 떠올리기는 어렵지만, 극도로 경쟁적인 21세기 문화에서도 존중은 권력을 사용하여 더 많은 것을 얻는 흔하고 실용적이며 효과적인 방법이다. 생각해 보면 당연하다. 자신의 계급을 올리기 위해서는 먼저 사람들을 존중해야 한다. 내가 아는 어느 관리자는 이렇게 말한다. "존중은 리드할 권리를 얻는 방법이다."

동료 집단에 대한 연구도 이를 뒷받침한다. 심리학자 조이 청 Joey Cheng과 동료들은 학생들로 구성된 팀에게 집단 의사 결정 과제를 마치고 나서 각자가 서로에게 얼마나 영향력이 있는지 평가하라고 요구했다. 각 팀원은 다른 팀원들을 통제하고, 그들의 말을 경청하고, 전문 지식을 공유하고, 자신의 위치를 방어하는 등 다양한 행동에 대해 동료들과 외부 관찰자들의 평가를 받았다. 연구자들이 "두려움을 유발하기 위한 무력과 위협의 행사"로 정의한 지배력은 예상대로 지위와 영향력을 예측했다. 하지만 연구원들은 똑같은 효과를 보인 다른 접근법도 확인했다. "존중을 얻기 위한 전문지식과 노하우의 공유"로 정의한 위신prestige은 자신감 있고 적극적인 학생들과 관계가 있었지만, 그들은 논쟁을 벌이거나 자신의 의견을 다른 사람들에게 강요하는 대신, 경청하고 호응하고 말을 아끼다가 필요할 때 자신의 아이디어를 내놨다. 이렇게 존중하는 참여 방식은 지배력만큼이나 지위, 권력, 영향력을 잘 예측하는 것으로 밝혀졌다. 차이가 있다면 실험이 끝날 무렵에는 위신에서 높은 평가를 받은 학생들이 존경과 호감까지 얻었다는 점이다. 그들은 특별한 능력이 있고, 가치 있는 기여를 하고, 성공할 가능성이 높은 사람들로 여겨졌다. 다시 말해, 지배하려 했던 학생들은 권력을 얻었지만, 이 상황에서는 권력에 대가가 따랐다.

이 연구는 동료 집단에서 지위와 영향력을 두고 경쟁할 때 정상에 이르는 방법이 하나만 있는 것은 아니라는 교훈을 준다. 권력을 드러내어 두려움의 대상이 될 수도 있고 권력을 숨겨 사랑을 받을 수도 있다. 어느 쪽이든 당신의 접근 방식이 가치를 더한다면, 당신에게 지식이 있고 기꺼이 위험을 감수하면서 그것을 공유한다는 뜻이므로 결국 권력을 차지할 수 있다.

사실 많은 사람들이 대체로 권력 숨기기가 팀을 관리하기에 더 효과적인 방법이라고 여긴다. 관리자에게 더 많은 정보가 필요하고, 효과적인 실행을 위해서는 찬성을 얻어야 하며, 경험이 풍부한 팀과 함께 일해야 한다면 권력 숨기기로 얻는 혜택은 비용보다 훨씬 크다. 두려움에 의존하는 권위적이고 지배적인 권력 사용은 관리자가 가장 많은 것을 알고 있고 실행을 맡은 사람들이 완전히 헌신할 때만 더 나은 성과로 연결된다. 게다가 독재적인 관리 방식은 상사가 실제로 지켜보고 있을 때만 생산성 향상으로 이어지지만, 직원을 존중하는 민주적인 관리는 상사가 부재중일 때도 높은 생산성, 창의성, 학습, 헌신을 낳는다.

의사결정 과정에 부하 직원들을 참여시키는 이런 관리 방식을 전문가들은 '참여적 리더십'이라 부른다. (지배권은 포기하지 않은 채) 직원들에게 지식과 전문 기술을 요청하고, 그들의 강점과 이익에 관심을 갖고, 때로는 직급이 낮은 직원들이 높은 차원의 전략을 이행하도록 한발 물러서는 방식이다. 참여적 리더십은 결과와 그 성취 방법을 통제하기보다 하급자들을 받들고 그들에게 행동 방침을 선택하도록 맡긴다. 말을 줄이는 대신 질문을 던지고, 단정적인 화법 사용을 자제하여 자신을 낮춘다. 한마디로 참여적 리더십은 권력 숨기기를 이용한다.

위기 시에 사람들은 권위적인 정치 지도자에게 이끌리는 경향이 있지만, 그 밖의 시기에는 참여형 리더를 선호한다. 언어학자 아리 덱터프레인Ari Decter-Frane과 제러미 A. 프라이머Jeremy A. Frimer의 최근 연구는 정치인들이 "단정적이지 않은 말투를 사용하고, 긍정적인 감정과 불안을 모두 표출하며, 인간적인 언어를 사용할 때" 의회에 대한 대중의 지지가 가장 높다는 사실을 밝혔다. 따라서 연구자들은 유능함보다 따뜻함이 영향력에 더 많이 기여한다는 결론을 내렸다. 예일대학교의 빅터 브룸Victor Vroom의 연구도 이런 결과와 일치한다. 대부분의 관리자는 다른 대안보다 주로 권위에 의존하지만, 참여형 관리 방식이 상황과 관계없이 더 효과적이었다. 또 자신이 참여형이라고 생각하는 관리자도 권력을 별로 숨기지는 않는다는 연구도 있다. 상사의 생각과 달리, 부하 직원들은 상사를 권위적이라고 여긴다는 뜻이다.

요컨대 대부분의 관리자는 권력을 더 제대로 휘두를 방법을 고민하는데, 권력을 숨기는 법을 알면 얻을 것이 더 많다. 별로 어려운 일은 아니지만, 우리의 권력이 얼마나 되는지에만 신경 쓰다보면 권력을 내려놓기가 쉽지 않다.

우리는 누구나 진지하게 받아들여지기를 원하지만 그것이 항상 가장 중요한 것은 아니다. 다국적 지원 기관을 이끌던 나의 옛 학생이 그 이유를 설명한다. 그녀는 미국 본사에 기반을 두고 전 세계의 사업팀을 감독했다. 인도에도 한 팀이 있었는데, 그곳은 미국보다 대체로 위계질서가 강하기 때문에 그녀는 자신에게 지나치게 순종적인 인도의 부하 직원들에게 적응하기까지 시간이 좀 걸렸다. "우리 팀원들이 생각을 속 시원히 털어놓지 않는다고 느껴질 때가 많았어요. 솔직한 의견을 내놓기보다 제 말에 동조하려고만 하는 거예요."

그녀는 역동성을 높이는 최선의 방법은 자신과 팀 사이의 거리를 좁히는 것이라고 판단했다. 그래서 그런 관계를 구축할 목적으로 인도 사무소로 출장을 떠났다. 그녀는 팀원 한 사람 한 사람을 따로 만났지만, 일 이야기를 꺼내는 대신, 상대를 이해하고 상대에게도 자신을 이해시키려고 노력했다. 개인 책상에서 점심을 먹기보다 날마다 팀원들과 함께 식사했다. 시차 때문에 힘들었지만, 매일 밤 그들과 저녁을 먹으러 나갔다. "팀원들과 서바이벌 게임까지 하러 갔답니다. 레이저 총에 서투른 모습을 보인 것이 제 권위를 떨어뜨리는 데 도움이 되었어요."

그 방법은 효과가 있었다. 권력을 의도적으로 숨긴 덕분이었다. "무엇이 잘 되고 무엇이 잘 안 되는지 제게 거리낌 없이 알릴 정도로 소통이 원활해졌어요. 덕분에 좀 더 효과적인 운영이 가능해졌고요."

'나'보다 '우리'의 중요성을 아는 것

자연스레 주어지는 일을 하면 대체로 결과가 좋다. 당신은 평생 그런 일을 해왔다. 하지만 일이 자연스레 주어지지 않거나 새로운 역경을 만났을 때는 의식과 목적을 가지고 자신의 역할을 가장 잘 수행할 방법을 생각해야 한다.

역할이 모호할 때 상대에게 좋은 첫인상을 남기려면 어떻게 해야 하느냐는 질문을 자주 받는다. 특히 새로운 상황에서는 상대가 어디서부터 시작하는지 눈여겨보고, 진지하게 받아들여질 수 있을 만큼 권력을 드러내는 동시에 위협을 가하지 않도록 필요에 따라 권력을 숨기는 것이 보통이다. 그런 순간에 꼭 기억해야 할 사실은, 오래 유지되는 권력은 집단을 위한 최선의 행동을 하는 데서 나온다는 것이다. 자신에게 위험이 따르고 '진실성이 없다'고 느껴질 때에도 공동의 목표와 이익에 기여해야 한다는 뜻이다. 우리에게 지위가 있는지 없는지 확실치 않은 상황에서도 가끔은 나서서 책임을 져야 할 때가 있다. 평소에는 뒤로 물러나 다른 사람에게 맡겨야 한다.

매번 잘할 수는 없다. 중요한 것은 당신의 노력이다. 당신이 노력하면 상사들은 지지받는다고 느낀다. 부하들은 보호받는다고 느낀다. 동료들은 당신을 대하기 편한 사람이라고 느낀다. 당신의 행동은 다른 사람들의 삶을 편하게 만들어준다. 그 대가로 당신은 지위를 얻는다.

권력을 잘 발휘하려면 자기 보호 본능에 기대기보다 자신이 가진 권력을 잘 소화하여 의도에 맞게 사용해야 한다. 연구에 따르면, 권력을 대하는 이러한 태도는 다행히 학습할 수 있다.

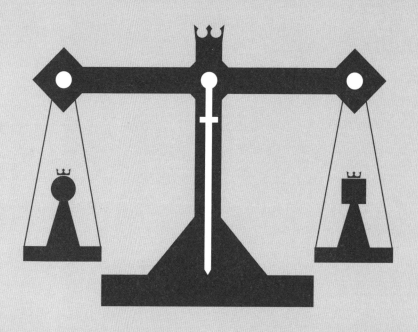

Part 3

나에게 주어진
권력의 역할은 무엇인가?

Horizontal Power

Chapter 4

'나다움'과 '권위'를
동시에 지키려면

누구나 다양한 역할로 존재한다

내가 MBA 강의실에 처음으로 전문 배우들과 감독들을 데려오기 시작했을 때, 학생들은 관심 반 의심 반이었다. 연기 공부로 권력을 사용하는 법을 배울 수 있다는 것을 머리로는 이해했지만, '연기'라는 개념에 실제로 익숙해지기는 어려웠다. 그것을 기만이나 가짜처럼 느끼기도 했다. 학생들은 다른 누군가가 '되기를' 원하지 않았다. 조금 더 나은 자신이 되기를 원했을 뿐이다.

강의 시작 때마다 나는 학생들이 줄지어 들어와 '자신이 되는' 모습을 지켜보았다. "안녕하세요! 잘 지내요?" 누군가 인사를 건넨다. "네, 잘 지내요!" 한결같은 반응이 나온다. "휴가는 어땠어요? 파티는 즐거웠어요? 구직 활동은 잘 되어가요?" "다 좋았어요!" 항상 똑같은 대답이었다. 그들은 활기가 넘쳤다. 항상 미소를 띠고 있었다. 누가 봤으면 그들의 삶에 여유가 넘친다고 생각했을 것이다. 하지만 나는 그렇지 않다는 것을 잘 알았다. 내 연구실에 오면 그들은 가면을 벗곤 했다. 건강, 가족의 비극, 비자, 인간관계 등 여러 문제에 시달리고, 몇몇은 퇴학 위기에 처할 만큼 학업도 순조롭지 않았다. 강의실에서는 "잘 지내요!" "다 좋았어요!"라고 하던 사람들이지만 딱히 거짓말을 했다고 할 수는 없었다. 그들은 연기를 했을 뿐이었다. 자신의 어떤 면을 드러내고, 어떤 면을 커튼 뒤에 숨길지 선택했을 뿐이었다.

이런 행동은 정상적이고 여러 측면에서 유익하다. 유명한 저서 《자아 연출의 사회학The Presentation of Self in Everyday Life》에서 어빙 고프면Erving Goffman은 '자기다워지는 것'은 본질적으로 공연이라고 설명했다. 우리는 가능하면 가장 보기 좋은 모습으로 자신을 드러내려 하며, 그렇게 하려면 노력과 계획이 필요하다고 그는 주장했다. 우리는 사람들이 우리에 대한 거짓을 믿게끔 속이는 것이 아니라, 피할 수 없는 내적 경험인 너저분함, 자기 회의, 혼란과 씨름할 때, 심리적으로 우리를 붙잡아 주는 안정되고 일관된 정체성을 표현하기 위해 의상과 소품, 말하고 행동하는 태도, 심지어 등장할 무대를 전략적으로 선택하는 것이다. 고프면에 따르면 사회적 상호작용도 공연이다. '자기다워지는 것'은 한마디로 연기다.

그렇다면 연기는 다른 사람이 되려는 시도가 아니다. 연기는 훈련된 자기관리 방법이자 행동 규칙이다. 그 말이 모순어법처럼 들릴지도 모른다. 하지만 배우들은 우리와 마찬가지로 적절한 순간에 쓸모 있는 자신의 일부를 끌어내기 위해 감정, 욕구와 불안감, 욕망, 습관, 수행 불안, 두려움 등 자신의 가장 어수선한 일부를 다스려야 하는 사람들일 뿐이다. 누구나 자신의 가장 좋은 부분을 드러내지 못하고 억누르거나 숨기거나 내버려두기보다 밖으로 끄집어내는 것을 원하지 않을까?

개인 대행personal agency(자신의 삶을 주체적으로 이끌어가는 데 영향을 주는 자기 인식 – 옮긴이)을 신성한 가치로 여기는 개인주의 문화에서 우리는 성격으로 자신을 정의하려는 경향이 있다. 성격은 우리의 모든 행동을 설명하고 상황에 관계없이 일관되게 나타나는 특성들의 고유한 집합을 말한다. 자신이 내향적이든 외향적이든, 예민하든 느긋하든, 상냥하든 까칠하든, 그 밖의 어떤 특성을 가졌든 우리는 상황에 관계없이 항상 자기다워야 한다고 믿는 경향이 있다. 우리는 다른 사람들의 기대에 따라 행동 방식이나 표현 방식을 바꿀 수 있다는 개념을 좋아하지 않는다. 하지만 우리는 이미 그렇게 하고 있다. 그렇게 해야 할 때가 가끔, 아니 매우 자주 있다.

자신이 맡은 역할에 어울리는 일을 하라

극장에서처럼 인생에서도 우리에게는 연기해야 할 역할이 있고, 어떤 역할에는 다른 역할보다 큰 권력이 주어진다. 다양한 역할에는 다양한 대본이 따라온다. 심리학자들은 이 대본을 우리가 어떻게 행동해야 하는지를 두루뭉술하게 규정한다는 의미에서 스키마schema라 부른다. 가정에서 부모는 아이를 보호하고 아이를 위한 선택을 하고, 필요하다면 아이에게 지시를 해야 하고, 아이는 어른들의 말을 들어야 한다. 강의실에서 교수는 무엇이 진실하고 옳은지에 대해 권위 있게 이야기해야 하고, 자신의 지식과 경험이 학생들의 지식과 경험보다 나을 때는 그렇다고 주장해야 한다. 학생들은 싫든 좋든 교수의 말을 경청하고, 발언할 때 허락을 구하고, 제때 과제를 제출해야 한다. 직장에서 회의를 주최하는 사람은 원활한 진행을 위해 애쓰고, 포함할 의제와 제외할 의제를 정하고, 다른 사람들의 참여 방법을 통제하고, 나머지 사람들은 회의에 참석하여 지시에 따라 행동해야 한다.

나는 당신에게 '성공할 때까지 성공한 척하라'거나 자신이 아닌 다른 사람이 되라고 제안하는 것이 아니다. 당신이 서 있는 무대의 현실을 받아들이라는 뜻이다. 그 현실에 완전히 몰입하고, 그 자리에 충실하고, 그곳에 어울리는 자신의 면모를 드러내라는 뜻이다. 자기다워지는 것, 직감에 따르는 것, 습관에서 자연스럽게 우러난 행동을 하는 것만으로는 충분치 않다. 대신에 우리는 잠시 주위를 둘러보고, 자신을 올바른 마음의 틀에 집어넣어(내 학생의 표현에 따르면 적절한 신발을 신고서) 각자의 역할을 연기하는 데 필요한 일을 해야 한다. 목표는 단순히 자기 자신으로 빛나는 것이 아니라 다른 사람들도 아름다워 보이게 하는 것이다. 그렇게 하려면 줄거리에 충실해야 한다.

현실을 직시할 때 권위가 온다

세리나 윌리엄스Serena Williams는 프로 테니스의 최대 무대인 2018 US오픈 결승전에서 뜻밖의 활약을 펼쳤다. 평소 코트에서 매우 침착하고 차분한 것으로 알려진 윌리엄스는 훌륭한 스포츠 정신과 감정을 뛰어넘는 탁월한 기량을 여러 차례 보여주었다. 하지만 그날, 그녀는 센터 코트에서 잠시 평정심을 잃었다. 평생 윌리엄스를 우상으로 여긴, 비교적 무명의 나오미 오사카Naomi Osaka를 힘겹게 상대하고 있을 때였다. 경기가 점점 과열되면서 주심이 윌리엄스에게 첫 번째 페널티를 주자 윌리엄스는 흐트러지기 시작했다. 처음에 그녀는 관중석의 코치에게 지시를 받았다는 심판의 지적에 조용히 항의하며 몸을 사렸다. 하지만 그녀는 곧 자신에 대해 제대로 파악하지 못한다고 심판을 훈계하며 그에게 자신의 권력을 과시했다. 심판이 물러서지 않자, 윌리엄스는 라켓을 부수었고 두 번째 페널티를 받았다. 물러나기는커녕 심판에게 다시 다가가 사과를 요구했다. 심판은 그녀에게 '언어폭력'을 이유로 세 번째 페널티를 주었다. 윌리엄스는 그 게임에서 지고, 시합에서도 졌으며, 세 차례의 규정 위반으로 벌금 1만 7,000달러를 내야 했다. 시합이 끝난 후, 카메라 앞에서도 그녀는 여전히 자신에게 가해진 조치가 성차별이라고 심판에게 주장했고, 그 문제는 공정한 처리를 위해 전문가들의 논의를 거쳤다. 하지만 그날 코트에서 한 행동은 그녀에게 전혀 득될 것이 없었다. 윌리엄스를 정정당당하게 이겨놓고도 주목받을 순간을 빼앗긴 상대에게도 마찬가지였다.

윌리엄스에게는 분노를 느끼고 자신이 공정한 대우를 받고 있는지 따질 권리가 있었다. 하지만 타이밍이 적절치 않았다. 윌리엄스는 챔피언이며 어느 모로 보나 막강한 선수다. 그리고 아무리 유명하거나 걸출한 선수가 등장해도 US오픈에서는 심판이 대장이다.

영국에서는 이런 상황을 두고 '줄거리를 놓쳤다'고 표현한다. 줄거리를 놓치고 '멋대로 구는 것'은 상황에 맞지 않고 누구에게도 도움이 안 되는 방식으로 사회 규범을 위반하고 부적절하게 행동하는 것을 가리킨다. 극장에서처럼 인생에서도 줄거리가 우선이다. 줄거리란 이야기의 개요, 배우들이 함께 모여 무엇을 연기하고 어떻게 연기하기로 합의했는지를 정의한, 주어진 상황의 일부를 가리킨다. 줄거리를 놓친다는 것은 어떤 이야기에서 자신의 역할을 연기하러 나타났지만, 한창 공연이 진행되는 중에 자신이 어디에 있는지, 왜 그곳에 있는지, 무엇을 해야 하는지를 잊는 것이다. 마치 다스 베이더가 데스스타의 다리 위에서 갑자기 노래를 부르는 것처럼.

권력을 잘 쓰려면 줄거리에 충실해야 한다. 가장 사적인 순간을 제외한 모든 순간에 우리는 우리만의 것이 아닌 이야기에서 맡은 역할을 하기 위해 그 자리에 있다는 사실을 받아들여야 한다. 그 말은 누가 무엇을, 언제, 어떻게 할 것인지를 정한 공동의 현실에 속해있다는 뜻이다. 예의와 규칙을 지켜야 한다는 뜻이기도 하다. 그것이 우리가 서로의 결과에 관심이 있음을 드러내는 방법이기 때문이다. 줄거리를 따르는 능력(배역에 몰입하고, 대본에 충실하고, 공동의 목표를 앞당기는 행동을 하는 능력)은 무대뿐만 아니라 일상생활에서 뛰어난 사회적 배우가 되는 것이 무엇을 의미하는지를 대략적으로 정의한다.

실제보다 더 큰 권력을 가진 듯이 굴거나 주위 사람들이 납득하지 못하는 방식으로 권력을 숨길 때, 우리는 줄거리를 놓치게 된다. 이런 일은 자신의 드라마에 압도될 때 누구에게나 일어날 수 있다. "주말 잘 보냈어요?"라고 묻는 상사에게 실수로 개인 정보를 지나치게 노출하는 경우처럼 그 부작용이 대수롭지 않을 때도 있다. 나는 대학원 첫 학기에 학생들을 대상으로 하는 연례 세미나 발표를 앞둔 저명한 교수님에게 "힘내세요!"라고 했다가 곧바로 내가 말실수를 했음을 깨달았다. 그분은 대학원 신입생으로부터 격려의 말을 들어야 그날 발표를 무사히 마칠 분이 아니었다. 나는 대본을 무시하고 그 상황의 현실을 파악하지 못한 채 부적절해 보이는 말을 했다. 차라리 "오늘 교수님의 발표가 기대됩니다"라고 했으면 그분의 지위에 대한 존중을 표현할 수 있었을 것이다. 하지만 나는 내 자신의 불안감에 매몰되어 결국 내 감정을 그분께 투영했다.

줄거리를 놓치면 간혹 심각하고 수치스런 결과가 초래되기도 한다. 우리 자신, 우리의 두려움과 불안감에 너무 매몰되어 역할과 책임을 놓칠 때마다 평판과 관계에 지울 수 없는 손상을 입힐 위험이 생긴다. 지금 맡은 역할을 제대로 수행하고 무엇보다 새 역할에 당당히 발을 들이기 위해서는 낡은 습관을 떨쳐야 한다. 내면의 어린이를 잠재워야 한다. 우리 자신을 바라보는 낡은 방식, 다른 사람들과 관계를 맺는 낡은 방식에서 벗어나야 한다.

두려움을 연기해야 진실해지는 것처럼 느껴질지 몰라도 그것이 항상 도움이 되는 것은 아니다. 누구나 어떤 형태가 됐든 권력을 가진 성인의 역할로 옮겨간 적이 있다. 기존 방식이 어울리지 않는 새 역할에 들어서면 우리는 새로 적응해야 한다. 권력을 잘 사용하기 위해서는 다른 곳에 적합했던 행동을 하거나 우리의 역할을 자연스럽고 안전하게 소화하는 것만으로는 충분치 않다. 부자연스럽게 느껴지더라도 우리가 서 있는 무대에 적합한 새로운 행동에 익숙해져야 한다. 자기답게 행동하는지, 다른 누군가가 되려고 노력하는지의 문제가 아니다. 자신의 생각, 감정, 행동을 다른 사람들에 대한 책임과 일치시키는 도전이어야 한다.

권력에 따라오는 책임감 인지하기

우리는 권력을 막연히 권리와 특권으로만 생각한다. 하지만 현장에서는 우리가 실제로 맡은 역할에 권력이 따라오는 경우, 책임까지 뒤따르는 경향이 있다. 연구에 따르면 특성(지적이다, 쾌락을 추구한다, 내성적이다)보다 역할(배우자, 자녀, 관리자)로 자신을 정의하는 사람들은 욕구보다 책임을 우선시할 가능성이 높은데, 권력에 대한 연구에서도 마찬가지의 결과가 나타났다. 정치심리학자 데이비드 윈터는 미국 대통령 가운데 맏이로 태어난 사람들은 막내나 외동보다 스캔들에 휘말리는 경향이 적다는 사실을 밝혔다. 그들은 배우자에 대한 부정이나 성 추문 또는 중독에 빠질 확률 또한 적었다. 이 결과는 출생 순서가 어린 시절의 책임감과 만족 지연(더 나은 결과를 위해 당장의 쾌락이나 보상을 스스로 통제하는 능력 - 옮긴이)을 예측한다는 연구 결과와도 일치한다.

'큰형'이나 '큰언니'는 '남동생'이나 '여동생'과 달리 대개 자신을 희생하면서 동생들을 보살피는 역할을 맡기 때문이다. 맏이들은 '아기' 역할을 오래 하지 않는다. 그 역할은 새로 태어난 더 연약한 아기에게 빼앗기고, 그들은 이기적인 충동을 억제하고 다른 사람들의 욕구를 더 우선시하는 '성숙한' 역할로 일찌감치 옮겨가야 한다. 심리학자들에 따르면 첫째들은 어릴 때 이미 원하는 것을 항상 가질 수 없다는 사실을 배운다. 가족 중에 자신의 욕구만큼 중요한 욕구를 지닌 다른 구성원들이 있기 때문이다. 타인에게 양보하고 보상을 받은 사람들은 기꺼이 양보하는 법과 양보 그 자체를 목적으로 삼는 법을 배운다. 그리고 그런 사고방식을 가진 채로 어른의 역할로 옮겨간다. 그런 사고방식은 권력을 사용하는 방식에도 영향을 미친다.

연구 결과, 남성들과는 반대로 권력을 가진 여성들에게도 같은 이유로 위와 유사한 사고방식이 나타난다. 대부분의 문화에서 소녀들과 여성들은 스스로를 양육자로 여기고, 돌보는 역할을 하도록 사회화된다. 그렇다 보니 대체로 여성들이 남성들보다 권력을 책임감 있게 사용하고 부패할 가능성이 적다는 연구 결과가 많은 것도 별로 놀랍지 않다. 소액 금융업계의 데이터도 이런 결론을 뒷받침한다. 빈곤한 지역의 개인과 소기업에 소액 대출을 해주는 그라민 은행의 방글라데시 출신 설립자 무하마드 유누스^{Muhammad Yunus}에 따르면 여성이 남성보다 대출받은 돈을 책임감 있게 사용한다. 그들은 닭이나 염소, 씨앗을 구입해 영양실조에 걸린 어린이를 먹이고 학교에 보낼 돈을 마련한다. 또 여성이 남성보다 대출금을 상환할 가능성도 높았다.

꼭 성별과 관련된 현상은 아니다. 성별과 관계없이 사람들이 자신을 어떻게 정의하는가의 문제다. 개인으로 여기는지 공동체의 구성원으로 여기는지, 단독 배우로 보는지 출연진이나 제작진의 일원으로 보는지에 달려있다. 자신을 집단의 일부로 생각하는 사람들은 자신과 가장 밀접하다고 느끼는 사람들의 이익을 얼마간 자신의 이익으로 정의한다. 그 결과 권력을 더욱 책임감 있게 쓴다.

일부 사람들에게 더 큰 권력이 주어지는 사회의 위계질서는 사회생활과 조직생활에 체계를 부여하는 힘이 될 수 있지만, 모든 참여자들이 완전히 동의할 때만 유지될 수 있다. 우리의 권력이 다른 사람들에게 어떤 의미인지 이해하지 못한 채 권력을 얻는 것을 자신의 성취로 생각할 때, 또는 사람들 사이의 역할 차이와 권력 차이는 어쩔수 없다는 듯이 행동할 때, 우리는 우리에게 의존하는 사람들을 공정하게 대할 수 없다. 우리는 불안한 문화를 만들게 된다. 신뢰는 무너져 내린다. 우리가 역할 연기에 진심으로 전념하지 않는다면 다른 사람들도 자신의 역할을 어떻게 연기해야 할지 알 수 없다. 아무도 다른 사람을 돌보지 않고, 아무도 어떻게 처신해야 할지 알지 못한다. 위계질서는 하급자들이 더 나은 역할을 맡을 자격이 있다고 느끼든 아니든 하급자의 역할에 충실하고, 상급자들은 불안하거나 '준비가 안 되었다'는 생각이 들어도 '리더' 역할에 충실할 때 유지된다. 일단 맡겨진 역할은 더 이상 개인이 선택할 수 있는 대상이 아니다. 반면에 그 역할을 수행하는 방법은 전적으로 개인에게 달렸다.

강의실에서 만난 내 학생들이 환한 미소를 지으며 '엄청 잘 지낸다'고 주장할 때, 그들은 어느 정도 자신이 드러내고 싶은 이미지를 연기하는 것이다. 하지만 다른 사람들에게 가장 도움이 될 거라 여기는 자신의 모습을 드러내는 셈이기도 하다. 그런 상황에서는 행복하고 유능하며, 너무 잘난 체하지 않는 MBA 학생 역할을 기대받는다는 사실을 다들 알고 있었다. 물론 실제로 그런 학생들이기도 했지만 말이다. 학생들은 배우기 위해 강의실에 나타난다. 만약 나를 포함한 모든 이가 자신이 짊어진 무거운 짐을 전부 드러내며 강의실에 들어온다면, 누구도 이곳에 와서 얻고자 한 것을 얻지 못할 것이다. 자신의 어떤 면을 보여주고 어떤 면을 숨길지를 선택하는 것은 사려 깊은 행동이고 사회 질서를 유지하는 데 꼭 필요한 행동이다. 이 정의에 따르면, 연기는 다른 사람들에 대한 책임을 우선시하는 자기 관리법으로, 그 목적은 다른 사람들도 전부 똑같이 할 수 있는 안정된 환경을 만드는 것이다.

역할 두고 경쟁하기. 물론 역할이 항상 저절로 할당되는 것은 아니다. 때로는 역할을 차지하기 위해 싸워야 할 때가 있다. 여기서도 권력이 한몫을 한다. 특히 공식 직함이나 보고 관계가 없는 비공식적인 상황에서도 사람들은 지위와 안전을 보장해 줄 역할을 차지하려 안간힘을 쓴다. 아니면 어디에도 소속되지 못할 위험이 있는 밑바닥 서열을 벗어날 역할이라도 차지하려 한다. 위계질서가 뚜렷하지 않더라도 우리는 우리가 어떤 역할에 적합하고 어떻게 자신을 드러내야 하는지를 그때그때 파악해야 한다.

가정에서도 마찬가지다. 형제자매가 같은 역할을 하는 경우는 흔치 않다. '운동선수' '웃긴 아이' '똑똑이', 필요에 따라 '모자란 아이'처럼 자신을 차별화하여 특별한 지위를 주장하려 한다. 우리 모두는 독특한 기여를 하고 독특한 가치를 더할 수 있는 독특한 역할을 추구한다. 그렇게 하면 우리가 집단에서 특별한 위치를 차지하고 소속감과 수용 욕구를 충족하는 데 도움이 된다.

공식 직함과 보고 관계의 도움 없이 배역에 몰입하려면 누가 더 큰 권력을 가졌는지, 애초에 당신이 권력을 가진 이유가 무엇인지 이해해야 한다. 당신의 전문지식이나 인맥 때문일까, 아니면 당신이 어떤 공간에서 가장 위협적이거나 덜 위협적이기 때문일까? 내가 아는 기업 법률 고문은 임원진이 자신의 법적 자문에는 거의 의문을 표하지 않지만, 사업 자문은 (그녀의 폭넓은 경험에도 불구하고) 그만큼 진지하게 받아들이지 않는다며 불평한 적이 있다. 그녀는 자신이 여성이라서 그런 것이 아닐까 의문을 품었다. 나는 그녀가 변호사이고 교통경찰 역할, 곧 동료들에게 속도를 줄이고 도로 규칙을 따르라고 당부하는 일을 맡고 있기 때문에, 아마도 임원진은 그녀를 보수적인 세력으로 보았을 것이고, 그래서 사업에 대한 그녀의 견해를 미심쩍게 여길 것이라고 말해주었다. 팀 내에서 자신의 역할이 달갑잖은 조언을 하는 것임을 깨달은 그녀는 태도를 바꾸었다. 그녀는 자신이 아웃사이더라는 사실을 깨닫자 속이 후련해졌다고 한다. 그녀의 역할과 어울리는 입지였기 때문이다. 그 뒤로 그녀는 더 강력한 주장을 펼칠 수 있었고 사람들이 나서지 말라고 해도 기분이 상하지 않았다. 다른 사람들의 드라마에서는 우리가 우리에 대한 그들의 인식과 우리가 하는 역할을 통제할 수 없다.

하지만 우리의 길을 막을 때 어떻게 대응할지는 늘 통제할 수 있다.

나는 제록스의 존 클렌데닌John Clendenin의 예가 늘 인상적이었다. 그는 경영대학교원 시절 제록스에서 인턴 생활을 하다가 졸업 후 다시 입사하여 근무 경력이 20년이나 된 남자를 관리해야 할 상황에 놓였다. 인턴 시절의 직속 상사이기도 했다. 클렌데닌은 공식적인 권위를 지닌 신참이었지만, 그의 옛 상사 톰 거닝Tom Gunning은 회사에서의 입지가 단단하고 경험도 풍부했다. 아무래도 어색할 수밖에 없는 상황이었다. 하지만 클렌데닌은 정면 대응했다. 그는 거닝이 가장 좋아하는 레스토랑이 어디인지 알아낸 다음 그를 점심 식사에 초대해 허심탄회하게 속내를 털어놨다. 그는 "내가 당신을 이런 상황에 몰아넣은 것은 아니다"라면서 "당신은 이 상황을 윈윈으로 만들 수 있다"고 덧붙였다. 클렌데닌은 성공하기 위해서는 조직 내의 사람들과 깊은 지식을 가진 업계의 베테랑을 곁에 두어야 한다는 것을 알았기에 거닝에게 이렇게 말했다. "내겐 당신이 필요해요…. 나는 의리 있는 사람이니 늘 당신 편이 되어줄 겁니다. 하지만 당신도 나를 도와주셔야 해요. 그렇게 하지 않으실 거면 방해는 하지 말아주세요." 클렌데닌은 자신의 역할을 제대로 수행하기 위해 필요하다면 권력을 발휘하겠지만, 상대를 챙길 생각이 있다는 것도 알렸다. 클렌데닌의 솔직함이 거닝에게 통했는지 두 사람은 결국 절친한 동료가 되었다.

권력을 잘 쓰려면 우리는 맡은 역할을 진지하게 받아들이고 우리 자신을 좀 더 폭넓은 전체의 일부로 보아야 한다. 자신보다 위대한 대의를 향해 나아가려는 사람, 사람들을 공정하게 대하는 것이 목적을 위한 수단이 아니라 그 자체로 목적인 사람이 되어야 한다. 사실 역할이 존재하는 이유는 집단의 목표를 향해 나아가기 위함이다. 그리고 역할을 진지하게 받아들이면 결국 우리는 더 강해진다. 칼럼니스트 데이비드 브룩스David Brooks는 이렇게 정리한다. "자신의 목적이 무엇인지 모를 때, 사회적 역할에 자신을 내던지지 않을 때, 사람들에게 헌신하지 않을 때, 끝도 없는 바다에서 헤엄치는 사람처럼 느껴질 때 우리는 모두 연약하다…. 사람들은 어떤 진실, 사명, 사랑을 맹신할 때만 진정으로 강해진다."

내가 맡은 역할은 내가 아니다

우리는 공동의 줄거리보다 내면의 드라마를 근거로 어떤 역할을 진지하게 받아들일지 말지를 (무의식적으로) 결정할 때가 많고, 그렇게 되면 권력을 제대로 사용하기는 더 어려워진다. 이 교훈은 내가 권력을 더 휘두르기를 바라던 조수에게서 어렵게 배웠다. 그녀는 나와 함께 일한 대부분의 조수들처럼 똑똑하고 부지런했다. 처음 만났을 때 그녀는 다른 조수들에 비해 유난히 공손했다. 그녀는 내게 통제를 바랐던 것 같다. 하지만 나는 이해하지 못했다. 나는 그녀가 나를 좋아하고 내 옆에서 편안함을 느끼기를 원했고, 내게는 그녀에게 이래라 저래라 할 권리가 없다고 생각했다. 그래서 나는 그녀를 다정하게 대하며 지나치게 "풀어주었던" 모양이다. 너무 신경 쓰지도 간섭하지도 않았다. 그러다 가끔씩 일을 그르치기도 했다. 돌이켜보면 나는 권력을 지나치게 숨겼던 것 같다. 그렇게 하는 것이 가장 나답게 느껴졌고 과거에는 그런 전략이 효과가 있었기 때문이다. 하지만 그녀는 내가 내 역할을 진지하게 받아들이지 않는다고 여겼고, 당연히 불만을 표출하며 수동 공격적으로 행동하기 시작했다. 내가 배려하고 책임지는 상사의 역할을 제대로 하지 않으면 그녀도 정중한 하급자의 역할에 충실하지 않을 작정이었다.

관계가 흐트러지고 있었지만 그 이유를 알 수 없었다. 나는 다른 관계에서도 똑같이 행동했지만, 다들 내 주위의 권력 공백을 그녀보다는 잘 견뎌냈다. 이 조수는 좀 더 체계가 필요한 사람이었다. 누가 고삐를 잡아주어야 했고, 내가 하지 않으면 자신이 해야 했다.

이런 일들이 종종 그렇듯, 고민을 멈추었더니 해결책이 번뜩 떠올랐다. 수십 년 전, 대학생 시절에 나는 퇴역한 해병대원인 마이크라는 사람 밑에서 일했다. 그는 캐츠킬 산맥의 대형 리조트에서 피트니스 시설을 관리했다. 마이크는 독특한 인물이었다. 어깨가 떡 벌어진 그는 날마다 흰 옷을 빼입은 채 지휘관처럼 그곳을 활보했다. 흐트러짐 없이 머리를 손질하고 가슴을 펴고 턱을 쳐들었다. 마이크는 빈틈없는 사람이었다. 면접 때 그는 내게 질문을 속사포처럼 쏟아내고 나서, 납 파이프 조각을 집어 깊은 수영장에 던져 넣더니 그곳을 손가락으로 가리켰다. "가서 가져와요." 나는 그 지시에 따랐다.

　나는 결국 그곳에 일자리를 얻었다. 1학년을 마친 5월에 다른 대학생 다섯 명과 함께 돈을 조금 벌고 즐거운 경험을 쌓을 요량으로 일을 시작했다. 우리의 첫 임무는 변기 청소였다. 마이크는 우리를 공중화장실로 데려가서 할 일을 지시했다. 그 자리에서 그만둔 학생도 있었지만, 나는 코를 틀어쥐고 청소솔을 들었다. 6월이 되어 손님들이 찾아오기 시작하자 아직 달아나지 않은 아르바이트생들은 각자 안락의자 100개, 두꺼운 매트리스 100개, 무거운 파라솔 10개가 구비된 수영장 데크의 한 구역씩을 맡았다. 우리는 날마다 그것들을 제자리에 설치한 다음 손님을 맞았고, 저녁이면 다시 해체하고 정리해 얼룩 하나 없이 닦아야 했다. 고된 일이었다. 매일 저녁, 다 끝났다 싶으면 마이크가 와서 구역별로 검사를 마치고 나서야 우리를 보내주었다. 그는 흰 유니폼 차림으로 시멘트로 된 풀장 데크에 납작 엎드린 다음, 뺨을 바닥에 대고 의자 밑에 쓰레기가 굴러다니는지 매의 눈으로 훑었다. 뭔가를 발견하면 그는 의자 번호를 외치거나 다가가서 그 자리를 손가락으로 가리켰다.

　오랫동안 마이크를 잊고 살았는데 어느 날 밤 그가 느닷없이 꿈에 나타났다. 그는 데크 의자를 가리키고 있었다. 그 밑에는 아무것도 없었지만 그 위에 선글라스를 쓴 젊은 여자가 당당하게 몸을 뻗고 누워있었다. 내 조수였다.

　잠을 깬 나는 재미있다고 생각했지만 문득 이 장면에 뭔가 잘못된 게 있다고 느꼈다. 꿈에서 나는 수영장을 청소하는 아르바이트생이었고, 내 조수는 '고객'이었다. 내 잠재의식이 마이크를 소환해 내게 교훈을 준 것이다. 엉망이 된 상황을 해결해야 한다고.

하지만 어떻게? 나는 마이크라면 어떻게 했을지 생각했다. 그리고 그의 손가락이 가리키는 것을 보았다.

그 일이 있고 얼마 후에 나는 조수에게서 불쾌한 이메일을 받았다. 말투가 무례했다. 나는 시간을 정해 그녀에게 내 사무실로 오라고 통보했다. 그녀의 이메일을 인쇄해 모욕적인 문장에 형광펜을 칠했다. 그녀는 열려있는 내 사무실 문을 두드렸다. 나는 일어서서 그녀에게 자리에 앉으라고 손짓했다. 그리고 프린트물을 그녀 앞에 놓고는 마이크를 떠올리며 지적했다. "이게 무슨 뜻이죠?" 나는 종이에서 손을 떼고 그녀의 눈을 똑바로 응시했다. 그녀의 얼굴에 핏기가 가셨다. 그녀가 빠른 말로 설명하기 시작했다. 온갖 구실을 대며 사과하고 온갖 변명을 늘어놨다. 나는 그녀가 말을 끝낼 때까지 잠자코 지켜보았다. 그 후에도 몇 초를 더 기다렸다. "좋아요. 와줘서 고마워요."

그런 식의 대화는 우리 사이에 처음이었다. 이후로도 나는 그렇게 행동한 적이 없다. 내가 권력을 드러내자 그녀는 권력을 숨겼다. 우리는 정확히 각자가 있어야 할 곳으로 돌아간 셈이었다. 변화는 곧바로 나타났다. 그때부터 우리 둘은 서로를 조금 더 조심하며 각자의 역할에 더 집중했다. 둘 다 그날 있었던 일을 다시는 꺼내지 않았지만, 우리의 관계는 이제야 제대로 돌아가기 시작했다. 지금까지도 그렇게 이어지고 있다.

그 일은 내가 크게 성장하는 계기가 되었다. 그 자리에서 내가 한 행동은 어찌 보면 인위적이었다. 연출에 가까웠고, 내게는 무엇 하나 자연스럽거나 '정상적'으로 느껴지지 않았다. 하지만 내가 이 조수와 그녀의 후임으로 함께 일하게 될 많은 하급자들을 제대로 대하려면 나답지 못할 거라는 우려를 버리고 책임자답게 행동할 필요가 있었다.

연기는 의도적인 자기표현이고, 의미 있는 연기를 위해서는 자신의 역할에 전념해야 한다. 하지만 연극배우들은 이야기가 어떻게 끝날지 알고 있다. 그들이 맡은 인물이 성공할지 실패할지, 그 이유는 무엇인지 이미 알고 있다. 반면에 인생에서 우리는 어떤 결말도 알지 못한다. 모든 것을 살면서 만들어간다. 예행연습을 하거나 감독에게서 '올바른' 연기 방법을 지시받을 시간이 늘 주어지는 것도 아니다. 인생에서 우리는 거의 항상 즉흥적으로 움직여야 한다. 이런 불확실성이 두려워서 익숙한 것에 매달리고픈 유혹을 느낀다. 하지만 무대에서 성공하듯 세상에서도 성공하려면 익숙한 영역에서 벗어나야 한다.

역할을 제대로 수행하기 위해서는 배우들처럼 자신을 더 많이 이용해야 한다. 자신의 마음, 배짱, 뚜렷한 목적, 무엇보다 상상력이 필요하다. 두려움, 수치심, '강박'은 자제해야 될 때도 있다. 연기는 자신의 가장 두려운 부분을 감추거나 '정상적'으로 보이는 데 에너지를 낭비하는 대신, 자신의 모든 면모를 인정하고 더 깊이 파헤쳐 가장 두려운 부분에까지 생명을 불어넣는 용기를 요구한다.

어디서부터 시작해야 할지 알지 못하면 역할을 맡는 도전이 부담스러울 수 있다. 물론 전문 배우들은 '기법'이라는 것을 사용한다. 그들은 자신이 사실은 연기하고 있는 배역과 다르다는 것을 안다. 우리처럼 배우들도 직업 밖의 삶에서 세상을 대하는 태도와, 자신이 연기하는 인물이 세상을 대하는 태도 사이의 격차를 좁힐 방법을 찾아야 한다. 가장 자연스럽고 진실한 연기를 위해 배우들은 연기하는 인물의 처지를 내면화하고 자기 것으로 만들고자 노력한다.

상황에 충실하면 역할이 보인다

콘스탄틴 스타니슬랍스키Konstantin Stanislavski는 이런 접근법, 즉 '메서드 연기' 강습으로 널리 알려져 있다. 하지만 스타니슬랍스키는 배우이자 연출가이며 명망 있는 모스크바 예술 극장의 소유주이기도 했다. 서커스, 발레, 인형극을 열렬히 사랑하는 스타니슬랍스키는 '인물 자체'가 되는 세계로 나아가며 자신의 기량을 갈고 닦았다. 그는 점쟁이나 부랑자로 변장하고서 다른 사람들의 입장에서는 인생이 어떠할지를 경험하기 위해 도시를 떠돌았다. 그렇게 하면 이런 인물들을 무대에서 더 진실하게 연기할 수 있을 거라 믿었다.

20세기 초까지 거슬러 올라가는 스타니슬랍스키의 방식은 오늘

날까지도 연기 기법의 가장 기본으로 남아있다. 스타니슬랍스키는 배우들에게 장면을 연습한 그대로 연기하거나 무대 위에서 맡은 배역의 흉내를 내는 대신, 연기를 펼치는 동안 그 역할을 경험하거나 체험하기를 열망하라고 조언한다. 그는 배우가 연기를 하면서 소위 '끊기지 않는 선'을 경험해야 한다고 믿었다. 배우가 연기하는 캐릭터 자체가 되려고 애써야 한다는 뜻이 아니었다. 오히려 배우는 그 배역의 현실을 몸소 경험하면서 어떤 기분일지 구체적으로 상상해야 한다. 끊기지 않은 선은 배우와 배역을 하나로 엮는 이음매와 같다. 스타니슬랍스키의 업적을 바탕으로 전설적인 연기 강사가 된 샌퍼드 마이스너Sanford Meisner는 이렇게 말한다. "연기는 주어진 상상 속의 상황에서 진실하게 사는 것이다." 우리도 주어진 일을 할 때 예술가처럼 개인의 해석을 덧붙인다면 역할에 한층 더 가까워질 수 있다.

긍정적인 사고가 가져오는 긍정적 대처

낯선 상황에서 진실하게 살기 위해 많은 배우들은 스타니슬랍스키의 방법을 응용하여 등장인물의 처지를 자신의 것처럼 상상하고 인지하려는 노력을 한다.

몇 년 전, 내게도 이 기법을 시도할 기회가 생겼다. 나는 소송에서 피고 측 주요 감정인이었지만 곧 그만둘 예정이었다. 나는 검사의 의도를 알고 있었다. 그의 유일한 희망이 내 위신을 공격하는 것이라는 사실도. 그는 내게 난처한 개인적 질문을 던진 다음 내가 뭔가 숨기는 것처럼 보이게 하려는 전략을 썼다.

나는 심하게 위축되었다. 변호인은 내가 나타나서 믿음직한 모습을 보여주고, 질문에 성실하게 답하고, 단어를 신중하게 선택하기를 기대하고 있었다. 한편으로 나는 무척이나 노련하고 적대적인 검사를 상대하고 있었다. 그의 영역에서 그에게 맞서야 하는 상황이었다. 나의 경계를 지키고, 공격을 받아도 침착하고 냉철한 태도를 유지할 방법을 찾아야 했다. 나는 그날 그 무대에서 검사가 내 배역을 멋대로 규정하도록 내버려 두고 싶지 않았다. 내게는 사전에 인지해야 할 강력한 대안이 필요했다.

그러다 증언 전날 밤에 〈왕좌의 게임〉을 시청하게 되었다. 평소에 챙겨 보는 드라마가 아니었고, 솔직히 그전에는 별로 관심도 없었다. 하지만 그날 밤에 채널을 이리저리 돌리다가 나는 자그마한 금발의 여왕 대너리스 타르가르옌의 이야기에 푹 빠져버렸다. 그녀는 어린 나이에 오빠에 의해 성노예로 팔려갔지만 이제 이 세계에서 가장 강력한 통치자로 부상했다(아마 시즌 5의 내용이었던 것 같다). 대너리스는 정의를 실현하고 싶지만 두려움을 느낀다. 세 개의 용 알을 잘 보살피다가 부화시킨 그녀는 이제 불을 뿜는 세 마리 거대한 용의 어머니가 되어 그들의 보호를 받는다. 자신이 연약하다고 느꼈지만 그녀는 강력했다. 용의 보호자이면서도 그들의 보호가 필요했다. 용의 어머니. 그녀의 캐릭터가 내게 말을 걸어왔다.

다음 날 아침, 정장을 차려입으며 감정인을 사퇴해야겠다고 생각하고 있을 때 대너리스가 머릿속에 불쑥 떠올랐다. 나는 거울을 보며 작은 날개 같은 어깨 장식이 달린 망토 차림의 그녀가 황량한 풍경을 지나 내 앞으로 걸어오는 모습을 상상했다. 나는 검정 스웨터를 입었다가 어깨에 패드가 들어간 파랑 재킷으로 바꿔 입었다. 대너리스가 무엇을 의미하는지를 즉시 깨닫자 두려움은 말끔히 사라졌다. 내가 용의 어머니라면 나는 또 무엇을 해야 할까?

생각할수록 또렷해졌다. 내가 용의 어머니라면 내게 아이들이 있다는 뜻이다. 실제로 아이들이 있었기에 나는 그 느낌을 잘 알았다. 비록 내 눈앞에 있지는 않았지만, 나는 어머니답게 마음과 몸으로 가까이 있는 아이들을 느꼈다. 내 딸들의 침실에 들여보내기에는 용들이 너무 컸기에 나는 고양이마냥 햇볕을 쬐며 우리 집 진입로를 한가로이 거니는 용들을 상상했다. 그들은 내가 집에서 나와 어디로 향할지 말해주기를 기다리고 있었다. 상대편 변호인 사무실로 차를 몰고 갈 때, 용들은 뒤에 바짝 붙어서 날며 내 차를 호위했다. 법정에 들어가는 내 뒤로 용들이 따라왔다. 내 구두 굽 소리와 함께 용들이 커다란 발톱으로 바닥을 탁탁 밟는 소리가 들렸다. 용들은 내 의자 뒤에 자리를 잡았다.

나는 검사와 눈을 맞췄다. "자, 덤벼보시지." 나는 혼잣말을 했다. "얘들은 불을 뿜을 줄 알거든."

황당한 소리 같지만 농담이 아니다. 스타니슬랍스키는 감각을 온전히 동원하여 인물의 경험에 속하는 온갖 광경, 소리, 촉각, 냄새를 상상하면 배우는 평소에 우리의 행동을 유발하고 보호가 필요한 연약한 자아에 집착하게 하는 방어 충동을 완화할 수 있다고 믿었다. 이런 이유로 심리학자 베셀 반 데어 콜크Bessel van der Kolk(외상후 스트레스 장애에 대한 선구적인 연구로 유명하다)는 인생을 방어에 잠식당한 환자들의 치료법으로 드라마를 추천한다. 자신을 보호할 필요성이 사라지면 우리는 더 많은 것을 할 수 있다. 완전히 새로운 환경에 몸을 맡길 수도 있다. 이것이 배우가 인물에 생명을 불어넣는 방법이며, 직업이 무엇이든 '나답게 행동하는 것'이 통하지 않을 때, 권력을 연기할 수 있는 효과적인 수단이다.

'매직 이프'는 상상력을 사용하는 연습이다. 자신의 실제 모습, 자신이 실제로 처한 상황을 바꿀 수는 없지만, 자신과 상황을 경험하는 방식은 바꿀 수 있다. 자신의 생활환경에 대해 이렇게 해석하는 것은 의미가 있다. 우리의 성과에 심오한 영향을 미칠 수도 있다. 자기충족적 예언self-fufilling prophecy과 고정관념 위협stereotype threat에 대한 연구는 우리가 실현될까 봐 두려워하는 것들이 실현되는 경향이 있음을 분명히 보여준다. 당신이 얼마나 무력한지가 아니라 얼마나 강력할 수 있는지에 근거한 현실을 만들기 위해 매직 이프를 사용해보면 어떨까?

새 역할, 힘든 대화, 낯선 상황 등 무력감을 주는 난관을 만났을 때는 사전에 자신에게 '그런 상황에서 나는 누구를 두려워할까?'

가 아니라 '그런 상황에서 나는 누구처럼 행동하기를 바라나?' '내가 바라는 영향력을 갖기 위해 나는 어떤 인물을 내면화할 수 있을까?' 같은 질문을 던지는 편이 도움이 된다. 조지 패튼^{George Patton} 장군 (제2차 세계대전 때 노르망디 상륙작전에서 큰 활약을 펼친 미국의 육군 대장 – 옮긴이)의 용기와 의지, 프레드 로저스^{Fred Rogers}(1968년부터 2001년까지 방송된 어린이 TV 프로그램 〈로저스 씨의 이웃〉의 진행자 – 옮긴이)의 독특한 공감 능력, 축구 스타 토빈 히스^{Tobin Heath}의 명랑하고 민첩한 자신감, 버락 오바마의 느긋한 침착함, 로널드 레이건의 쾌활한 낙관주의, 코미디언 엘런 디제너러스의 짓궂은 다정함, 가수 비욘세의 맹렬함, CNN 앵커 앤더슨 쿠퍼의 정중한 끈질김, 제프 베이조스의 사무적인 계획성, 우리 할머니의 "현명하고 그럴듯하고 무조건적으로 긍정적인 관심"까지 그 대상은 다양하다. 이들은 모두 내 학생들이 특정 공연에 필요한 것을 더 많이 가져오는 데 도움을 받기 위해 참고한 인물들이다.

나는 혼자가 아니라는 공동체 의식

몇 년 전 오프라 윈프리는 스탠퍼드대학교 캠퍼스에 초대받아 전 세계의 명사들이 학생들과 리더십에 관한 대화를 나누는 프로그램인 〈뷰 프롬 더 톱^{View from the Top}〉에 참여했다. 600석을 꽉 채운 행사장 앞쪽에서 한 학생이 일어나 그녀에게, 중요한 모임에서 자신이 유일한 여성이나 유색인종 참석자라는 사실을 알게 되면 어떻게 하느냐고 물었다. 조금도 지체 없이 윈프리는 혼자서 가는 것이 아니라고 대답했다. 그녀는 마이아 앤절로Maya Angelou가 조상들과 자유를 위한 투쟁을 찬양하는 시 「우리 할머니들Our Grandmothers」의 구절을 인용해 "나는 혼자 왔지만 만 명으로 서 있다"고 말했다. "아무도, 그 누구도/ 감히 나를 부정하지 못한다./ 나는 홀로 나아가지만 만 명으로 서 있다."

백인에 남성 일색인 회의실로 걸어 들어가면서 그녀는 자신의 역할을 어떻게 연기할지 선택한다. 잠시 시간을 내어 정신의 군대를 소집한다. 윈프리는 그 공간에 하나뿐인 유색인종 여성으로 입장하는 것이 아니다. 자신의 머릿속과 마음속, 경험 속 사람들과 함께 들어가는 것이다. 역사의 다양한 순간에 다양한 장소에서 크고 작은 역할을 했던 수많은 유색인종 여성 가운데 한 명으로 들어가는 것이다.

미국유색인지위향상협회NAACP 명예의 전당 수상 연설에서도 윈프리는 더 큰 무대에서 그녀가 하는 역할과 그녀에게 권력을 쥐어주는 상황에 대해 이런 생각을 밝혔다. 그녀는 그 1만 명을 '1만의 10승'이라 부르면서 그 가운데 몇 명을 언급했다. 그들은 윈프리처럼 자신을 위해, 사랑하는 사람들을 위해 더 많은 것을 원했던 여성들과 아프리카계 미국인들이었다. 그녀처럼 치열하게 살며 편견과 싸우고 장벽을 무너뜨린 사람들, 자유와 기회가 곧 다가온다는 것을 알았지만 끝내 누리지 못하고 죽은 사람들이었다. "오늘 저는 그분들이 만든 단단한 반석 위에 서 있습니다. 그분들이 씨앗이 되어주었기에 저는 열매가 될 수 있었습니다." 윈프리는 우리에게 그녀가 백인 남성으로 가득한 방에서 혼자 있는 것처럼 보여도 사실은 그렇지 않다고 말했다. 그녀와 함께 있는 사람들이 실제로 보이지 않는다 해도 '진짜로' 그곳에 있지 않은 것은 아니다. 그들은 그녀의 경험 속에 함께 있다. 그것이 누구도 빼앗을 수 없는 그녀의 진실이다.

역할에 어울리는 소품을 갖추어라

오프라나 용의 어머니가 아니라 해도 그들에게서 자신의 역할을 대하는 법을 배울 수 있다. 증인석에 들어가던 날, 나는 불을 뿜는 용들의 호위를 받지는 않았지만 진리와 정의가 내 편이 되어줄 거라 믿었다(실제로 그랬다). 나는 최근에 자신을 지지하는 사람들(자신의 편이 되어주는 가족과 친구들)의 이름을 메모지에 적어 주머니에 넣고서 법정에 들어갔다는 사람의 얘기도 들었다.

마음속이든 주머니 속이든 우리가 지니고 다니는 물건에는 의미가 있다. 배우들은 소품을 같은 방법으로 사용한다. 줄거리에 충실하기 위해 가장 도움이 되는 현실과 접촉하려는 목적이다. 예를 들어, 고위 간부는 태블릿, 몰스킨 노트, 가죽 바인더를 가지고 다니거나 아무것도 휴대하지 않는다(권력자는 다른 사람들이 물건을 대신 들어주기 때문에 아무것도 지니지 않는 경향이 있다). 워싱턴에서 일하는 내 지인 하나는 의회에서 종종 증언을 한다. 증언이 있는 날 그는 두꺼운 바인더가 아니라 얇은 바인더 하나만 챙긴다. 자신은 준비가 되었지만 필요한 것은 대부분 머릿속에 담겨있음을 보여주기 위해서다. 바인더는 일종의 소품이다. 나는 벵가지 청문회 때, 안경 너머를 내다보며 지루해 죽겠다는 듯이 서류를 뒤적이던 힐러리 클린턴의 모습이 마음에 들었다. 우리가 휴대하는 물건은 우리가 하는 행동, 우리가 상황을 해석하고 대응하는 방식, 우리가 역할을 수행하는 방식에 영향을 미친다.

의상에도 이런 효과가 있다. 사람들은 옷을 입고 배우들은 의상을 입는다. 둘은 똑같다. 우리는 실용적이거나 아름답거나 유행한다는 이유만으로 옷을 선택하지 않는다. 우리가 몸에 지니고 다니는 다른 소지품처럼 옷에는 상징성이 있다. 다른 사람들에게 영향을 미치고 우리에게도 영향을 미치는 의미를 전한다. 몸에 걸치거나 지니고 다니는 것들은 우리 자신과 타인들에게 우리의 본모습에 대한 공유된 진실을 강조한다. 끊기지 않은 선을 튼튼하게 한다.

어떤 배우들은 무대 밖이나 카메라가 없는 곳에서도 이런 목적으로 무대의상을 입고 다닌다고 알려져 있다. 그야말로 연극 속 인물처럼 행동하고 말하는 것이다. 권력을 연기할 때는 의상을 신중하게 선택할 필요가 있다. 의상은 우리가 스스로 정한 목표에 도움이 될 수도 방해가 될 수도 있다.

Horizontal Power **수평적 권력**

역할에 어울리는 옷 입기. 성직자로 첫발을 내디뎠을 때, 사라 시슬러 고프^Sara Shisler Goff 목사는 자신이 연기하는 인물의 무게감 때문에 불안해질 때가 많았다. 신자들의 눈에 그녀는 신의 대역이라는 가장 막중한 책임을 짊어진 고매한 역할을 맡고 있었다. 낯선 사람들의 삶에서 가장 은밀하고 사적인 순간을 함께 하면서 그들을 안심시키고 위로하며 의미를 전하는 것이 그녀의 일이었다. 목사 안수를 받기 전의 어느 해 여름, 병원 사목자로 일하던 사라는 죽음을 앞둔 신자의 침상으로 불려갔다. "나는 목사였다." 하지만 별로 그렇게 느껴지지 않았다. 병자의 가족들은 옆에 서서 성직자가 마땅히 해야 할 일을 할 그녀를 주시하고 있었다. "그들은 내가 이런 일을 해본 적이 있다고 생각했다." 하지만 그녀는 경험이 없었다. "'제가 이런 일은 처음이라서요' 같은 말을 할 자리가 아니다. 잔뜩 주눅이 들어 '내가 이 일을 어떻게 한단 말이야?' 같은 생각을 하기 십상이다. 머릿속에 아무 생각이 안 날 수도 있다."

특히 초기에는 사제복을 몸에 걸치는 단순한 행동이 도움이 되었다. 사라에게는 해야 할 역할을 하라는 허락처럼 느껴졌고, 다른 사람들도 사제복을 보면 안심하는 듯했다. '의복을 갖추었을 때' 사람들은 그녀를 다르게 대했고, 그들의 존경과 존중 덕분에 그녀는 그들에게 필요한 방식으로 역할을 수행할 수 있었다.

오랜 시간 훈련하면 배역에 좀 더 쉽게 적응할 수 있다고 그녀는 말한다. 이제는 필요하다면 반바지와 티셔츠 차림으로도 목사처럼 느끼고 행동할 수 있다. "이 역할을 맡으면 실제의 자신보다 높은 사람이 된다. 지금 일어나는 일을 믿어야 한다. 역할에 충실하면서 사람들에게 적어도 민폐는 끼치지 않겠다고 다짐하면, 당신이 무슨 말을 하는지는 별로 중요하지 않다. 성직자는 당연히 그 자리에 머무를 수 있다. 민망하거나 무안해질 필요 없이 어색한 침묵, 곤란한 순간, 이상한 만남을 견뎌낼 수 있게 된다."

일상 속 복장 규정에는 다 이유가 있다. 때로는 실용적 가치도 갖는다. 경찰관은 시민을 범죄자로부터 보호할 책임이 있기 때문에 권총집에 장전된 총을 휴대한다. 일부 경찰은 몸을 짓누르는 방탄복과 방탄조끼, 무거운 장화를 착용한다. 물론 이런 장비의 주된 기능은 경찰을 보호하는 것이지만 경찰의 움직임을 변화시키기도 한다. 제복 차림의 경찰관은 고릴라처럼 움직인다. 경찰관이 우리 쪽으로 느릿느릿 걸어오는 모습을 보면, 우리는 그가 짊어진 책임의 무게를 금방 느낄 수 있다. 제복은 사람들에게 각자의 역할을 상기시킨다. 긴장과 혼란이 가득한 상황에 확실성과 예측가능성을 부여한다. 또 사람들을 안전하게 지켜줄 온갖 규정을 상기시킨다.

여성 의사인 내 친구들은 의사 가운과 청진기 없이는 절대 진료실에 들어가지 않는다고 한다. 그것들이 환자들을 만나는 데 꼭 필요한 소품은 아니다. 하지만 많은 의사들은 환자들을 안심시키고 의사들의 권위를 상기시키는 의학적 지위와 전문지식의 상징을 지니고 다니는 것이 도움이 된다고 믿는다. 보여주는 목적만 있는 것은 아니다. 우리가 몸에 걸친 것들은 다른 사람들이 우리를 대하는 태도를 바꾸고, 결국 우리를 변화시킨다.

하이힐을 신고 싶지 않지만 포기할 수도 없다는 직장 여성이 많다. 왜일까? 하이힐은 말 그대로 신은 사람을 높인다. 신으면 키가 더 커지므로 권위적으로 보이고 느끼게 하는 데 분명히 기여한다(이런 이유로 굽이 높은 신을 신는다고 알려진 남성 권력자들도 있다). 하지만 굽이 우리의 키만 높이는 것은 아니다. 하이힐이 딱딱한 바닥에 부딪히는 소리는 누군가의 도착을 알린다. 행진하는 군인들의 절도 있는 걸음걸이가 무엇을 연상시키는지 생각해 보자. 그만큼 극적인 상황은 아니지만, 내가 아는 워싱턴 D.C.의 정보원은 증언을 위해 의회에 소환될 때마다 딱딱한 구두를 신는다고 한다. 대리석 바닥을 밟는 소리가 분위기를 잡는 데 도움이 되기 때문이다. "내가 오는 소리를 사람들이 들을 수 있으니까요." 그는 이렇게 말한다. 그것이 그의 등장 방식이다. 바닥에 발을 딛는 소리는 그를 비롯한 모든 사람들에게 무시할 수 없는 그의 힘을 상기시킨다. 여성의 하이힐은 도발적일 수 있다. 그 안에 권력이 있는 것이다. 여성성과 신체적 매력을 드러내는 옷을 선호하는 여성도 있다. 그런 차림으로 자신의 권력이 강화된다고 믿기 때문이며, 실제로도 그럴 때가 많다. 하지만 주목해야 할 점은, 업무 환경에서는 뾰족한 굽이 좀 더 넓은 굽만 못하다는 것이다. 물리적으로 뾰족 굽을 신은 여성은 쓰러지기 쉽다.

'정장을 한다'는 말은 대부분의 전문가들이 뭔가 큰일을 하기 전에 정신적으로 무장한다는 의미로 쓰인다. 정장에는 전문적으로 보이는 효과만 있는 것이 아니다. 남성과 여성 모두에게 정장 재킷은 자세를 반듯하게 잡아주고 어깨 폭을 넓혀주어 신체적으로 강력하게 보이도록 한다. 공유된 현실보다 사적인 현실의 보강이 필요한 경우도 있다. 강한 사람처럼 느끼고 행동해야 하는 상황에서 몸에 걸친 것들은 우리가 그 역할에 적격이라는 자신감을 주고, 배역을 소화하는 데 도움을 준다.

내 공간을 완벽히 장악하라

권력에서 영역은 매우 중요하다. 동물은 영역을 확보하기 위해 수단과 방법을 가리지 않으며, 사람도 마찬가지다. 우리는 어떤 공간을 소유한 사람이 규칙을 만든다는 것을 본능적으로 알기 때문이다. 코미디언 지미 키멀Jimmy Kimmel은 트럼프 대통령이 다른 사람들과 테이블에 앉을 때 자기 공간을 넓히려고 물건(때로는 그 자리에 있는 다른 사람들의 물건까지)을 옆으로 치우는 습관을 농담의 소재로 삼은 적이 있다. 하지만 트럼프 대통령에게만 그런 충동이 있는 것은 아니다. 다른 정부 때 백악관의 다른 인물을 찾아간 적 있다는 내 지인이 회의실에 들어섰을 때의 상황을 설명해 준 적이 있다. 가장 높은 사람은 테이블 상석의 크고 편안한 의자에 앉았지만 내 지인은 맨 구석자리에 앉아야 했다. 그의 허술하고 소박한 의자가 벽에 너무 딱 붙어있어서 들어가 앉기도 힘들 지경이었다고 한다. 주어진 상황에서 영역은 권력이 누구에게 있는지를 명확하게 알려준다.

영역은 우리가 권력을 주장하는 것을 허락한다. 집에 있을 때는 당신이 대장이다. 사무실에서 회의를 할 때는 당신이 참석자 가운데 가장 상급자가 아닐지라도 곧바로 권력 균형이 당신에게 유리하게 바뀐다. 내 영역인 스탠퍼드대학교 강의실에서 기업 간부들을 만나면 그들은 손을 들고 내게 질문을 한다. 그들 대부분이 자신의 영역에서는 나보다 윗사람이고, 몇몇은 거의 모든 곳에서 나보다 지위가 높은데도 말이다.

'공간을 장악'하려면 어떻게 해야 하느냐는 질문을 자주 받는다. 이것이 우리의 자신감과 처신에 달린 문제라고 생각하는 사람이 많지만, 사실은 영역에 관한 문제다. 특히 남의 집에 온 손님처럼 느껴질 때는 공간을 장악하기 어렵다. 저녁식사에 초대받은 손님처럼 존중의 표시로 '주인'의 뜻에 따르기 위해 권력을 숨기고 싶어진다. 땅은 소유하지 않았지만 공간을 장악하기 위해 권력을 드러내고 싶어질 때도 있다.

강의실은 흥미로운 예다. 《아웃사이트: 변화를 이끄는 행동 리더십Act Like a Leader, Think Like a Leader》의 저자 허미니아 아이바라Herminia Ibarra는 하버드 경영대학원 교수로서 자신의 '영역'을 확보하는 방법을 이렇게 설명한다. 학생들이 도착하기 전에 강의실의 구석구석을 돌아보고, 교탁 뒤편에서 나머지 공간으로 나온다는 것이다. 나는 기업 임원들을 가르치면서 어느 순간 깨달았다. 그들은 대개 같은 강의실에 머무르고 여러 초청 강연자들이 차례로 찾아왔다 떠나기 때문에, 수업을 하러 갈 때 내가 '그들의 강의실'로 들어가는 침입자처럼 느껴질 때가 많았다. 그런 기분 때문에 나는 더 주눅이 들고, 그들의 규칙을 어길까 걱정하게 되고, 내가 그곳에 어울리는 사람인지 자신이 없어지곤 했다. 그래서 나는 강의실에 일찍 들어가 그곳을 어슬렁거리며, 비록 그 과정의 손님으로 왔지만 사실은 그들이 내 강의의 손님이라고 되뇌곤 했다. 그렇게 생각하자 그들에게 군림한다기보다 '주인'처럼 행동할 수 있었다. '주최'는 공간을 소유하는 훌륭한 방법이다. 손님들을 반갑게 맞아들여 그들에게 그곳에 있는 것을 영광으로 여기게 하는 것이다. 하지만 그들은 당신의 집에 온 것이다. 규칙을 만드는 사람은 당신이다.

반면 중립 지대는 기존의 권력 불균형을 완화할 수 있다. 많은 기업이 '현장 밖 근무'를 하는 이유는 그 때문이다. 의사소통의 길을 열고 사무실에서 사람들을 갈라놓는 직급 차이를 의식하지 않게 하려면 가끔씩 중립 지대로 이동해야 한다. 슈퍼볼 같은 결승전이 참가팀들의 홈구장이 아닌 제3의 장소에서 개최되고, 대부분의 중요한 협상이 중립적인 장소에서 열리는 이유도 비슷하다.

영역의 종류도 중요하다. 대부분의 사람들은 하비 와인스타인 **Harvey Weinstein**(미국의 영화감독이자 제작자. 30여 년 간 수많은 여배우와 영화업계 여성들을 강간한 죄로 23년 형을 선고받고 복역 중이다 – 옮긴이) 덕분에 이제 호텔 방에서 비즈니스 회의를 주최하는 것이 얼마나 위험한지 알게 되었다. 나는 박사과정 학생들에게 학회에서 저녁 식사 후에 열리는 파티를 피하라고 조언한다. 사람들이 술을 마시고 긴장이 완전히 풀린 상황에서 허용되는 행동은 명백히 업무적인 환경이나 좀 더 건전한 낮 모임 장소에서 허용되는 행동과 전혀 다르기 때문이다. 선배들을 보고 행동 규범의 실마리를 얻는 후배들에게는 이런 상황이 특히 불리하다.

나쁜 행동이 있든 없든 공개적으로 하는 편이 나은 대화도 있는 반면, 비공개로 하는 편이 나은 대화도 있다. 사적으로는 권력을 드러내고 공적으로는 숨겨야 할 때도 있다. 이를 테면 CEO가 후임자를 사람들 앞에서는 존중하고, 다른 사람들이 없는 자리에서는 고칠 점이 무엇인지 조언하는 식이다. 마찬가지로 동료나 하급자의 실수는 사람이 별로 없는 오붓하고 친밀한 환경에서 지적하는 것이 훨씬 효과적이다. 누군가의 체면을 세워주는 것은 자신의 권력을 숨기고 상대가 망신당하는 것을 막는 관대한 행동이기 때문이다. 하급자가 상사에게 나쁜 소식을 전할 때는 당연히 다른 사람들이 없는 자리가 훨씬 안전하다. 반면에 윗사람이든 아랫사람이든 다른 사람들을 위험에 빠뜨리는 흉악한 행동을 한다면, 공개된 자리에서 나쁜 행동을 부정적으로 강화하여 모두에게 그 결과를 알리는 것이 중요하다.

영역의 좋은 예로 인터넷을 들 수 있다. 인터넷은 전통적인 권력의 규칙이 무용해지는 일종의 중간 지대다. 누구의 영역도 아닌 동시에 모두의 영역이다. 최근 몇 년 사이 페이스북과 트위터 같은 소셜미디어 플랫폼이 어떻게 훌륭한 평형추가 되었는지 생각해 보자. 상대적으로 중요 인물이 아니거나 평범한 사람도 전문 지식이나 경험을 바탕으로 다른 방법으로는 어려웠을 수많은 추종자와 강력한 영향력을 확보할 수 있다.

소셜미디어는 또한 사람들에게 대면 상호작용에서는 불가능한 방식으로 영향력을 행사하거나 의견을 표현할 수 있는 권력을 쥐어준다. 지위와 권위를 가진 사람을 트위터에서 두둔하거나 공격할 때 치러야 할 비용은 대개 실제 세계에서보다 훨씬 낮다. 사회심리학자 스탠리 밀그램Stanley Milgram의 복종 연구 중 비교적 덜 알려진, 권위자와 물리적이고 심리적 거리가 멀어질수록 참가자들이 권위자의 지시에 덜 반응하게 된다는 결과와도 일치한다. 익명이 아닌 이메일에서 사람들이 평소보다 적절한 규범을 위반할 가능성이 훨씬 높다는 연구 결과도 별로 놀랍지 않다. 누구나 차지할 수 있는 영역은 종종 가장 공격적인 사람이 차지한다.

요점은, 무엇을 입고 누가 될 것인지, 어디서 만날지를 어떻게 선택하느냐에 따라 연기는 다르게 전개된다는 것이다.

공간의 주인이 되기. 내가 아는 젊은 간부는 MBA를 취득한 직후 첫 직장을 얻고서 무척 기뻐했다. 그녀는 28세에 〈포천〉지가 선정한 500대 기업 중 한 곳에 지사장으로 채용되어 운영에 어려움을 겪고 있는 15개의 사업장을 되살리는 임무를 맡았다. 중요한 역할이었다. 직속 부하 직원들은 대부분 그녀보다 나이가 많고 경험도 많았다. 그녀는 업무에 박차를 가하고 사람들과 좋은 관계를 형성하기를 바랐다. 그래서 처음 몇 달 동안 전 직원을 만났다. 직원들은 온갖 불만이 가득했다. 뭐 하나 제대로 돌아가는 것이 없었다. 그녀는 자신을 증명해야 한다고 느꼈다. 그래서 그들의 문제를 해결해주기 시작했다. "제가 개입해서 직접 해결할 수 있는 문제들이었어요. 한동안 계속 그렇게 했죠." 그녀가 배워야 할 것은 상사, 새 관리자, 새 기준을 세우고 사람들에게 성과에 대한 책임을 묻는 사람이 되는 법이었다. 그녀는 스스로 문제를 해결하기 위해 직원들과 상호작용하는 법을 배워야 했다.

그녀는 사람들이 거부감을 갖지 않는 방식으로 자신의 권력을 드러내야 했다. 우리는 그 문제에 대해 이야기를 나눴다. "어떻게 하면 제가 못되게 굴지 않고 그들의 영역에서 주도권을 잡을 수 있을까요?" 그녀가 물었다. 나는 그녀에게 자신을 파티에 온 손님이 아닌 주인으로 생각하라고 조언했다. 그녀는 그 말에 따랐다.

"제가 부임한 지 1년쯤 되자, 정체기가 찾아오고 사람들의 사기가 떨어지더군요. 사람들에게 제가 더 많은 것을 원한다는 것과,

어려움이 있더라도 일하고 싶은 문화를 만들 수 있다는 것을 알려야 했습니다. 제가 주인이라는 생각이 정말로 효과가 있었어요. 평소에도 친해지고 싶은 사람이 있으면 집으로 초대해 대접을 하거든요." 직원들을 집으로 초대할 수는 없었지만 초대받은 느낌을 줄 수는 있겠다 싶었다.

그녀는 와플 제조기와 재료를 주문해 놓고 날마다 아침 일찍 일어나 와플을 만들기 시작했다. "관리자들에게 휴식 시간에 와플을 먹으러 오라고 했어요. 저는 갓 만든 와플을 미리 준비해 두었고요. 와플을 대접하고 나서 같이 이야기를 나누었죠. 몇몇은 휴식 시간에도 일을 하더군요. 저랑 같이 시간을 보내고 싶지 않았나 봐요. 하지만 나머지 사람들은 반응이 좋았어요. 저를 찾아와서 마음을 열었고 요리를 도우려고도 했어요. 그러자 사람들과 진짜 가까워진 기분이 들더군요."

그녀는 많은 이야기를 들었고, 온화하지만 똑 부러지게 원하는 바를 이야기했다. 모두가 곧바로 반응을 보인 것은 아니었지만, 머잖아 사람들은 깨닫기 시작했다. "앳돼 보이는 젊은 여성은 간부다운 존재감을 드러내기 어려울 수 있어요. 이 일을 계기로 제가 꼭 다른 간부들처럼 보일 필요는 없다는 것을 확실히 증명할 수 있었어요. 저는 제가 가진 강점을 이용하면 되니까요. 회사에서 저는 절대 다른 남성들처럼 저를 과시하지 않을 거예요. 저의 무기는 진심과 돌봄이죠. 리더는 그래야 한다고 생각해요."

——————— *Horizontal Power* **수평적 견력**

권력 연기하기

역할을 맡을 때 사람들은 자신에게 진실할 것인지, '나답지 않은' 행동을 하며 다른 사람이 될 것인지 하는 양자택일의 문제로 고민한다. 많은 사회과학자들도 상황을 이런 식으로 바라본다. 하지만 이것은 배우의 사고방식이 아니다. 과거에 나의 스탠퍼드대학교 동료였던 현직 애플대학교 학장 조엘 포돌니Joel Podolny는 이런 긴장 상태를 두 논리 사이의 경쟁으로 설명한다. 성격, 습관, 그리고 가장 진실하게 느껴지는 자신으로 정의되는 개인의 논리와, 맥락, 역할, 사회적 규범으로 정의되는 상황의 논리가 그것이다.

권력을 연기하는 것은 역할을 수행하는 것이다. 이때 '진실성'은 별로 따질 필요가 없다. 무대에서든 인생에서든 연기의 어려운 점은 진실을 말하는 법, 말과 행동의 의미를 있는 그대로 전달하는 법을 찾는 것이다. 대본을 그대로 따른다 해도 마찬가지다. 역할을 수행하는 것이 연기와 똑같다고 할 수는 없다. 실제 공연보다 리허설에 가깝다. 대본에 의존할 뿐 자신의 단어를 말하지 않는다. 상사는 "내 방문은 항상 열려있어요"라고 말하지만 당신이 그 앞을 지나갈 때마다 문은 닫혀있다. 연기는 개인의 논리와 상황의 논리 가운데 한 쪽을 해치지 않고 둘을 조화시키는 것이다. 연기를 할 때 우리는 자기다워지기보다 진정성을 가지려 노력한다.

진정성은 '나뉘지 않고 완전한 상태'를 가리킨다. 무대 뒤에서 어떤 일이 벌어지고 있든 당신이 역할에 헌신하여 책임져야 할 일을 수행하기 위해 정신적, 감정적으로 100퍼센트 준비된 상태를 뜻한다. 그 목표는 개인적 경험과 세상을 보는 독특한 시각을 비롯한 당신의 '진정한' 자아를 끌어와 예술성, 해석 능력, 의미의 원천으로 역할에 활용하는 것이다. 그렇게 하려면 먼저 자신이 서 있는 무대에 자신을 굳건히 세워야 한다. 우리의 이력, 개인적 고충, 피로, 좌절, 관심이나 지지에 대한 갈망, 우리가 과연 권력을 지닐 '자격'이 있는가에 대한 의심 따위에서 벗어나, 우리가 다른 사람들에게 어떤 존재인지, 우리의 행동이 주변 세계에 어떤 영향을 미치는지부터 관찰해야 한다. 일을 할 때 우리가 어떻게 보이거나 느끼는지보다는 하고 있는 일 자체에 집중해야 한다.

권력을 연기하는 것은 책임을 다하는 마음가짐을 갖기 위해 최선을 다하여 진정성을 추구하는 것이다.

극장에서 맡은 역할이 큰 도전처럼 느껴질 때가 배우로서 성장할 수 있는 절호의 기회다. 특정 역할을 맡은 경험을 계기로 과거와 완전히 달라졌다는 배우가 많다. 극장은 우리가 전에 가본 적 없는 심리적, 육체적, 감정적 장소를 경험할 수 있는 몇 안 되는 곳이다. 현실에서 새로운 역할은 과거에는 생각지도 못했던 방식으로 권력을 사용하게 한다. 한 인간으로 성장할 기회를 주는 것이다. 이렇게 생각하면, 연기는 우리를 제약하는 것이 아니라 자유롭게 하며, 권력을 부여하기도 한다. 연기는 우리 자신에 대한 관습적인 시각을 뛰어넘어 새로운 사고방식과 존재로 나아가는 길을 열어준다.

연기에 중독성이 있다고 말하는 학생이 많다. 그들은 수업이 끝난 후에도 연기를 더 하고 싶어 한다. 연기를 할 때는 진실하지 않다고 느끼거나 '경직되거나' 남의 눈을 의식하는 법이 없다. 더 진실해지고, 행동에 몰입하며, 살아있다고 느낀다. 서로의 상호작용은 '연출'되었거나 어색하거나 단절된 듯이 느껴지지 않는다. 친밀감은 더욱 깊어진다. 일상생활에서 우리는 지배력을 유지하면서 가장 거칠고 감정적이고 연약한 자신의 일부는 커튼 뒤에 숨기려고만 한다. 하지만 다 숨기는 것도 쉽지 않다. 연기는 자신의 더 많은 부분을 포용하고, 우리 안에 사는 다양한 인물을 무대로 불러낸다. 그 과정에서 우리는 잘 몰랐던 자신을 발견한다.

위대한 극작가 데이비드 마멧David Mamet의 말대로, 배우는 아무것도 만들어내지 않아야 하고 부정하지도 않아야 한다. 자신이 되는 것이 연기이고, 연기는 곧 자신이 되는 것이다. 사회생활에서 이런 진실을 볼 수 있다면 권력을 사용하기가 훨씬 쉬워진다.

Chapter 5

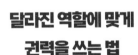

달라진 역할에 맞게
권력을 쓰는 법

슈퍼히어로 콤플렉스

역할을 맡았을 때의 구체적인 어려움은 우리가 어떤 사람인지에 따라 달라진다. 나서서 주역을 맡는 것을 힘들어하는 사람들도 있다. 책임이 두렵거나 준비가 충분치 않다고 느끼기 때문이다. 하지만 앞으로 나서는 것을 꺼리는 사람이 있는 반면, 뒤로 물러설 줄을 모르는 사람도 있다. 당신이 어떤 사람이든 모든 사람은 누군가에게 대답을 해야 한다. 따라서 권력을 효과적으로 사용하려면 누구나 조연을 연기하는 기술을 익혀야 한다. 권력을 연기한다는 것은 대개 더 큰 모자를 쓰는 것을 의미한다. 이번 장에서는 작은 모자를 쓰고 권력을 연기하는 법을 다룬다.

　권력이 한 장면에서 다른 장면으로 저절로 옮겨가지 않는다는 것을 우리는 쉽게 잊는다. 물론 현실에서 우리의 역할은 끊임없이 변하며, 그에 따라 권력 관계에도 변화가 생긴다. 권력을 잘 사용하려면 각각의 새로운 역할을 진지하게 받아들여 어떻게 연기할지를 정해야 한다. 내가 강의 중에 이 말을 했더니 어느 관리자는 갑자기 큰 깨달음을 얻는 기분이라고 했다. 6개월 전쯤에 그는 컨설팅 회사의 CEO에서 물러나 옛 고객의 회사로 옮기는 큰 변화를 겪었다. 하지만 새로 맡은 역할을 원활히 수행할 수 없었던 이유를 이제야 깨달았다는 것이었다. "CEO 시절의 습관을 못 버리고 내가 더 잘 안다는 듯이 그분께 이래라저래라 지시를 했죠. 이제 그분이 내 상사가 되었는데도요." 그는 웃으며 고개를 절레절레 흔들었다. "그런 태도를 좀 고쳐야겠어요."

　이 전직 CEO는 자신에게 자연스럽고 익숙하며 진실하다고 느껴지는 방식으로 연기하여 줄거리를 놓치고 새 이야기에 적응하지 못했다. 새 역할을 맡았음을 인식하기보다 늘 하던 대로 행동했다. CEO일 때는 권력을 드러내고, 능력을 과시하고, 방향을 제시하고, '전문가'처럼 행동하는 것이 무척 적절했기에 고객의 선택을 받은 것이었다. 그때나 지금이나 권력자라는 사실에는 변함이 없지만 역할 변화가 모든 것을 바꾸었다. 이제 순조로운 관계를 위해서는 '우두머리'에서 '심복'으로 위치를 바꾸는 역할 전환이 필요했다.

역할은 그대로인데 연기자가 바뀌는 경우에도 조정은 필요하다. 이를 테면 훌륭한 부하 직원이라는 의미는 상사가 누구인지, 배우가 어떻게 연기하는지에 따라 달라질 수 있다. 권력을 드러내는 것이 가장 편한 상사는 권력을 숨기는 부하 직원이 편할 것이고, 권력을 숨기기를 선호하는 상사는 권력을 드러낼 수 있는 부하 직원과 일하는 쪽이 편할 것이다. 어느 상사 앞에서는 당신의 입지를 굳히는 데 도움이 될 행동이 다른 상사 앞에서는 당신에게 불리하게 작용할 수 있다.

나는 최근에 새로운 상사를 만나면서 가까스로 이 교훈을 터득했다. 나의 옛 상사는 별로 간섭을 하지 않는 사람이었다. 내가 추진하는 일이라면 무엇이든 찬성하며 힘을 실어주었다. 내 말에 설득력이 있으면 좀처럼 거절하지 않았다. 그래서 그를 대할 때는 내가 원하는 것과 이유를 분명히 밝히는 것이 최선이었다. 내 권력을 드러내는 방식이 우리 두 사람에게는 잘 맞는 듯했다. 새 상사가 부임했을 때, 이런 내 방식이 물의를 일으킬지도 모른다는 생각은 조금도 하지 못했다. 처음으로 그에게 요구 사항이 생겼을 때, 나는 전화로 짧게 이야기했다. 그에게 내가 원하는 것과 이유를 말했다. 그는 거절했고, 나는 그런 반응 자체가 너무 뜻밖이라 그 상황이 납득이 되지 않았다. 그가 아직 일이 어떻게 돌아가는지 이해를 못한다는 생각이 들었다. 어쨌든 그는 그 자리에 새로 부임했고 나는 내 역할에 초심자가 아니었으니까. 맙소사! 생각만 해도 민망한데, 순진하게도 나는 다시 한 번 이메일을 보내 그의 반대 의견이 타당하지 않은 이유를 설명했다. 다음 날 그는 예고도 없이 내 사무실에 나타났다. 내 책상에 걸터앉더니 나더러 너무 나서지 말라고 했다. 나는 당황하여 깊이 사과하면서 내가 옛 대본대로 행동하고 있는 모양이라고 해명했다. "아, 이런!" 나는 손을 입에다 대며 지극히 저자세로 이렇게 말했다. "제가 왜 그랬을까요?" 그는 내가 지나치게 공격적이라고 차분히 지적했다. 내게 무엇이 필요한지 결정할 사람은 자신이라고, 내가 직급을 뛰어넘는 결정을 하려 한다고 그는 설명했다. 나는 그에게 이렇게 말했다. "제가 철 지난 규칙을 따랐네요. 당신이 결정하시는 게 맞죠. 어떻게 결정하시든 받아들일게요."

새 역할, 새 배우가 가져오는 변화는 누구에게나 스트레스와 불안을 유발할 수 있다. 야생 개코원숭이의 스트레스 반응을 연구하는 스탠퍼드대학교 생물학자 로버트 새폴스키Robert Sapolsky는 원숭이도 새 배우가 등장해 기존 방식을 뒤엎을 때 불안해하거나 스트레스로 인한 호르몬 변화를 보인다는 사실을 밝혀냈다. 계층 구조 내에서의 불안정한 지위는 선택지를 고려하고 새로운 시도를 해야 하는 시점에 뿌리 깊은 두려움과 불안감을 자극해 낡은 습관에 집착하고 생각 없이 행동하게 한다.

내가 가장 좋아하는 에세이 《사랑과 권력에 대하여On Love and Power》에서 정치학자 한스 모겐소Hans Morgenthau는 사랑과 권력에 대한 욕구라는 두 가지 충동은 같은 실존적 근원에서 비롯된다고 했다. 인생에서 가장 큰 두려움은 혼자가 되거나 집단에서 쫓겨나는 것이다. 많은 심리학자가 그랬듯 모겐소도 우리가 이런 이유로 사랑과 권력을 무의식적으로 추구한다고 믿었다. 하지만 쫓겨날지도 모른다는 두려움이 커질 때, 이런 동기는 특히 자극받는다. 사랑에 대한 욕구가 커지면 우리는 거부당하는 것을 두려워하고 인정받기 위해 자연스레 다른 사람들의 비위를 맞추려 애쓰게 되는데, 하급자 역할에서는 이런 태도가 실제로 도움이 되기도 한다. 하지만 권력에 대한 욕구가 커지는 이유는 우리가 별로 중요한 존재가 아니라는 두려움 때문일 수 있으며, 이런 두려움은 역할 기대와 일치하지 않는 행동을 부추긴다.

심리학자 들로이 폴후스Delroy Paulhus와 올리버 존Oliver John은 이런 성향을 '슈퍼히어로' 콤플렉스라 부른다. 독일의 경영 간부들을 대상으로 한 연구에서 그들은 권력 욕구가 높은 사람의 일부는 불안감을 극복하는 수단으로 자신에 대한 긍정적인 환상을 개발했음을 발견했다. 그들의 연구에서 슈퍼히어로는 직장에서의 승진을 중요한 목표로 보고 자신을 승진할 자격이 있는 사람으로 홍보했다. 이를 테면 스스로를 남들이 평가하는 것보다 지적이고 사회적 기술이 뛰어난 사람으로 내세우는 식이었다.

자신을 높일 기회를 거부하지 못하는 사람(슈퍼히어로 유형은 남성들에게 좀 더 흔하다)이 있으면, 실제로 서열이 높은 사람을 포함한 모두가 무시당하는 기분을 느낄 것이다. 정의에 따르면, 슈퍼히어로는 다른 사람들을 무능함과 연약함에서 구출함으로써 자신을 강력한 존재로 느낀다. 그는 무슨 일에든 나선다. 요청하지도 않은 충고를 하고, 온갖 분야에서 전문성을 주장하고, 인맥을 과시하고, 더 많이 아는 듯한 사람과 충돌을 일삼고, 사람들에게 자신의 업적을 들먹인다.

그렇다 보니 하급자가 슈퍼히어로 콤플렉스를 가지면 어떤 곤란한 결과가 생길지는 자명하다. 슈퍼히어로는 가장 높은 자리를 차지해야 하므로 물러나거나 비켜서거나 옆에서 기다리려 하지 않는다. 하찮은 존재가 되거나 저평가되거나 과소평가되는 두려움 때문에 관심을 독차지하려는 충동을 좀처럼 억누르지 못한다.

권력을 과장할 때 벌어지는 일

한 구직자를 면접한 적이 있다. 내가 가져오라고 한 자료도 없이 나타난 그는 몸을 의자에 기대고 앉아 내 책상 위에 발까지 올려놨다. 상상도 못할 행동 아닌가? 우리가 '같은 부류'임을 강조하며 나와 유대감을 가지려 한 모양인데, 오히려 역효과가 났다. 자신이 중요한 역할을 맡을 자격이 있거나 성장할 잠재력을 지녔다고 믿는 것과, 캐스팅 감독과 동급인 것처럼 구는 것은 별개의 문제다. 마찬가지로 자신감을 갖고 당당하게 면접에 임하는 것과 면접장이 자기 안방인양 행동하는 것 또한 전혀 별개의 문제다. 긴장을 지나치게 풀고 면접관을 친구 대하듯 하거나, 말을 가로채려 하거나, 심지어 면접관에게 반말을 하며 (또는 책상에 발을 올려놓으며) 자신의 마음이 지금 얼마나 편한지, 자신이 얼마나 많은 존중을 받을 자격이 있는 사람인지, 자신이 그 역할에 얼마나 적합한지 과시하는 것도 마찬가지다.

우리 모두는, 특히 여성들은 자기 자리는 자기가 요구해야 한다는 조언을 숱하게 들었다. 대체로 좋은 충고이기는 하지만, 한 가지 주의사항이 있다. 적절한 테이블, 적절한 자리에 앉아야 한다는 점이다. 모든 공간의 모든 좌석은 똑같지 않으며, 상사의 의자에 주저앉았다가 지위를 높였다는 조수는 일찍이 없었다. 마찬가지로 존중받거나 소외되지 않으려면 회의 때 목소리를 높이라는 상투적인 조언은 당신의 의견이나 당신이 이야기하는 사실이 그 공간에 있는 다른 사람들에게 가치를 제시할 때만 유효하다. 당신이 아직 그럴 만한 지위를 얻지 못했거나 지금으로서는 별로 귀 기울일 가치가 없는 존재거나 딱히 쓸 만한 말을 하지 못한다면 그 전략은 틀림없이 역효과를 낸다. 충분히 발언하지 않아서 눈치가 보일 때도 있지만, 말을 더 많이 한다고 지위가 올라가는 일은 거의 없다고 봐야 한다.

실제보다 더 큰 권력을 지닌 듯이 행동하는 것은 초보적인 실수다. 그래도 충분히 이해할 만하다. 사람들은 중요한 회의, 발표, 면접을 준비하면서 남몰래 '파워 포즈'에 대한 TED 강연을 시청하고, 회의실에 들어가면 일단 허세를 부려 긍정적인 인상을 남길 필요가 있다고 생각한다. 하지만 이런 식으로 '행세'하는 것은 이기는 전략이 못 된다. 당신은 상대방에게 그가 맡은 역할에 걸맞은 존중을 표시하면 권력을 잃을까 두려워서가 아니라, 당신이 실제로 맡은 역할로 인해 가지고 있는 권력을 의식하며 행동하고 싶은 것이다.

최근에 한 동료가 기업 간부들을 위해 코칭을 해달라는 요청을 받았는데 자신이 '도가 지나친' 행동을 한 것 같다고 했다. 자신이 강의를 막 시작하려는데, 그 강의실에서 가장 직급이 높은 고객이 휴대전화만 들여다보고 있더라는 것이다. 그 고객의 주의를 끌기 위해 내 동료는 강의실 앞에서 엄한 초등학교 선생님처럼 그를 말없이 노려보며 서 있었다. 강의실의 지배력을 되찾으려는 시도였지만, 컨설턴트와 고객 사이의 권력 관계를 크게 오해한 행동이기도 했다. 그는 자신의 지위를 과대평가하고 줄거리를 놓친 탓에 결국 고객을 잃었다.

막연히 우리는 집단 내에서 우리의 지위를 과대평가할 때보다 과소평가할 때 감당해야 할 비용을 더 우려하는 경향이 있지만, 이는 잘못된 판단이다. 사회계급 전문가인 심리학자 캐머런 앤더슨 Cameron Anderson의 연구에서, 자신의 사회적 지위를 과대평가한 학생 집단의 구성원, 특히 동료들의 평가보다 자신을 높게 평가한 학생은 환영받지 못했다. 동료들은 그 학생이 자신의 지위를 좀 더 신중히 판단한 사람들보다 적은 보수를 받아야 한다고 평가하며 그의 기여도를 낮게 측정했다. 다른 사람을 필요 이상으로 존중하는 것이 차라리 안전한 실수다. 하지만 누군가의 권력을 낮추지 않고는 자신의 권력을 높일 수 없다. 집단 내에서 매우 존경받는 사람을 별로 존중하지 않는 것은 당신이 자신의 위치를 모른다는 뜻이다. 그것은 엄청난 대가를 치러야 하는 사회적 자살 행위나 마찬가지다. 결국 권력 드러내기가 항상 효과를 보이는 것은 아니다.

실제보다 중요한 인물처럼 행동하는 사람에게는 이상하게 호감이 가지 않는다. 이유가 뭘까? 우선 이런 식으로 과장된 행동을 하면 다른 사람들에게 당신이 그들과 자신을 어떻게 비교하는지 알리는 셈이 된다. 상사들에게 그들이 가진 권력과 지위를 누릴 자격이 없다고 생각하는 듯한 인상을 준다. 동료들에게 당신이 그들보다 낫다고 생각한다는 느낌을 준다. 결국 주위 사람 모두에게 모욕을 주는 것이나 마찬가지다. 분위기 파악을 못하면 거의 모든 상황에서 잠재적 고용주, 고객을 비롯한 거의 모든 사람들에게 위험 신호를 주게 된다. 자신이 무대에서 어떻게 보일지에 대해서는 지나칠 정도로 신경을 쓰면서, 다른 사람들이 어떻게 보이는지에는 관심이 없다는 것을 드러낸다.

내 딸은 워싱턴 D.C.로 수학여행을 갔다가 루스 베이더 긴즈버그Ruth Bader Ginsburg 대법관을 만나는 영광을 누린 적이 있다. 딸은 8학년 친구 하나가 "좀 크게 말해줘요. 여기서는 안 들려요!"라고 소리치며 긴즈버그의 말을 자르는 것을 보고 깜짝 놀랐다는 이야기를 내게 해주었다. 열세 살짜리 아이라면 노상 교실에서 적극적으로 목소리를 내라는 말을 들었을 테니 다른 곳에서도 미국 대법관에게 큰 소리 친 것을 용서받을 수 있을 것이라고 생각한 모양이다. 내가 그 이야기를 알게 된 것은 그 자리에 있었던 아이들이 내 미니밴 뒷좌석에서 그 일에 대해 쑥덕거렸기 때문이다. 8학년 학생들도 이런 행동이 '이상하다'고 느끼는데, 다 큰 어른들이 심심찮게 분위기 파악을 못 하는 이유는 뭘까?

우리는 개인의 논리가 상황의 논리를 압도할 때, 즉 우리의 내부에서 얻는 신호가 너무 요란할 때 계층 규범을 놓치곤 한다. 위험성이 높고 우리의 지위가 위태롭다고 느낄 때 불안하거나 걱정스러운 것은 당연하지만, 이런 상황에서 생기는 불안은 당신이 맡은 역할에 부적절한 충동을 유발할 수 있다.

내가 강의시간에 슈퍼히어로 이야기를 할 때마다 나중에 꼭 내 사무실로 찾아오는 학생들이 있다. 이 학생들은 자신이 어떤 사람인지 잘 안다. 그들은 이런 말을 한다. "사람들이 항상 저더러 너무 경쟁적이고 공격적이고 오만하다고 합니다. 그럴 생각이 없는데도 어떤 이유로든 비난을 받거나 무시를 당하면 도저히 참을 수가 없어요. 논쟁에서 지고는 못 살고요." 내 슈퍼히어로 학생 하나는 수업에서 자신이 이사진을 열심히 설득하는 젊은 창업자 역할을 연기한 순간에 대해 이야기를 꺼냈다. 그날 강의실을 방문한 실제 기업 임원들이 이사진을 연기했다. 그 학생은 많은 시간을 들여 준비를 했지만, 뜻밖에도 '그의 이사회'는 그를 그 자리에서 해고했다. "기분이 나빴습니다. 저는 설명을 요구하며 그들과 말싸움을 벌였죠. 부당한 결정이라고 주장하면서 그들이 틀렸음을 증명하려 했어요." 그 순간에 그 학생은 CEO에 걸맞은 품위, 유연성, 예의를 보여주고 싶었다. 하지만 짜증을 내고 말았다.

기꺼이 조연을 맡아라

여러 역할 간의 계급 차이는 곧 주연과 조연의 차이라는 인식이 일반적이다. 하지만 집단은 실제로 그렇게 작동하지 않는다. 조연들이 자신보다 높은 사람들을 같은 편으로 여길 때 집단은 제 기능을 한다. 이를 위해서는 조연 역할에 당신이 필요하고, 그 역할이 당신에게 권력과 책임을 부여한다는 것을 인정해야 한다. 차에 탈 때, 당신은 뒷좌석에 앉아 도로에서는 눈을 뗀 채 더 넓은 공간을 차지하려고 다른 아이들과 싸울 수도 있다. 아니면 조수석에 탄 자신을 상상할 수도 있다. 그 역할에는 다른 차원의 헌신과 다른 사람을 먼저 생각하려는 의지가 필요하다.

조수석에 타면서 이를 더 크고 좋은 역할을 차지하기 위한 디딤돌로 이용해서는 안 된다. 자신의 역할을 다른 곳에 이르는 기회로 본다면 그 역할에 진정으로 충실하기 어렵다.

내가 아는 기업 간부는 항상 이 문제로 고민이 많다. 그가 이끄는 유명 대기업 내에서 특정한 역할을 추구하는 사람들은 조직을 섬기거나 임무를 추진하는 것이 목적이 아니라 브랜드와 자신을 연결시키고, 개인 플랫폼을 만들고, 이력서에 쓸거리를 얻고, 유력인물로 보이는 것이 목적이다. 권력에 관한 많은 책들은 이것이 권력을 대하는 올바른 방법이라고 말한다. 하지만 나는 늘 말도 안 되는 소리라고 생각했다. 그렇게 하는 사람들은 줄거리를 놓친 정도가 아니라 애당초 줄거리에 신경도 쓰지 않았다는 것을 모두가 눈치챈다. 조직과 역할이 개인의 발전을 위해서만 소비될 자원은 아니다(속으로는 그렇게 생각할 수 있지만). 개인의 발전보다 중요한 무언가에 기여할 기회이며, 때로는 그런 공헌을 인정받을 수도 있다.

누구나 사람들에게 좋은 인상을 남기고 존경을 받고 직업적으로 성장하기를 원한다. 그러면서 작은 역할을 하면 보잘것없고 약하고 하찮게 보이지 않을까 걱정한다.

하지만 타인이 박수갈채를 받는 동안 차분히 기다릴 수 있는 자신감은 주목받을 기회를 포착하는 능력만큼이나 권력을 얻는 데 유익하다. 조슈아 울프 솅크Joshua Wolf Shenk는 《둘의 힘Powers of Two》에서 역사상 가장 중요한 혁신 가운데는 천재 한 사람의 노력처럼 보여도 알고 보면 두 사람의 업적인 것이 많다고 말한다. 존 레넌과 폴 매카트니, 스티브 잡스와 스티브 워즈니악, 빌 게이츠와 폴 앨런 등이 그 예다. "한 사람은 스포트라이트를 받고 다른 한 사람은 무대 뒤에 있다. 우리의 눈길은 자연스레 스타에게로 향하지만, 얄궂게도 이 한 쌍의 무게 중심은 눈에 덜 띄는 쪽에 있을 때가 많다." 셍크는 이렇게 주장한다.

스포트라이트보다 더 중요한 것

주목받기를 갈망하는 사람들 옆에는 항상 무대 뒤에서 일하기를 즐기는 사람들이 있다. 오바마 대통령의 연설문을 작성한 데이비드 릿David Litt은 대통령의 연설문에 농담과 촌철살인의 한 문장을 넣는 것이 특기였다. 그에 따르면 대통령은 첫 임기 때 릿의 이름조차 알지 못했다. "드라마 〈웨스트 윙〉과는 딴판이었어요. 함께 대화를 나누며 산책하는 건 해본 적도 없어요. 저는 대통령과 대화하면서 산책하는 사람에게 종이 한 장만 건네고 얼른 시야에서 사라지는 사람이었죠. 제가 역사를 만들었다고 할 수는 없지만 아무래도 상관없습니다." 그는 〈뉴욕 타임스〉와의 인터뷰에서 이렇게 말했다.

개인의 영광을 희생하면서도 업무, 기술, 고차원적인 목표에 집중할 수 있는 능력은 엄청난 권력을 안겨준다. 대통령 보좌관, 멘토, 코치, 고문, 동업자, 최고운영책임자, 그 밖의 어떤 역할이든 조연에게는 다른 사람을 주목받게 만들 겸손, 유연성, 자신감이 필요하다. 타인을 좋은 모습으로 보이게 하는 일에 당신은 자부심을 가져야

한다. 예를 들어, 롤링 스톤스의 오랜 백 보컬인 리사 피셔^{Lisa Fischer}
는 그들의 유명세로 득을 보기 위해 그 일을 시작한 것이 아니었다.
믹 재거 앞에서 오디션을 볼 때 그녀가 데모 테이프를 넣고 노래를
부르기 시작하자 재거도 팔을 휘젓고 춤을 추면서 그녀의 주위를
돌기 시작했다고 한다. 하지만 그녀는 동요하지 않고 당황하지도
않은 채 음악에만 집중했고, 덕분에 합격할 수 있었다. "유명해지기
위해 어떤 일이든 마다하지 않는 사람들도 있죠. 저는 그냥 노래를
하고 싶었어요." 그녀는 〈뉴욕 타임스〉에 이렇게 말했다.

일을 하거나 기술을 완성하는 데 주력한다는 것은 인정을 받는
것보다 집단의 성과에 기여하는 데 더 관심이 있다는 뜻이다. 예술
가로 이름을 알리는 것보다 예술 자체에 더 관심이 있다는 뜻이다.
이런 태도는 조연을 하면서 신뢰를 쌓는 데 특히 중요하다.

역할은 집단의 목적을 이루기 위해 존재하는 것이다. 일을 맡으
면 우리는 조직을 우선시하는 대가로 돈을 받는다. 우리가 하는 역
할은 '우리 것'이 아니다. 우리는 그 역할을 소유하지도 않고 지니
고 다니지도 않는다. 일정 기간 동안 차지할 뿐이다. 개인의 권력,
부, 명성을 쌓기 위해 수단과 방법을 가리지 않는 것이 목표가 되어
서는 안 된다. 우리는 다른 사람들의 성과에 긍정적인 영향을 주어
자신을 유용한 존재로 만들어야만 권력을 차지하고, 결국 부와 명
성도 얻는다. 이런 식으로 지위가 높아진다면 그것은 좋은 일이다.
하지만 나는 개인으로서 우리를 높일 수 있는 것이 무엇인가를 따

지며 틀에 박힌 선택을 하면 거의 항상 당초의 목표와 반대 결과가 나타난다고 확신한다.

자신을 별로 높여주지 못한다고 느껴지는 역할은 거부하는 사람이 많다. 하지만 지위와 출세에만 신경 쓰다보면 의미 있는 목적의 일부가 될 중요한 기회를 놓칠 수 있다. 셰릴 샌드버그는 2001년에 당시 구글 CEO였던 에릭 슈밋Eric Schmidt의 입사 제안을 받았지만 보트(또는 로켓)를 놓칠 뻔했다고 말한다. 별로 큰 역할이 아니어서 그녀는 앞으로 나아가는 것이 아니라 뒤로 물러서는 것은 아닐지 걱정스러웠다. 슈밋은 그녀에게 이렇게 말했다. "로켓 탑승권을 제안받으면 어느 좌석이냐고 묻지 말고 일단 타야 해요." 그녀는 그 말에 따른 것을 절대 후회하지 않는다. 그것이 지금껏 들은 최고의 조언이었다고 말한다. 이력서에 썼을 때 그럴듯해 보이는 역할만이 인생에서 성취감을 주는 것은 아니다. 실제로 영향력이 있는 역할을 맡을 때 더 큰 목적에 기여할 수 있다.

팀을 위해 희생할 때 권력이 따라온다

조연을 할 때는 모든 행동에 위험이 따르는 것만 같다. 하지만 집단의 이익을 위해 개인의 위험을 감수하려는 의지는 지위를 얻는 가장 확실한 수단이다. 다른 사람들을 배려하고 그들의 이익을 위해 자신의 이익을 희생할 준비가 되어있음을 행동으로 보여줄 때,

우리는 신뢰를 얻는다. 무엇이 집단에 가장 유익한가가 아닌, 무엇이 우리의 이익에 가장 도움이 되는가에 더 많은 관심을 드러내는 행동을 하면 신뢰와 지위는 사라진다.

다른 사람들과 우리가 소속된 집단에 관심을 갖는지 안 갖는지의 문제가 아니다. 다들 관심이 없지는 않을 것이다. 문제는 관심을 보여줄 수 있느냐 없느냐다. 그리고 관심을 보여주려면 결국 희생이 필요하다. 당신은 다른 사람들의 이익을 위해 어느 정도의 위험을 감수할 의향이 있나? 당신은 거기에 얼마나 기여하고 있나? 그것은 가장하기 어렵다.

조연을 제대로 연기하기 위해서는 권력을 숨길 수도 드러낼 수도 있지만, 도움을 주고 신뢰를 쌓으려면 지금 이곳에서 일어나는 상황에 꾸준히 관심을 갖고 다른 사람들에게 가장 중요한 것이 무엇인지 주의를 기울이고 있음을 보여주어야 한다. 우리는 집단 전체에 유익한 일에 뛰어들 순간을 잡아야 한다. 그렇게 하려면 우리는 무대에서 일어나는 일에 계속 관심을 가지고 자신을 그 일부로 보아야 한다.

이를 설명할 좋은 예를 생각하다 보니 내가 학교에서 경험한 한 장면이 떠오른다. 스탠퍼드대학교에는 '이그지큐티브 챌린지 Executive Challenge'라는 전통이 있다. 470여 명의 MBA 1학년 학생 전원이 모두 모여 그날 참가한 동문들과 역할극을 하는 활동이다.

행사에 참가한 학생들은 이날을 위해 전 세계에서 날아온 저명한 동문들을 만난다. 학생들에게는 한 가지 경영 사례가 주어지고, 준비 시간은 약 1시간이다. 학생들은 기업인(사업가, 팀 리더)을 연기하고, 동문들은 이해관계자(이사, 벤처 투자자, 고객, 의뢰인)를 연기한다. 목표는 30분간의 회의 끝에 거래를 성사시키는 것이다.

이 회의는 자발적으로 참여한 동문과 교직원으로 구성된 심사위원단 앞에서 열린다. 심사위원들은 하루 종일 같은 회의를 다르게 진행하는 여섯 쌍의 학생들을 채점한다. 학생들은 문제에 대한 해결책을 제시하고 숫자와 씨름하는 동시에 자신이나 상대방, 특히 그들을 편하게 해주려고 그 자리에 앉아있는 것이 아닌, 동문들에게 대응해야 한다. 물론 모의 연습일 뿐이지만 부담이 적지 않다. 학생들의 팀 동료들이 보고 있고, 교수들도 지켜보고 있으며, 장차 사업상 관계인이 될지도 모를 동문들과도 소통해야 한다. 그들에게 첫인상을 남기는 것이다. 학생들의 역할 연기는 중요하다. 그들의 대응은 그 역할을 어떻게 수행할지, 배우로서 그들이 어떤 사람인지를 보여준다.

대체로 학생들은 자신을 훌륭하게 드러낸다. 기대를 크게 벗어나지 않는다. 똑똑하고 생기가 넘치며 때로는 거친 말도 쓴다. 어떤 학생들은 부모님의 정장을 입고 온 것 같다. 당연히도 겁에 질려있지만 그것을 비교적 잘 숨기는 학생도 있다. 나도 그런 모습들에 깊은 인상을 받은 경험이 적지 않다. 그런데 어느 해에는 나를 깜짝 놀라게 한 학생이 있었다. 그녀는 조연으로서 권력을 사용하는 것이 무엇을 의미하는지 정의해 주었다.

이 사건에 대한 내 기억은 장편영화보다는 스냅사진에 가깝다. 강의실 앞에 학생 두 명이 있지만 내 눈에는 피부색이 짙은 아프리카계 미국인 여학생 한 명만 보인다. 남색 정장을 입은 그녀는 체구가 작고 예쁘장하다. 그녀 주위의 모든 것은 흐릿하다. 테이블 맞은편에는 주로 백인 남자인 동문 몇 사람이 보인다. 몇 명은 나를 등지고 있거나 옆모습만 보인다. 값비싼 옷차림을 한 그들은 소란스럽게 떠들며 의자에 앉아 곤란한 질문을 퍼부으려고 벼르고 있다. 여학생은 태풍의 눈처럼 차분하고 당당하게 가운데에 앉아 있다. 그녀 주위의 모든 상황이 어지럽게 돌아간다.

그녀에게는 활기 넘치는 짝이 있다. 그는 말을 많이 한다. 그녀는 조용하지만 침묵하지 않고, 침착하지만 긴장하지 않는다. 두려워하지도 않는다. 그녀는 정신을 집중하고 있다. 얼굴에는 긴장을 풀었다. 미소를 지으면 하얀 치아가 드러난다.

동문 한 명이 갑자기 앞으로 나아가 두 사람에게 다가간다. "당신이 틀렸다면요?" 그가 양손을 휘저으며 소리친다. "만약 실패한다면요? 누가 책임지죠?"

학생들이 기대하지 못했던 질문이다.

"이 일의 책임자는 누굽니까?" 그가 묻는다.

이 말에 그 여학생의 짝은 당황한다. 그가 몸을 틀어 짝을 흘끔 본다. 그러자 그녀는 태연히 이렇게 대답한다. "제가 책임집니다."

이 장면을 글로 쓰면서도 소름이 돋을 지경이다. 그녀의 반응에 모두가 얼어붙었고 말문이 막혔다. 이 방의 권력은 그녀에게로 돌아갔다. 동문들은 진정하며 의자에 다시 앉았다. 더 이상의 질문은 없었다. 그녀의 짝이 깊은 숨을 내쉬었다. 단 한마디로, 그 여학생은 그들이 하는 일에 어떤 위험이 따르든 자신이 책임을 질 것이며, 자신에게는 그들을 지지할 의지와 능력이 있음을 밝혔다. 그들은 설득당했다. 거래는 성사되었다.

팀은 주어진 시간을 여유롭게 남기고 합의에 도달했다. 그날 다른 팀들은 제안조차 하지 못하고 할당된 시간을 다 써버렸다. 그 여학생과 짝은 모두와 악수를 하고 강의실을 나갔다. 눈이 휘둥그레진 동문들은 특별한 광경을 보았음을 인정했다. 그 여학생에게 피드백을 하는 시간이 되자, 우리는 그녀의 연기에 대해 이런저런 의견을 쏟아냈지만 그 장면을 그토록 강력하게 만든 것이 무엇이었는지 정확히 표현하기는 쉽지 않았던 기억이 난다.

그녀는 가장 요란한 배우가 아니었다. 그 강의실에서 가장 똑똑해 보이려 하지도 않았다. 통제하거나 위협하려 하지 않았고 가장 사교적인 사람도 아니었다. 그녀는 수다를 떨거나 으스대지 않았고 별로 관심을 끌지도 않았다. 하지만 그 순간에 온전히 몰입했다. 그녀의 에너지는 집중되고 억제되었다. 그녀는 인내하고 절제하고 자신을 완전히 통제했다. 그리고 사람들의 말을 경청했다. 지위를 차지하려고 아등바등하는 사람들 틈새에서 그녀는 방 안의 어른처럼 보였다. 참가자처럼 보이지 않았다. 뭔가 다른 존재처럼 보였다. 그녀는 분명 역할 수행 연습을 했을 뿐이다. 하지만 그녀의 잊지 못할 인상적인 연기는 그녀의 심오한 본질을 드러냈다.

지위와 관심을 차지하기 위해 경쟁하는 것이 정상이고, 자기주장이 성공을 위한 최선이라 인식되는 개인주의 세계에서 이 배우는 정반대의 행동으로 자신을 드러냈다. 그녀의 행동은 이런 뜻을 전했다. '나는 당신을 위해 이 자리에 있다. 무슨 일이 생겨도 나는 감당할 수 있으니 당신은 내게 맡기면 된다.' 그녀는 이 방의 유력자들과 그들의 두려움 사이에 끼어들었다. 그녀는 그들에게 무엇이 필요한지 알았지만, 그녀의 팀원들은 알지 못했다. 그리고 이유가 무엇이든 그녀의 짝이 십자포화의 대상이 되는 것을 주저할 때, 그녀는 팀을 위해 기꺼이 그 역할을 맡았다. 그녀는 허락 없이 앞으로 나서서 지위를 주장했지만, 그런 행동은 단 한 번이었고 다른 모든 사람을 보살피려는 목적이었다. 그녀는 전부를 걸었기에 누구보다 돋보였다.

극장의 캐스팅 담당자는 배우에게 많은 것을 기대한다. 역할에 대한 몰입도 그중 하나다. 과거에 훌륭한 공연을 한 적이 있으면 유리하다. 평판이 좋으면 더할 나위 없다. 그 말은 다른 사람들과 협력할 줄 알고 과거에 다른 연극에 출연할 때도 행동 규범을 존중했다는 뜻이다. 배역에 적합한 외모를 갖췄다면 도움이 되지만 그것이 가장 중요한 조건은 아니다. 위대한 배우들은 아무리 작은 역할이라도 맡은 역할에 완벽하고 철저하게 몰입하여, 눈을 뗄 수 없을 만큼 개성 있고 인상적인 연기를 펼쳐 관객을 사로잡는다. 권력을 잘 사용하려면 클로즈업 장면에서만 카메라 앞에 나서는 걸로는 부족하다. 우리가 돋보이지 않을지라도 매 순간 변화를 만들 기회를 찾고, 할 수 있는 최선의 노력을 다해야 한다. 미래에 더 큰 역할을 맡고 싶다면 적어도 그 정도는 해야 한다.

Chapter 6

권력에 따른
불안을 다스리는 법

권력으로부터 오는 불안과 두려움

권력에 관심을 갖는 것은 인간의 본성이다. 인간은 권력에 관심을 갖는 데 그치지 않고, 권력에 끌리고 더 큰 권력을 갈망하고 스스로 권력을 추구한다. 독일 철학자 프리드리히 니체Friedrich Nietzsche는 '권력 의지'라 불린 이런 동기를 최초로 설명했다. 니체는 우리에게 모든 생활환경에서 최대한 높은 위치에 도달하려 애쓰는 본능이 있다고 믿었다. 이런 노력은 건강할 뿐 아니라, 인류가 존재하는 이유이기도 하다고 그는 믿었다.

하지만 실제로 권력을 갖는 것보다는 권력을 갖는다는 생각에 더 매력을 느끼는 사람이 많다. 동료들과 나는 각자의 분야에서 가장 비중 있는 자리를 제안받고 싶기는 해도, 그런 일을 정말로 하고 싶은지는 잘 모르겠다는 우스갯소리를 즐겨한다. 많은 상황에서 많은 사람들은 스포트라이트를 받는 것보다 옆으로 물러나 있는 것을 편하게 느끼며, 두려움의 대상이 되기보다는 사랑받고 싶어 한다.

특히 중요한 역할에는 수행 불안performance anxiety이 문제가 된다. 1990년대 중반에 나는 노스웨스턴대학교의 켈로그 경영대학원 야간 과정에서 조직 행동을 가르치고 있었다. 학생들은 온종일 업무에 시달리다가 수업을 들으러 온 관리자들이었다. 그들은 지칠 대로 지쳐있었지만, 자신들이 일터에서 만난 어려움에 대해 한 걸음 물러서서 생각할 수 있는 기회를 가지며 힘을 얻었다.

어느 해, 조직 내에서의 역할이 지닌 영향에 대한 토론을 유도하기 위해 나는, 1971년에 필립 짐바도Philip Zimbardo가 권력이 주는 심리적 영향을 밝히기 위해 수행한 스탠퍼드 감옥 실험의 영상을 보여주기로 했다. 스탠퍼드대학교 심리학과 지하에서 진행된 감옥 실험에 참가 신청을 한 대학생들에게 2주 동안 무작위로 죄수나 간수의 역할을 부여한 다음, 짐바도(감독관 역할)와 연구 보조원들은 그들을 관찰했다.

이 실험 결과의 일부는 널리 알려져 있다. 최근에는 일부 '간수'들이 가한 심리적 고문이 아부그라이브의 교도소에서 적발된 포로에 대한 가혹행위와 비교되기도 했다. 상황이 너무 추악하게 흘러

가면서 이 실험은 겨우 6일 만에 중단되었다.

수업에서 영상을 보여주기 전에 나는 학생들(모두 관리자 경험이 있다)에게 실험 참가자의 입장이 되어보라고 요구했다. 자신이 간수가 되어 다음 날 처음으로 감옥에 출근한다고 상상할 것을 권했다. "그럴 때 여러분은 무슨 생각을 할까요?" 나는 이렇게 물었다.

학생들이 무슨 말을 하기를 기대했었는지 잘 기억나지 않지만, 권력이 평범한 사람들을 폭력적인 학대자로 만드는 과정을 확인할 흥미로운 기회가 되리라 예상했다. 학생들은 잠시 말이 없었다.

"저는 무서울 것 같네요." 마침내 한 학생이 입을 열었다.

"뭐가 무섭죠?" 나는 그가 질문을 잘못 이해했다고 짐작하며 물었다. "우두머리가 되는 건데요."

그러자 다른 학생들도 거들었다. 그들은 맡은 일을 잘해내고 싶었지만 잘할 수 있을지 확신이 없었다. 상황을 통제하고 싶었지만 무력은 쓰고 싶지 않았다. 죄수들은 그 상황에 만족하지 않을 텐데, 그들이 말을 듣지 않는다면 어떻게 해야 할까? 간수는 '간수'라는 공식 직함 외에는 실질적인 권력이 없었고, 죄수들이 그 사실을 눈치 챌까 두려워했다. 그들은 간수처럼 보일 거라는 기대를 받았기에 간파당할지 모른다는 두려움이 뚜렷했다. 무엇보다 그들은 수행 불안 때문에 안절부절 못할 것 같다고 말했다.

전설적인 벤처 투자자이자 초창기 인터넷 브라우저 넷스케이프의 설립자인 마크 앤드리슨Marc Andreessen은 스타트업의 책임자가 되면 희열과 공포라는 단 두 가지 반응만 가능하다는 유명한 말을 남겼다. 롤러코스터를 좋아하는 사람이라면 둘은 차이가 별로 없다고 할 것이다. 수십 년 간 스탠퍼드대학교 교도소 연구는 사람들이 권력에 취하거나 들뜨는 과정을 보여주는 전형적인 예로 제시되었으며, 권력자가 권력이 없는 사람을 재미로 괴롭히는 것이 일반적이라는 '증거'로 인용되기도 한다. 하지만 간수의 역할을 하는 자신을 상상해 보라는 요구를 받아도 내 학생들은 그런 인식을 드러내지 않았다. 그들이 처음으로 떠올린 것은 두려움이었다.

권력 불안에 대처하는 세 가지 방식

스탠퍼드 교도소 연구에서 간수들은 냉정하고 잔인하고 심지어 가학적인 천성을 가졌다고 추정된다. 일부 간수는 폭언을 하거나 매트리스를 빼앗고, 딱딱한 콘크리트 위에 재우거나 '독방'에 가두는 등 온갖 수단을 동원해 죄수를 괴롭히며 수행의 부담감에 대처했다. 이런 행동 패턴은 널리 알려져 있다. 하지만 스탠퍼드 교도소 연구에 대해 덜 알려진 사실은 모든 교도관이 이런 식으로 행동하지는 않았다는 것이다. 연구 보고서에 따르면 간수들이 권력을 사용한 양상은 뚜렷이 세 가지로 나뉘는데, 각 유형에 해당하는 간수의 수는 모두 같았다.

공격형. 실험 후 몇 년이 지나 면담한 결과, '죄수들'을 학대한 간수들은 남을 해치고 싶은 욕망이 아니라 일을 잘하고 싶은 욕망을 다른 방법으로 표현한 것이었다. 최근 면담에서 한 참가자는 짐바도가 원한다고 생각한 결과를 내고 싶었다고 털어놓았다. 즉 권력이 어떻게 학대로 이어지는가를 보여주고 싶었다는 것이다. 이 간수들은 온갖 수단을 동원해 죄수들에게 최대한 무력감을 느끼게 하는 방식으로 권력을 과시했다. 하지만 그들의 동기는 다른 사람들을 공연히 억압하고 해치는 것이 아니라, 요구받은 과업을 '최고로' 잘 수행하여 연구자들로부터 칭찬을 받고 동료들에게 자신을 증명하려는 욕구에서 나온 것이었다. 그들은 맡은 역할을 잘해내고 싶어 최선을 다했을 뿐이다.

관료형. 일부 간수는 자신이 포로들을 얼마나 잘 통제하는지 연구자들에게 '과시'하기 위해 기대를 '훌쩍 뛰어넘는' 가혹행위를 했지만, 일부 간수는 기대(야망과 상반되는 개념)를 완벽하게 맞추는 데 그쳤다. 그들은 규칙을 정확하게 지키고 딱 요구받은 만큼만 실행했다. 곧이곧대로 행동한 이 간수들은 매우 성실한 사람들로, 연구자들은 그들이 융통성은 없지만 공정하다고 표현했다. 그들은 일을 잘한다는 것을 '정확하게' 하는 것으로 정의했다.

창의성과 진취성을 드러내기 위해 개인적인 위험을 감수하면서까지 과격한 행동을 한 사람들과는 대조적으로, 곧이곧대로 일하는 이 유형은 위험을 회피하는 경향이 있었다. 그들은 '끝내주는 성과'보다 '꼼꼼한 일처리'에 관심이 많았다. 그들은 역할을 수행할 때 권력을 포기했다. 그저 명령을 따를 뿐이었다.

타협가형. 스탠퍼드 교도소 연구에는 그 행동이 널리 논의되지 않는 간수 집단이 또 있었다. 비열하거나 공정하게 행동하기보다 온화하게 행동하는 사람들이었다. 그 간수들은 죄수들에게 호의를 베풀고 특별한 대우를 하면서 죄수들을 달래고 그들과 친분을 쌓으려 노력했다. 그들은 죄수들의 "욕구를 충족시켜" 호감을 사고 반항을 예방했다.

스탠퍼드 교도소 연구에서 간수들이 수행 불안에 대처하는 이세 가지 방식은 우리가 권력과 리더십에 대한 다른 연구에서 확인한 내용과 다르지 않다. 어떤 사람들은 권력을 드러내고, 어떤 사람들은 있는 그대로 이용하고, 어떤 사람들은 숨긴다. 하지만 이런 반응들은 큰 권력에 수반되는 수행 불안에 대처하는 표현 방식만 다를 뿐, 본질은 같다.

사람들이 윗자리로 올라갈수록 두려움을 느낀다는 것은 이해하기 어려운 측면이 있다. 하지만 많은 사람이 알고 있듯, 우리는 안전감과 통제력을 느끼기 위해 주연을 맡으려 하지만, 권력을 쥐는 순간 우리의 통제력이 얼마나 보잘것없는지 깨닫는다는 것이 권력의 가장 큰 아이러니다. 부모, 관리자, 팀장이라면 누구나 알겠지만, 자신의 통제 능력에 확신이 없는 상태에서 권력을 갖는 것은 그야말로 악몽이다. 강의 시간에 늦을까 봐 마음을 졸이고 있는데 엘리베이터가 층층마다 서고, 강의실을 찾지 못하고, 수업 준비를 전혀 못했거나 엉뚱한 과목을 준비했고, 강의실 앞에 서서 수업을 시작하려는데 학생들은 마치 내가 그곳에 없다는 듯이 들락날락 한다면? 모두 내가 실제로 겪은 악몽이다.

물론 전부 통제력의 문제는 아니다. 큰 무대에서 엄청난 실수를 저지를지 모른다는 부담감도 한몫한다. 대체로 우리는 큰 권력을 쥔 사람일수록 수행 부담을 덜 느끼는 줄 안다. 하지만 그런 역할을 맡은 사람의 입장에서는 전혀 그렇게 느끼지 않는다.

권력에 따라오는 가면증후군

그저 팀원일 뿐이었던 당신이 다음 날 갑자기 팀장이 될 수 있다. 들러리였다가 바로 우두머리가 될 수도 있다. 그렇다고 자신이 딴 사람처럼 느껴지지는 않지만, 권력은 모든 것을 바꾼다. 아무래도 어제보다 훨씬 큰 권력이 생겼음을 실감하기는 어렵겠지만, 다른 사람들에게 당신은 어제와 같은 사람이 아니다. 권력이 큰 역할은 관심을 끌고 사람들을 모으고 종종 혹독한 평가를 받는다. 책임감과 큰 기대가 따르고 질투와 원한을 일으키기도 한다. 더 큰 역할에 발을 들이면 더 큰 무대에 서게 되고, 그곳에서는 더 작아진다는 느낌을 받을 수밖에 없다. 그리고 눈부신 스포트라이트를 받으면 우리는 약점이 노출되었다고 느낀다.

경영계에서는 중요한 역할에 들어설 때 따라오는 공포를 가리켜 가면증후군imposter syndrome이라 한다. 완벽하게 준비하지 못했다고 느끼는 역할을 맡은 모든 배우에게 나타나는 수행 불안의 한 형태다. 가면증후군은 자신의 실체가 드러나고, 스타니슬랍스키의 표현에 따르면 '선이 끊기고', 배우와 역할 사이의 괴리가 까발려질지 모른다는 두려움이다. 오즈의 마법사("커튼 뒤의 남자에게는 신경 쓰지 마!")나 벌거벗은 임금님처럼 보일지 모른다는 두려움이다.

맡을 자격이 별로 없는 것 같은 역할을 마지못해 맡은 경험은 누구에게나 있을 것이다. 권위 있게 수행해야 할 역할이지만, 기대에 부합할 수 있을지 확신이 들지 않는다. 매사추세츠주 케임브리지(하버드대학교 근처)에서 일하는 정신과 의사는 이런 고통을 겪는 노벨상 수상자들을 상담한 적도 있다고 한다. 내가 아는 교수는 오랜 세월 교직 생활을 했는데도 내면의 사기꾼이 온갖 방법으로 모습을 드러내던 신임 교수 시절이 여전히 문득문득 떠오른다고 한다. 과거에 그는 마르크스, 니체, 프로이트라는 세 명의 중요한 사상가의 업적에 대해 강의했다. 그들의 저서 내용을 속속들이 알면서도 그는 자신이 가르치는 과목을 자꾸만 "마르크스, 니체, 프로드fraud(사기)"라 부르는 실수를 저질렀다.

가면증후군은 노출되는 것에 대한 두려움이다. 그리고 무의식을 드러내는 이 실수가 정확히 보여주듯, 우리는 자신을 노출시켜 가면증후군에 반응한다. "제발 나를 묻지 말아요. 나는 그럴 가치가 없어요"라며 자신의 급소를 드러내듯, 무의식적인 선택으로 권력을 숨기는 것이다. 가면증후군에 대한 반응은 종종 이런 형태를 취하지만, 늘 그런 것은 아니다. 어떤 사람들은 자신을 낮추는 대신, 숨거나 얼어붙거나 목소리를 잃는 식으로 자신을 지운다. 권력을 과시하는 방법으로 가면증후군에 대응하는 사람도 있다. 필요 이상으로 센 척하면서 자신의 약점을 숨기려는 것이다. 전형적인 대응은 지나칠 정도로 철저히 준비하거나 지식, 전문성, 자신감을 강화하는 등 그 역할에 필요한 훈련을 하거나 시간을 질질 끌다가 뒤늦게 등장하는 것이다. 수행 불안을 다스리는 요령 없이 중요한 역할을 맡으면 이런 충동들이 다양한 방법으로 우리를 방해한다.

권력자를 향한 기대감에 짓눌리지 않기

우리가 권력에 대한 신뢰를 얻는 것이 목표라면, 무능해 보일지 모른다는 두려움은 우리를 더 중요한 것에서 멀어지게 할 수 있다. 더 중요한 것이란 하급자들에게 우리가 마음속으로 그들의 이익을 가장 우선으로 생각한다는 믿음을 주는 것을 말한다. 쉽게 납득이 안 될 수도 있지만, 관련 연구 결과는 명확하다. 큰 권력을 가진 배우는 당연히 유능하다고 인식된다. 그러므로 이런 상황에 직면한 배우는 사람들의 관심을 증명하는 법을 배우는 것이 더 큰 문제다.

나의 친구, 동료, 옛 학생들은 높이 승진할 때마다 내게 연락을 해온다. 앞으로 감독해야 하는 사람들에게 자신을 어떻게 소개할지 조언을 구하려는 것이다. 보통은 자신이 어떻게 행동해야 하는지 확실히 이해할 때까지 무대에 입장하지 않으려 한다. 상황을 파악하고, 문화와 정치를 익히고, 어떤 사업에 우선순위를 두고 어떤 입장을 채택할지 결정하는 것이 우선이라고 생각한다. 중요한 과제와 답이 없어 보이는 두려움에 대처할 계획은 아직 없다. 하지만 권력자가 등장하기까지 너무 시간을 끌거나 딱 등장만 하는 것(들어갔다가 바로 나오는 것)은 좋을 것이 없다.

조지 W. 부시 대통령은 허리케인 카트리나 이후 많은 지지자를 잃었다. 피해 상황을 살피러 루이지애나로 가기까지 너무 오래 지체한 탓이다. 그가 지상에서 유권자들을 만나지 않고 비행기를 타고 재난 현장을 휙 지나가자 비난은 더욱 거세졌다. 대조적으로 루돌프 줄리아니 뉴욕 시장은 9월 11일에 안전모를 쓰고 세계무역센터의 잔해 속으로 들어가면서 전 국민의 환호를 받았다. 당신이 우두머리라면 더러워지거나 위험에 빠질 수 있다 해도 현장에 나타나야한다. 부시 대통령은 연방정부에 도움을 주겠다는 제안을 하지도 않고, 재난과 거리를 두며 지원 책임을 회피하는 것처럼 보인 탓에 (적극적으로 해를 끼친 것이 아닌데도) 국민들에게 무정하고 냉담하다는 인상을 남겼다. 재난 지역의 상공을 이동하면서 비행기 창으로 밖을 내다보는 부시 대통령의 모습이 사진에 찍히자, 나중에 그는 자신이 본 상황을 깊이 우려한다고 밝혔고, 보좌진은 대통령이 구조 노력에 투입돼야 할 관심과 자원이 다른 곳으로 쏠리는 것을 피하기 위해 조용히 지나갔다고 설명했지만, 어떤 이유에선지 부시 대통령의 행동은 세상 사람들에게 그렇게 받아들여지지 않았다.

여기서의 교훈은 우두머리가 되면 사람들이 당신에게 많은 것을 기대하게 된다는 것이다. 사람들은 주로 자신들이 당신에게 얼마나 중요한 존재인지를 알고 싶어 한다. 고위 권력자는 다른 사람들의 자존감을 높여주는 사람이다. 무엇보다 사람들에게 그들이 당신의 시간과 관심을 차지할 가치가 있는 존재임을 알려야 한다. 고위 권력자는 많은 특권을 누리는 사람이기 때문이다. 하지만 그 때문의 당신의 행동은 호의적으로 해석되지 않는다.

최근에 나는 기술 기업에서 고위 간부로 승진한 친구와 이야기를 나누었다. 그 기업은 새로운 시장을 창출하고 화제의 중심을 차지한 혁신적인 제품을 보유하고 있었다. 유일한 문제는 그녀가 그 대단한 신제품의 작동 원리를 전혀 모른다는 것이었다. 한편으로 그녀는 당장 지금부터 자신의 팀이 새로운 현실에 적응하도록 도움을 주고 싶었고, 다른 한편으로는 그들에게 기술에 무지한 간부라는 평가를 받고 싶지 않았다. 완전히 생소한 업계에서 훨씬 큰 역할을 맡게 된 그녀는 본래의 경영 스타일을 조정해야 할까? 현명하게도 그녀는 자신이 진출하는 업계의 기술과 동향을 파악하기 위해 새 역할을 시작하기 전까지 몇 주의 시간을 요구했다. 팀원들을 만나기 전에 그들에 대해 파악할 시간도 가질 생각이었다.

"시간 끌 거 없어." 내가 그 친구에게 말했다. "가장 중요한 건 그 자리에 있는 거야. 사람들에게 무슨 말을 해야 할지 모르겠더라도 당장 모두를 만나야 해. 그들이 어떻게 지내는지, 무엇을 기대하고 걱정하는지 알아야 돼. 완벽한 등장이 아니더라도 사람들에게 관심을 보이고 그들이 중요하게 생각하는 것에 관심을 가진다면 점수를 딸 수 있어. 사람들과 눈을 맞추면서 그들이 네게 가장 소중하다는 것을 알려야 해. 네가 그들을 존중하고, 그들에게 뭔가를 배우고 싶고, 그들에게 신경을 많이 쓴다는 것을 알려야 해. 준비될 때까지 숨어만 있지 말고. 그게 첫 단계야."

가장 노련한 배우들이 말하듯, 직접 모습을 드러내야 하지만 몸이 그곳에 있다고 훌륭한 공연이 보장되는 것은 아니다. 큰 무대에서 크게 망칠지 모른다는 두려움은 아무리 노련한 공연자라도 가질 수 있는 감정이다. 유명 래퍼이자 음반 제작자인 제이 지는 첫 라이브 공연 때 말이 막혔다고 한다. "그냥 단어가 생각나지 않았어요. 멀뚱히 서 있다가 저와 함께 로커펠라 음반회사를 설립한 데이먼 대시Damon Dash에게 마이크를 넘기려 했죠. 그에게 '여기'라며 마이크를 건넸더니 '이봐, 나는 랩을 하지 않아!'라는 거예요. 어찌해야 할지 알 수 없었어요. 그냥, 어리벙벙했죠."

마찬가지로 전설의 싱어송라이터 패티 스미스는 TV로 방영된 스웨덴의 노벨상 시상식에서 밥 딜런에게 시상하는 순간에, 수십 년간 공연을 해왔음에도 평소답지 않게 무대 공포증에 사로잡혔다고 털어놨다. 딜런 본인은 초대를 거절했고, 그 자리에 오는 것도 원치 않았다. 그래서 스미스가 딜런 대신 공연을 하게 되었다. 유명한 시인이자 작사가이자 공연 예술가였기에 그녀가 시상식의 공연자로 선택된 것이었다. 하지만 막상 공연하는 순간이 왔을 때, 그녀는 노래를 부를 수 없었다.

　　"곡의 도입부가 연주되고 내 노랫소리가 들리더군요. 1절은 어찌어찌 넘겼어요. 조금 떨긴 했어도 곧 안정을 되찾을 줄 알았죠. 하지만 갑자기 휘몰아친 감정을 도무지 추스를 수가 없었어요. 거대한 TV 카메라 받침대, 무대 위의 모든 귀빈들, 그 뒤편의 사람들이 눈에 들어왔어요. 그토록 강렬한 불안감이 너무 낯설어서 도저히 계속할 수가 없었죠. 나의 일부나 다름없는 노래 가사를 잊은 것은 아니었어요. 밖으로 끄집어낼 수 없었을 뿐이에요." 한마디로 스미스는 '말문이 막혔다.' 익숙한 영역에서 멀리 벗어나는 바람에 짧은 시간이지만 해야 할 일을 제대로 할 수 없었다.

　　중요한 회의나 발표 전에 발표자는 흔히 "그냥 무사히 끝내고 싶다"는 말을 한다. 자신의 약점을 드러낼지도 모른다는 두려움과 수행에 따르는 불안에 대한 반응이다. 많은 고위 간부들은 권력이 주는 불편함과 권력을 제대로 쓰지 못할 수도 있다는 두려움을 '자리 비우기'와 '전화로 확인하기'로 관리한다. 둘은 같은 감정의 다른 버전이다. 우리는 실제로 무대 위에 나타나지 않으면 망칠 수 없다고 생각한다. 그래놓고 하급자들이 왜 우리를 믿지 않는지 의아해한다. 나타나지 않는다는 것은 당신이 그 자리에 있고 싶지 않다는 뜻이다. 당신이 우두머리이기 때문에 아무도 당신이 사람들에게 너무 관심이 많아서 나타나지 않았다고는 생각지 않는다. 그 이유가 맞다 해도 말이다.

우두머리가 아니라도 마찬가지다. 중요한 회의에서 다른 사람들이 발언하는 동안 잡담을 나누는 사람들이 꼭 있다. 그들의 몸은 그 자리에 있지만 정신은 딴 곳에 가 있다. 회의와 그 결과에 신경 쓰는 이유를 계속 생각하면 수행 불안이 악화될 수 있으므로 참여하는 시늉만 하면서 실제로는 힘든 일을 다른 사람들에게 떠넘기는 것이다. 그 자리에 앉아 지켜보고 판단할 뿐이다. 자신의 생각을 모두의 앞에서 밝히는 위험을 감수할 자신이 없기 때문에 운동경기를 보러 온 관중처럼 방관하며 이러쿵저러쿵 떠들고 있는 것이다. 그러나 모두에게 모습을 드러내는 위험을 감수하지 않고는 팀의 소중한 일원으로 인정받기 어렵다.

지위는 갖고 싶지만 책임은 피하고 싶다?

모든 사람이 가장 높은 자리를 원한다고 믿었던 니체와 대조적으로, 심리학자 지그문트 프로이트와 에리히 프롬은 사실 대부분의 사람이 권력을 두려워하고 권력을 사용할 때 따르는 책임을 피하고 싶어 한다고 주장했다. 많은 경영자들은 스탠퍼드 교도소 실험의 '관료형'처럼 행동함으로써 이러한 불안에 대처한다. 곧 규정대로 행동한다는 뜻이다. 스스로 결정하여 책임을 지기보다 기존 정책, 규칙, 더 높은 자리에 있는 사람들의 선례를 따른다.

영국 영화 〈아이 인 더 스카이Eye in the Sky〉에서 (허구지만) 적절한 예를 확인할 수 있다. 초심자로 보이는 드론 조종사 두 명이 네바다주의 벙커에서 케냐 나이로비의 주택가에 모인 자살 폭탄 테러범들을 제거할 드론의 발사 명령을 기다리고 있다. 영국 대령 캐서린 파월은 미사일 공격을 원하지만 승인을 얻을 수 없다. 누구도 책임을 지고 싶어 하지 않기 때문이다. 먼저 법률 고문에게 자문을 구했더니 그는 그 임무를 총괄하는 중장에게 물어보라고 권한다. 영국 내각의 동의도 필요했지만 아무도 나서서 공격을 승인하려 하지 않는다. 그래서 중장은 외무장관에게 보고하고, 외무장관은 중국을 방문 중인 미국 국무장관에게 의견을 묻는다. 탁구 경기가 한창 진행 중일 때 미국 국무장관은 그것이 아주 쉬운 결정인 양, 당장 공격을 실시해야 한다고 주장하는 코믹한 장면이 이어진다. 냉철한 대령은 그녀보다 높은 자리에 있지만 임무가 실패할 경우 책임은 지고 싶지 않은 의사결정자들 사이를 돌고 돌다가 마침내 겨우 미사일을 발사할 방법을 찾는다.

많은 사람들, 아니 대부분의 사람들은 책임에 대해 큰 두려움을 느끼기 때문에 긴박한 순간에 중요한 결정을 직접 내리려 하지 않는다. 결정이 일어나는 공간에는 들어가고 싶어도 테이블 맨 상석에는 앉고 싶어 하지 않는다.

대부분의 사람은 2위보다 우승자가 되는 쪽을 선호할 것 같다. 하지만 내 동료이자 박사과정 학생인 엠 라이트Em Reit가 이끄는 연구에 따르면 사람들은 대체로(여러 연구에서 절반이 조금 넘는 비율로 나타났다) 1위보다 2위를 선호한다. 집단 내에서 지위를 최대한 높이고 싶어 하지만 권력을 발휘할 때의 책임감은 피하고 싶은 심리라고 그녀는 추측한다. 한마디로 집단에서 일인자가 되는 것이 그에 따르는 책임을 감수할 만큼의 가치는 없다는 뜻이다.

지위를 추구하되 책임을 회피하는 것이 목표일 때, 우리는 현상 유지를 강화하는 조치를 취하는 경향이 있다. 그것이 꼭 나쁘다고는 할 수 없지만, 정해진 대로 행동하는 것은 리더로서의 역량이나 권력자의 위엄과는 거리가 멀다.

더 높은 권력을 거부하는 인재들

사람들은 대개 타인에게 적대감을 유발하는 행동을 꺼린다. 이런 점에서 권력 사용은 특히 호감을 얻고 싶은 사람들에게는 위험 요인이 될 수 있다. 높은 권력을 차지한 사람은 당연히 질투와 분노의 대상이 된다. 정치학자 윌리엄 이언 밀러William Ian Miller는 '상향 경멸'을 계층적 사회에서 피할 수 없는 특징으로 본다. 인기 경쟁에서 승리하는 데 주력하다 보면 권력을 잘 쓰기가 어려워진다.

최근에 기업 임원들과 이야기를 나누다가 이런 경우가 얼마나 흔한지 알게 되었다. 한 사모펀드 회사의 CEO가 내게 다가와서 말했다. "당신이 우리 회사 인력 관리에서 가장 심각한 문제를 지적하신 것 같네요. 우리는 영입한 인력 가운데 가장 우수한 사람들을 승진시킵니다. 그들은 숫자에 아주 뛰어난 인재들이죠. 하지만 그들은 가파르게 위로 올라가다가 어느 순간부터 멈칫거리더군요. 동료들보다 높은 자리로 승진하는 것을 감당하지 못하는 거예요. 여전히 모두가 동등한 것처럼 행동하죠. 갑자기 친구에게 책임을 물어야 할 입장이 되면 자기 일이 아닌 듯이 구는 거예요! 우리는 탁월한 인재를 이런 식으로 많이 잃었습니다. 그러면 그들이 관리하는 팀도 흐트러지기 시작하죠. 책임자가 없다는 생각을 하는 거예요. 그러면 모두에게 최악의 상황이 초래됩니다."

그런 욕구가 미국 대통령들에게 어떤 영향을 미쳤는지, 재임 중 대통령들의 행동에 어떤 영향을 주었는지 연구한 정치심리학자 데이비드 윈터는 리처드 닉슨을 사랑받으려는 욕구에 지배당한 권력자의 전형으로 꼽았다. 윈터에 따르면, 닉슨이 민주당 당사를 도청해 당직자들을 염탐하려 한 행동은 자신이 워싱턴에서 입지가 낮은 아웃사이더로 비쳐지고 내부자들이 자신을 해코지할지도 모른다는 두려움에서 비롯된 극심한 편집증의 결과다. 이런 예는 반복하여 나타난다.

권력에 대한 두려움을 강력한 성과로 승화시키는 법

요컨대 수행 불안은 더 중요한 역할에 들어설 때 겪게 되는 정상적인 현상이다. 전문 배우들도 때로 무대공포증을 경험한다. 하지만 그들은 공연 전에 불안 에너지가 치솟는 현상을 기대하고 환영한다. 그 에너지를 다스리고 건설적으로 이용하는 법을 익혔기 때문이다.

평정심을 유지하고 할 일을 계속하라. 기본적으로 불안은 생리적인 반응이며 신체적인 측면은 우리 스스로 다스릴 수 있다. 운동선수, 무용수, 음악가, 배우는 공연 시작 전에 현장에서 해야 할 일이 무엇인지 자신의 몸에 상기시키는 몸 풀기로 수행 불안을 관리한다. 그들은 에너지를 막거나 없애기보다 몸에 흐르게 한다. 몸 풀기는 감정적 부담을 떨치고, 신체를 추스르는 익숙한 방법을 실행하고, 공연 전에 있었던 일들을 내려놓고, 유연성과 민첩성과 적응성을 위해 몸 안에 공간을 만드는 방법이다.

공연 전에 몸을 푸는 방법은 여러 가지인데, 내가 가르치는 배우들은 제각각 다른 방법을 쓰기 때문에 나도 그것들을 모두 시도해 보았다.

일단 불안감이 어떤 느낌인지 인식하는 법을 알면 도움이 된다. 내가 첫 연기 선생님인 케이 코스토풀로스Kay Kostopoulos에게서 배운 방법이다. "눈을 감고 자신과 접촉하세요. 당신은 어떻게 서 있나요? 턱은 어디에 있나요? 체중은 어떻게 분산되어 있나요? 몸이 가벼운가요, 무거운가요? 머릿속에서는 무슨 일이 일어나고 있나요?" 그분의 표현에 따르면 그것은 개인에 대한 명세서를 작성하는 것이다. 나는 이 과정을 내가 경험하는 감정과 지금 이 자리에서 드러내는 신체언어, 다른 곳에서 가져온 생각까지 인식하는 수단으로 이해하게 되었다. 불안은 에너지다. 마치 모터처럼 다른 소리를 차단하면서 귓속에서 윙윙댄다. 나는 불안을 얼굴에서 느낀다. 앙다문 턱, 경직된 미소, 일그러진 미간에서. 가슴, 어깨, 아무 이유 없이 꽉 쥐곤 하는 손에서도 느낀다. 호흡에서도 불안을 느낀다. 호흡은 얕을 때도 있고 이따금씩 멈출 때도 있다. 두려움과 불안에 대한 이 자연스런 반응은 내가 생성하거나 억압하는 에너지를 내 몸이 차단하려는 시도라고 생각한다.

이런 신체 감각을 느낄 때 나는 긴장을 풀고 내 몸에 에너지를 흘리는 데 집중하는 법을 배웠다. 불안을 치료하는 어느 심리학자는 환자들에게 불안은 왔다가 곧 지나가는 파도와 같은 것이라 일깨운다고 한다. 그녀는 불안을 애써 막거나 끊기보다 그냥 지나가게 하라고 조언한다. 가끔 나는 공연할 장소에서 빠져나와 그냥 어슬렁거리기도 하고, 손을 털기도 하고, 입술에 공기를 머금기도 하고, 스트레칭을 하기도 한다. 펄쩍펄쩍 뛰면서 조금만 움직이면 호흡에 변화가 생긴다. 짧고 얕은 호흡 대신 깊고 편안한 호흡이 시작된다. 몸 풀기는 머리에 모인 에너지와 혈액을 몸으로 퍼뜨린다. 몸 풀기를 할 때, 내 몸이 행동할 준비가 되었음을 알 때 두려움은 설렘처럼 느껴지기 시작한다.

또 몸 풀기는 긴장을 느끼면서도 좀 더 편안하게 보이는 데 도움이 되고, 카메라 앞이든 아니든 고객을 상대로 한 중요한 프레젠테이션, 상사와의 회의, 면접 또는 가상회의 등 온갖 종류의 공연에 철저히 대비하는 데도 도움이 된다. 나는 최근에 중요한 대화를 역할 연기로 표현하도록 기업 임원들을 지도했다. 눈을 깜빡이고, 씰룩거리고, 몸을 떨고, 억지 미소를 짓고, 눈썹이 꿈틀대는 모습이 많이 목격되었다. 나는 내가 배운 대로 배우들에게 얼굴을 펴라고 요구했다. 일단 얼굴을 최대한 펼친 다음 힘껏 찡그렸다가 얼굴 근육을 이완하면 경련은 말끔히 사라진다. 몸 풀기는 신기하게도 내 감정에 몰입하는 대신 연기나 일에 집중하도록 도움을 준다. 대체로 몸 풀기는 자신의 수행이 어떤지 의식하는 마음에서 자신을 해방시켜 더 중요한 일에 집중하게 한다.

예행연습을 하라. 무슨 일이든 연습할수록 완벽해진다. 원하는 행동을 자꾸 반복하면 습관, 즉 심리학자들이 말하는 '지배적 반응

dominant response'으로 바뀌기 때문이다. 사회적 촉진social facilitation에 대한 연구는 청중의 존재가 모든 종류의 과업에서 지배적 반응의 가능성을 높이는 경향이 있다고 밝혔다. 따라서 청중이 생기기 전에 이 반응을 연습하는 것이 중요하다. 그렇지 않으면 기존에 학습된, 별로 도움이 안 되는 다른 반응에 의존하게 된다.

올바른 습관이 촉발된다면 청중의 존재는 모든 수행의 결과를 개선한다. 경험이 풍부한 운동선수는 관중 앞에서 더 좋은 기록을 내곤 한다. 불안은 체력의 원천이며, 무엇보다 경험이 풍부한 운동선수(또는 공연자)는 불안이 시작될 때 어디에 집중해야 할지를 알기 때문이다. 반면 경험이 부족한 공연자들은 넘치는 에너지를 어찌할 바를 모르고 청중 앞에서 더 당황하는 경향이 있다. 이런 상황에서 청중의 존재는 상황을 더 악화시킨다.

압박을 느낄 때 에너지를 방출한 준비를 해야 하는 것은 배우와 운동선수만이 아니다. 모든 직업인, 특히 위기 상황에서 다른 사람들을 보호할 책임이 있는 이들에게도 연습은 반드시 필요하다. 경찰, 소방관, 응급 의료인은 물론, 교사도 아드레날린이 분출할 때 어디에 집중해야 할지 알아야 한다. 재난 훈련을 하는 이유는 이 때문이다. 경보가 울리고 공포가 찾아오면 곧바로 행동을 개시해야 한다. 현장으로 달려간 긴급 구조원은 본능에 따른다면 다른 방향으로 달아나야 하지만, 불타는 건물이든 어디에든 뛰어들어 생명을 구해야 한다. 매사추세츠주 알링턴의 경찰서장 프레드 라이언Fred

Ryan은 경찰로서 가장 두려운 순간이 심각한 교통사고가 났다는 신고 전화를 받을 때라고 말한다. "정말 하고 싶지 않은 일이에요. 하지만 아드레날린이 분출되죠. 사람들이 저의 신속한 대응을 기대하고 있으니까요. 어떻게든 그 상황에 대처해야만 합니다."

어떤 일이든 최적의 성과를 내려면 연습을 해야 한다. 연습은 자신의 발언, 발표 자료, 대사에 숙달되는 동시에 자신의 역할에 익숙해지는 것이다. 많은 사람들이 연습으로 대부분의 기능을 익히며, 권력도 연습할수록 더 쉽고, 자연스럽고, 능숙하고, 무의식적으로 쓸 수 있다. 연습은 근육 기억을 발달시키고, 주의력과 마음가짐, 그리고 (생리적) 신체를 관리하는 루틴을 확립하는 것이다.

스포트라이트를 받는 중요한 순간을 준비할 때 사람들은 주로 자신이 할 말에 신경을 쓴다. 나는 중요한 발표 전에 내 의지와는 반대로 앞뒤가 맞거나 맞지 않은 말들이 머릿속을 맴도는 탓에 수많은 밤을 뒤척여야 했다. 분명히 말하는데, 그것은 별로 생산적인 준비 방법이 아니다. 일어서서 일부 의상이라도 걸치고(나는 보통 발표용 구두를 신는다), 소품(랩톱, 레이저포인터, 프리젠테이션 슬라이드)을 다루어보고, 말을 하면서 걸어 다니는 편이 훨씬 낫다. 당신의 몸에 당신이 하려는 말을 흡수시키고 이해시켜야 한다. 할 말을 소화할 기회를 주어야 한다.

코칭을 할 때 종종 나는 학생들에게 장면을 여는 첫 30초 동안 할 행동을 실제로 연습하게 한다. 공연장에 들어가거나 무대에 올라 마이크를 잡은 채, 들어오는 한 명 한 명에게 인사하고, 마음을 다잡고, 의자를 당겨 앉거나, 회의에 참석한 다른 사람들을 맞으라고 가르친다. 그들은 소품을 능숙하게 다루는 법을 배우거나 발표를 앞두고 자리에 앉거나 절도 있는 손동작을 취하는 연습을 한다. 예행연습은 불안 에너지를 쏟아내고 뜻밖의 상황을 예방하는 방법이지만, 긍정적인 결과를 기대하도록 마음을 다스리고, 곧 해야 할 일을 완벽하게 해낼 수 있고, 무슨 일이 닥쳐도 대처할 수 있음을 스스로에게 증명하는 방법이기도 하다.

최적의 수행에 관한 연구를 살펴보면, 수행의 정점은 '몰입flow'이다. 몰입은 기본적으로 시간, 공간, 행동에 완전히 빠지는 경험을 말한다. 몰입에는 자의식이 없다. 몰입은 배우라면 누구나 열망하는 상태다. 이 상태에 이르기 위해서는 주의력이 향하는 방향을 관리할 줄 알아야 한다.

자신을 벗어나라. 무대에서, 그리고 인생에서 권력을 연기할 때는 자신에게 집중하고, 눈부신 스포트라이트에 노출되는 기분을 느끼고, 관객을 예민하게 의식하고, 세상의 모든 눈들이 자신을 샅샅이 훑어본다고 상상하는 것이 세상에서 가장 당연한 일이다. 수행 불안의 핵심은 자의식적 반응이다. 이런 순간에 쇼를 진행하는 유일한 방법은 그 일에 '자신'을 완전히 매몰시키는 것이다. 무대를 장악하고, 공간을 장악하고, 순간을 장악하는 열쇠는 자신이 어떻게 보이고 느끼는가에 몰입하지 않는 것이다.

자의식에 빠지는 대신 자기 밖의 대상을 의식하는 선택을 할 수 있다. 당신의 내면이 아닌 다른 것에 온전히 집중해서 자신을 평가할 정신적 자원을 고갈시키는 것이다. 속옷 차림의 관객을 상상하라는 옛 격언에 담긴 원리가 바로 이것이다. 사실, 외부 세계에 대한 세심한 관심은 모든 종류의 불안을 덜어내는 유용한 방법으로 널리 인정받고 있다. 이 개념은 관심을 쏟을 곳을 선택하는 법을 익히고, 바람을 느끼든 방 안에서 돌아가는 선풍기 소리나 바다 소리에 귀를 기울이든 완전한 집중을 요구하는 행동을 연습하는 것이다.

공연을 할 때는 집중력을 빼앗는 엉뚱한 대상에 신경 쓰지 않도록 장면 속의 다른 배우들에게 관심을 돌리는 선택을 할 수 있다. 배우들이 무대공포증에 대처하기 위해 쓰는 방법으로 나도 항상 비슷한 기술을 활용한다. 어떻게 연기할지 두렵거나 불안하거나 걱정되기 시작할 때, 나는 상대방에게 시선을 돌리고 눈으로 경청하듯 그를 받아들이는 데 집중한다. 그러면 내 집중력은 남김없이 상대방에게 흡수된다. 나는 판단이 아니라 호기심을 가지고 상대방을 유심히 관찰한다. '이 사람은 어떻게 행동하고 있나?' 내 자신에게 질문을 던진다. '그들에게 무슨 일이 일어나고 있나?'

사람들이 대개 당신(또는 나)에게 관심이 없다는 사실을 기억하는 것도 도움이 된다. 대체로 사람들은 자신에게 관심이 있다. 우리는 다른 사람들이 우리의 행동과 외모에 얼마나 신경 쓰는가를 과대평가하는 경향이 있다. '조명 효과spotlight effect'라 불리는 이런 인식의 편향은 늘 발생한다. 나를 요부 취급하는 뉴스가 터지자, 유명인인 내 친구 하나가 연락해 지혜로운 조언을 해주었다. 나 역시 어려움에 처한 친구들에게 몇 번이나 똑같은 말을 전하곤 했다. "대부분의 사람들은 자기 생각만 한다는 것을 잊지 마. 네 생각을 딱 4초 동안 하고, 다시 자기 생각으로 돌아갈 거야."

두려움을 받아들여라. 미국 연방통신위원회FCC에 합류를 요청받았을 때, 마이클 파월은 겨우 서른네 살이었다. 군인인 콜린 파월의 아들로 태어난 마이클은 대학교 졸업 후 독일 암베르크에 있는 제2기갑기병연대 제3중대에 기병소대장으로 처음 임명되었다. 스물네 살 때, 그는 훈련 중의 사고로 심한 부상을 입었다. 지프에서 튕겨 나와 바퀴에 치인 것이다. 1년도 넘는 회복 기간을 거친 후 그는 군에서 퇴역했다. 파월은 국방부에서 잠시 일하다가 로스쿨에 진학한 다음 법무부에 자리를 얻었다. 그는 클린턴 대통령으로부터 위원 자리를 제안하는 전화를 받을 줄은 꿈에도 생각지 못했다. 하지만 나라를 위해 봉사하는 것을 가치 있게 여기며 자란 야심 차고 재능 있는 젊은이였던 그에게 그것은 거부하기 힘든 기회였다.

어느 날 저녁, 케이블 텔레커뮤니케이션의 여성 프로그램에 연사로 참여하면서 나는 파월을 만나게 되었다. 그때 나는 권력을 잡는 것을 주제로 발언했다. 저녁 행사가 끝날 무렵, 파월은 행사장이

빌 때까지 기다렸다가 내게 다가와 개인적인 이야기를 꺼냈다. "연방통신위원회에 들어오라는 요구를 받고 무척 난감했어요. 제가 너무 젊고 자격이 없다고 느꼈기 때문에 그 일을 맡아야 할지 고민이 많았죠." 결국 그의 아버지가 끼어들었다고 파월은 인정했다. "'아들아, 네가 무엇을 할 수 있는지 너보다 다른 사람들이 더 잘 알 때도 있단다.' 이렇게 말씀하시더군요."

파월의 경험은 전형적인 수행 불안 사례였다. 확실히 그는 인생에서 중요한 성과를 내고, 중요한 역할을 맡고, 아버지 보기에 부끄럽지 않게 살아야 한다는 부담감을 안고 있었다. 4성 장군을 지내고 합동참모의장이 된 아버지는 기대치가 매우 높았다. 군인 가정에서 자란 파월은 항상 의미 있는 일을 하고 중요한 사회 문제를 해결하기 위해 노력해야 한다는 책임감도 느꼈다. "저는 공익을 위한 봉사와 리더십을 중시하는 가정에서 자랐습니다. 4성 장군 밑에서 성장했죠. 공직자에게는 무거운 책임이 따릅니다. 이 자리는 나를 위한 자리가 아니라 미국 국민의 이익을 위해 봉사하는 자리죠. 그것은 신성하고 명예로운 전통입니다."

그의 말대로 파월에게는 '봉사하고 싶은' 욕망이 두려움보다 컸다. "두려움을 그냥 받아들였어요." 회피하고 싶은 충동을 어떻게 극복하고 그 역할을 받아들일 용기를 찾았는지를 그는 이렇게 설명했다. "제가 모르는 게 많다는 사실을 인정하는 것은 두렵지 않았습니다. 저는 봉사하고 싶었고 유능하고 싶었어요. 그러려면 멘토와 안내자가 필요하다고 생각했죠. … 배우기에 썩 좋은 기회였어요. 모든 사람들이 스승과 멘토가 되어주었습니다." 그는 모르는 것을 부끄러워하기보다 배움에 열중했다. "미친 듯이 책을 읽었어요. 준비를 갖추면 자신감이 따라온다는 것을 배웠죠. 철저히 준비할수록 자신감은 더 커지는 법이니까요."

파월이 무언가를 하기에 준비가 부족하다고 느낀 것은 그때가 처음이 아니었다. "그때가 마지막도 아니었죠. 저는 이런 원칙을 갖게 되었습니다. 두 가지 선택지가 있을 때는 더 두려운 일을 하겠다고요. 봉사할 기회가 더 많은 일일 테니까요. 두려움은 헌신과 집중을 끌어내고 적당히 하는 것을 꺼리게 하죠."

파월은 우리에게 그 과정이 어떻게 이루어지는지 보여준다. 조지 W. 부시 대통령은 파월을 연방통신위원회 위원장으로 임명했다. 주저하던 마음을 떨치고, 그는 곧장 현장으로 달려갔다. 파월은 소비자 이익의 열혈 옹호자가 되어 유선방송 산업을 혁신하고 통신위원회의 인지도를 크게 높인 대담하고 광범위한 변화를 만들었다. 파월은 자신의 수행 불안을 행동으로 승화했고, 그 결과 자신의 역할에 따르는 권력을 이용해 전례 없는 영향력을 손에 넣었다.

파월은 자신도 깨닫지 못한 사이에 훌륭한 연기 기법을 훈련했다. 두려움을 받아들여 혼신의 힘을 다할 동기로 이용했다. 자신의 역할을 개인의 영예나 판단이 아닌 의무로 보았다. 그는 큰 역할에 따라오는 권력을 다른 사람들의 문제를 해결할 기회로 보았다.

파월은 인정받지 못할까 걱정하기보다 국가에 대한 책임을 다하는 데 주력하여 불안을 다스렸다. "입장을 정하고 나서 뭔가를 시작하는 것이 중요하다고 생각합니다. 제가 아는 많은 사람들이 그저 자기 일을 끌어안은 채, 위험을 무릅쓸 생각은 하지 않고 큰 문제가 생기지 않으면 만족하죠. 명확한 목적의식과 방향성이 없다면 한 사람 한 사람에게 휘둘려 제자리를 맴돌게 됩니다. 일관된 계획이 없다면 반응하고 방어하는 것밖에 할 수 없죠. 저는 해결해야 할 문제보다 그것이 더 무서웠어요. 우리가 무엇을 해야 할지 알고 있었으니까요."

자신의 역할을 바라보는 파월의 태도는, 강한 권력 동기를 지닌 사람들은 자기 확장을 뛰어넘는 무언가를 성취하고픈 욕구에 이끌리는 것도 중요하다는 데이비드 매클렐런드의 말이 어떤 의미였는지를 보여준다. 권력에 대한 강한 욕구와 성과에 대한 강한 욕구의 균형은 매클렐런드의 연구에서 권력자가 역할을 효과적으로 수행하는 조건이다.

사랑을 선택하라. 최근 스탠퍼드대학교 연설에서 오프라 윈프리는 이렇게 말했다. "중요한 감정은 단 두 가지, 사랑과 두려움뿐입니다. 인생의 어떤 몸짓에서든 여러분은 둘 중 하나의 방향으로 움직입니다. 의미 있는 삶을 살기 위해서는 사랑을 선택해야 합니다." 권력을 발휘할 때도 마찬가지다.

앞에서 살펴보았듯이, 수행 불안은 인정과 수용의 욕구를 높인다. 하지만 우리는 종종 호감을 얻고자 하는 욕망이 호감을 주는 것과 같은 줄 안다. 물론 정말 중요한 것은 사람들이 우리가 그들을 얼마나 좋아한다고 생각하느냐다. 컴퓨터과학자이자 교수 댄 클라인은 8학년 학생들을 가르치면서 이 사실을 다소 힘들게 이해했다고 한다. "학생들이 나를 좋아하길 진심으로 바랐어요."

하지만 학생들은 클라인이 그것을 두려워한다는 사실을 감지하고 권력을 휘둘렀고, 그 때문에 그는 한동안 마음고생을 해야 했다. 어느 날 클라인은 자신의 역할을 어떻게 수행하고 있는지, 그가 가진 목표는 무엇인지 생각했다. '네가 나를 좋아했으면 좋겠어.' 같은 메시지는 상대에게 아무것도 주지 못한다. '나는 네가 정말 좋아'가 훨씬 낫다는 것을 그는 깨달았다.

권력을 잘 사용하려면 친절을 보여주고 인정하고 동의하며(그것이 이치에 맞을 때), 우리가 사람들에게 관심이 있다는 확신을 보여야 한다. 사실은 자기 걱정을 하고 있더라도 말이다. 어떻게 하면 되느냐고? 자신의 얼굴에 수행에 대한 양면적인 감정 중 어느 것이 쓰여 있는지부터 알아야 한다. 두려움을 느낄 때 우리는 심각하고 신중하고 시큰둥해 보인다. 긍정적인 결과를 생각하면 우리는 행복하고 상냥해 보인다. 진심 어린 미소 역시 큰 도움이 된다. 저명한 하버드 경영대학원 교수 마이클 포터Michael Porter도 그 사실을 이해한 모양이다. 그는 늘 사랑을 표현해야겠다는 생각으로 수업계획서 오른쪽 상단에 '웃어요'라고 적어두곤 했다. 경영대학교원에서는 사실상 유명인사라 할 수 있는 포터는, 특별히 주목받은 사람이 있으면 다른 사람들은 그가 자신들을 어떻게 생각하는지 알고 싶어서 그의 일거수일투족을 지켜본다는 사실을 잘 안다.

웨스트팩 금융그룹의 CEO가 된 밥 조스^{Bob Joss}는 복도에서 서로 스치기만 해도 직원들이 그의 기분과 에너지를 간파한다는 사실을 깨닫고 처음에는 적잖이 놀랐다. 만약 그가 말이 없거나 생각에 잠겨 있거나 업무에 집중을 못하면, 사람들은 그가 시큰둥하고 회사에 신경을 쓰지 않는다고 느끼면서 자신들이 그를 불쾌하게 한 것이 아닌지 눈치를 보았다. 그래서 그는 복도에서 다정하게 인사를 건네거나 무대에 어떻게 등장할지에 관심을 갖기 시작했다. 그는 자신의 에너지를 관리하고 설렘과 열정을 드러내려고 노력했다. 걷는 대신에 '껑충거렸다'고 그는 말한다. 기분이 가볍지 않아도 날마다 가벼운 척해야 한다고 느꼈다. 그가 중요한 자리에 있으면서 배운 교훈은 이렇다. "진실한 행동을 하는 것보다 진실한 관심을 갖는 것이 중요합니다. 정말로 관심이 있다면 가능한 일이에요."

나는 가르치는 것을 좋아한다. 진심 어린 호기심을 품고 배움을 열망하는 학생들과의 상호작용을 좋아한다. 무언가를 새로운 시각으로 보는 법을 배우는 데서 오는 흥분도 좋아한다. 하지만 한편으로 준비를 두려워하고, 내가 아직 모르는 청중 가운데 나를 좋아하지 않거나 나를 방해할 사람이 있을까 늘 걱정한다.

가르치는 일을 처음 시작했을 때, 나는 수업 중에 뭔가 정확히 내 뜻대로 돌아가지 않을 때마다 꼭 머릿속에 벌레가 기어다니는 것 같다고 느꼈다. 끊임없이 곱씹다 보면 그 생각은 터무니없이 부풀려져서 도저히 사라지게 할 수 없었다. 내가 알 수 없는 잘못을 저질렀고, 명확하게 설명하지 못했고, 중요한 무언가를 가르치는 것을 잊었고, 누군가를 불쾌하게 했다는 걷잡을 수 없는 감각이었다. 나는 적대적으로 보이는 한 학생에게 집착했다. 그 인상 쓴 얼굴을 자꾸만 반복 재생하면서 또 무슨 일이 닥칠지, 얼마나 많은 학생들이 또 은밀히 내게서 등을 돌릴지 고민했다. 두려움이 찾아와 내가 다음번에 강의실로 들어갈 준비를 얼마나 해야 하는지 알려주었다. 그러면 나는 싸울 태세를 갖춰야 했다.

그러던 어느 순간, 내가 건설적이지 못한 걱정을 한다는 생각이 들었다. 나는 현실과 동떨어졌을 뿐더러, 학생들을 따뜻하게 대해야 할 때에도 애써 차갑게 대하고 있었다. 내 마음과 몸을 적개심의 전조인 두려움과 불안으로 채우고 있었다. 그런 상태로 학생들을 가르치면 결과는 뻔하다.

어려운 일도 아니었는데 나는 적극적이고 관대한 모습, 80분 동안 학생들과 함께 있고 싶어 하는 열정을 보이지 않았다. 더군다나 나는 진정으로 좋아하는 대상에 대한 자연스런 열정을 적극적으로 짓누르고 있었다. 어느 날, 그 일그러진 얼굴이 다시 머릿속에 떠오르자, 나는 미소 띤 얼굴을 필사적으로 떠올렸다. 수업을 좋아하고 나를 재미있는 사람으로 여기는 학생의 얼굴이었다. 훌륭한 질문을 던지고 뭔가에 감동받으면 공유하는 학생을 떠올렸다. 그러자 기분이 훨씬 좋아져서 앞으로도 계속 이 방법을 써야겠다는 생각이 들었다. 매번 강의를 시작하기 전에 나는 잠시 시간을 내서 '긍정적으로 생각하기'를 했다. 앞 수업에서 좋았던 순간들을 되새겼다. 가장 적극적으로 참여한 학생들을 생각하며 그들이 내게 얼마나 놀라움을 주었는지를 떠올렸고 긍정적인 반응들을 곱씹었다. 어떤 학생이 '깨달음'을 얻던 순간을 상기했다. 가르치는 것과 배우는 것이 꼭 놀이와 같던 시간을 애써 떠올렸다.

나를 지치게 하는 것들보다 가르치는 데 영감을 주는 것들, 즉 내가 가르치는 것을 좋아하는 이유에 대해 생각했다. 그 경험은 교육자로서 내 삶의 전환점이 되었다. 지금까지도 그리 자연스럽지는 않지만, 매우 간단하고 크게 어렵지 않은 방법이다. 두려움보다 사랑을 선택하는 것은 권력을 가진 배우가 온기와 배려를 보여주는 동시에 진실해질 수 있는 수많은 방법 중 하나다. 거기에 거짓은 없다.

현재에 충실하고 사람들과 교감하라. 당황하거나 불안하거나 무력감을 느낄 때는 청중과 교감하는 것이 요령이다. 무대공포증에 대한 패티 스미스의 에세이를 읽고 나서, 나는 그 공연 동영상을 시청했다. 처음에 그녀는 거의 움직이지 않고 가만히 서서 노래를 불렀다. 시선은 내리깔고, 팔은 옆구리에 붙이고, 생각은 분명 내면으로 쏠려있었다. 6분 후, 가사는 없고 기타만 연주되는 부분이 나왔다. 조금 떨어진 위치에서 그녀는 음악에 귀를 기울였다. 그때부터 그녀의 얼굴이 부드럽게 풀리더니 처음 보는 듯 청중을 바라보며 노래하기 시작했다. 몸을 흔들며 양팔을 벌려 사람들 쪽으로 뻗었다. 그녀는 청중, 음악, 자신이 연기하는 역할과 하나가 되었다. 나까지 덩달아 신이 났다.

내 '추문'이 터진 지 6개월이 지난 2016년 4월, 봄 학기가 시작되어 나는 다시 강의실로 돌아와야 했다. 내 수업 세 과목에 108명이 신청했고 100명 이상이 대기자 명단에 올라있었다. 틀림없이 뉴스를 본 학생도 있을 터였다. 그렇다면 나에 대해 좋은 인상을 받았을 리 없었다. 나는 그들을 알지 못했고 그들도 나를 알지 못했다. 그들은 나라는 사람에 대해 어떻게 짐작할까? 더구나 첫날에는 또 누가 나타날지 알 수 없었다. 과거에는 기자들이 몰래 잠입한 적도 있었다. 나는 두려웠다.

하지만 이번에는 내가 어떻게 해야 하는지 알았다. 나는 학생들에게 집중해야 했다. 9주 동안 매일 매 시간 그 강의실에서 학생들만 생각해야 했다. 내 자신을 증명하고 그들에게 사랑받고 그들에게 내가 존경받아 마땅한 훌륭한 사람이라는 확신을 심어주려는 욕망을 품겠다는 것이 아니라, 학생들이 어떻게 지내는지에 관심을 가져야 했다. 학생들이 어색할 수 있는 상황에서 편안함을 느끼게 하고, 그들에게 도움이 되거나 인생을 바꿀 만한 무언가를 제공해야 했다.

수업 첫날, 일찌감치 도착한 나는 교단에 서서 학생들이 오기를 기다렸다. 외롭다는 생각이 들었다. 그래서 앞으로 나아가 학생용 의자에 앉았다. 학생들이 문으로 들어오기 시작하자, 나는 일어나서 그들에게 다가가 차례차례 들어오는 학생들의 손을 잡았다. 아주 자연스럽고 적절한 반응처럼 느껴졌다. 나는 모두와 악수를 하고 눈을 맞추고 학생들의 이름을 듣고 기억하려 애썼다. 그들에게 온 마음을 쏟았다.

그 순간에 학생들이 무엇을 생각하고 느꼈는지는 알 수 없다. 하지만 이상하게도 내게 권력이 생긴 듯한 기분이었다.

Part 4

권력의 오용

Horizontal Power

권력은
이렇게 부패한다

권력을 남용하면 입방아에 잘 오르내린다. 그 결과, 우리는 권력을 나쁘게 쓴다는 것이 어떤 의미인지 아주 잘 알게 되었다. 집단의 목표를 달성할 목적으로 권력을 부여받은 사람이 이기적인 목적, 특히 집단 구성원들을 희생하면서 개인의 목적을 이루기 위해 권력을 쓰는 경우가 권력 남용에 해당된다는 것은 명백하다. 하지만 권력 남용이 언제, 왜 일어나는지, 우리가 그것에 대해 무엇을 할 수 있는지는 확실치 않다.

사람들은 여러 가지 이유, 여러 가지 방법으로 권력을 추구하는데, 그것을 꼭 나쁘다고 할 수는 없다. 연구에 따르면 강력한 권력 동기는 건강하고 유능한 리더십으로 이어진다. 하지만 사람들이 더 큰 권력을 쥔 것처럼 보이거나 느끼고 싶어 권력 자체를 목적으로 추구할 때 어떤 결과가 나타날지도 확실히 예측할 수 있다. 역할이나 다른 사람들의 문제 해결에 진심으로 헌신하지 않은 채 휘두르는 권력은 온갖 남용과 부패로 이어진다.

모든 권력은 부패할까?

나는 데이브 매클루어Dave McClure를 만난 적은 없지만, 그의 솔직함은 높이 평가한다. 자칭 웨스트버지니아 촌뜨기인 매클루어는 대학교를 '겨우 졸업'한 다음, 25년 이상 실리콘밸리에서 '열정적으로 일했다.' 많은 무대에서 중요한 역할을 한 그는 2010년에 창업 지원 회사인 500스타트업스를 공동 설립해 백인, 남성, 미국인이 아닌 야심찬 사업가들에게 도움을 주었다. 매클루어는 자신의 회사를, 사회적 편견 때문에 시장에서 저평가되었지만 뛰어난 재능을 보유한 여성과 전 세계 창업자들이 믿고 찾을 수 있는 창업 지원 회사로 홍보했다. 2017년 7월 1일까지 이 회사는 전 세계 1,800개 이상의 기술 스타트업에 3억 9,000만 달러 이상을 투자했다. 하지만 바로 그날, 매클루어는 CEO 자리에서 물러난다고 발표했다.

서면으로 사임을 발표하면서 그는 고위 경영진과 '힘든 대화'를 나눈 끝에 공동창업자 크리스틴 차이Christine Tsai에게 회사를 넘겨주기로 했다고 설명했다. 당시에 그 대화의 주제가 무엇이었는지는 모르는 사람이 없었다. 그 전날 매클루어는 실리콘밸리의 성범죄 혐의를 보도한 〈뉴욕 타임스〉 기사에 다른 남성 고위 권력자들과 함께 이름을 올렸기 때문이다.

처음에 매클루어는 자신이 무엇을 잘못했냐며 방어적으로 나왔다. 하지만 결국에는 자신과 사업을 함께 했던 똑똑하고 유능한 여성 사업가들에게 반복적으로 성적인 제안을 했다고 털어놓았다. "업무와 관련된 상황에서 여러 여성에게 접근했습니다. 명백히 부적절한 행동이었습니다." 그는 이렇게 시인했다. "저 때문에 상처받고 마음을 다친 분들에게 별로 공감하지 못했고, 저의 얄팍한 동기를 직시하기보다 제 행동을 합리화하며 제가 아닌 다른 사람들에게서 비난할 이유를 찾았습니다. … 언제부턴가 저는 상황을 파악하지 못했습니다."

결국 잘못을 인정한 것은 칭찬할 만하다. 하지만 이런 사건은 무엇을 설명할까? 권력을 잡은 사람들은 왜 옳고 그름 사이의 경계를 망각할까? 여성 기업가들이 권력과 기회를 얻도록 도움을 주겠다는 확실한 사명을 갖고 회사를 설립, 운영했던 매클루어가 어쩌다 노선을 바꾸게 되었을까?

권력은 부패하는 걸까? 부패한다면 그 이유는 무엇일까? 우리는 그런 권력에 대해 무엇을 할 수 있을까? 모두 역사가 깊은 질문들이다.

권력의 심리에 대한 내 연구에서 몇 가지 단서를 얻을 수 있다.

실험실에서 타인들에게 권력을 휘두를 수 있는 조건에 배정되거나 권력을 쥐었다고 상상하라는 요구를 받은 평범한 사람들은 상황 파악 능력을 상실하는 경향이 있었다. 머릿속에 권력이 없으면 우리는 사회를 조심스럽게 탐색하고 가급적 말썽을 피하며 자기 통제에 힘을 쏟는다. 상황을 파악하고, 맥락을 판단하며, 다른 사람들에게 생길 결과를 고려하여 자기 이익을 추구할지 결정한다. 하지만 권력이 생기면 자신의 목표가 더 중요해지고, 다른 사람들의 행복이나 관점을 고려하는 경향은 줄어든다.

권력이 모든 악의 근원이며, 권력 남용은 우리의 진화 코드 깊숙이 내재된, 자기 이익 추구를 위한 자연스러운 반응이라 믿는 사람들도 있다. 곧 권력자들은 오로지 할 수 있다는 이유로 나쁜 행동을 하며, 권력을 쥐면 누구나 그렇게 될 수밖에 없다는 뜻이다. 예를 들어 모든 남자는 다른 무엇보다 성욕이라는 동기에 따라 행동하며, 맥락에 관계없이 기회가 생길 때마다 할 수만 있다면 성관계를 가진다는 것이다.

이는 영국의 정치가 존 액턴John Acton 경의 "권력은 부패하기 쉽다"는 가설에 부합한다. 권력은 모든 인간을 자신이 취할 수 있는 가장 방탕한 형태로 바꾼다는 뜻이다. 세상에는 이런 사례가 차고 넘치지만, 인생의 대부분을 이런 사례들을 읽고, 쓰고, 연구하고, 가르치는 데 보낸 후에도, 나는 그것을 믿지 않았다. 권력은 부패할 때가 있으며, 우리는 그런 사례들을 흔히 접할 수 있다. 그러나 권력 남용은 불가피한 것이 아니다. 권력을 사용할 기회가 생겼을 때 권력은 사람들이 가장 중요한 목표에 따라 행동할 가능성을 높인다.

권력이 부패할 때 생기는 일들

억제에 대한 거부. 1998년 노스웨스턴대학교에서 처음으로 학생들을 가르치다가 스탠퍼드대학교로 자리를 옮기기 전에 나는 공동 연구 과제를 찾기 위해 UC버클리의 심리학자 대처 켈트너를 한 학기 동안 방문했다. 그해에는 엘니뇨가 닥쳤고, 나는 차고를 개조한 집에 세 들어 살고 있었기 때문에 침대에서 나오려면 부츠를 신어야 할 정도로 아침마다 집 안에 물이 차곤 했다. 그래도 상관없었다. 직장 생활을 통틀어 가장 좋았던 시절이었으니까. 우리는 날마다 점심시간에 만나 함께 동네 식당으로 걸어갔다. 그곳에서 우리는 편안하고 여유로운 시간을 보내며 좋은 아이디어를 궁리했다. 어느 날, 우리가 동네 멕시코 레스토랑에서 거대한 부리토와 씨름하는 동안, 대처는 자신이 대학원에서 10년도 더 전에 실시했지만 발표한 적은 없는 실험 이야기를 들려주었다.

점심을 아주 맛있게 즐기는 유명한 교수를 보고 영감을 받아, 대처와 같은 과 친구 앤드류 워드**Andrew Ward**는 현재 연구자들 사이에서 '쿠키 실험'으로 알려진 실험을 설계했다. 권력이 예의범절에 미치는 영향을 알아보는 실험이었다. 학부생들을 무작위로 세 명씩 모아, 논란이 되고 있는 대학교 정책 현안들에 대해 순서대로 토론하고, 각 주제에 대해 그룹별 입장문을 작성하게 했다. 그런 다음 각 그룹의 학생 중 한 명에게 특별한 역할을 부여했다. 다른 두 학생의 성과를 평가해 점수를 매기는 역할이었다. 이 점수는 단순한 성적이 아니라 참가자들이 400달러 복권에 당첨될 가능성에 영향을 미치는 수치였다(점수는 응모권과 같아서 높은 점수를 받을수록 무작위 추첨에서 당첨될 확률이 높아졌다). 다시 말해, '심판' 역할을 하는 학생에게는 다른 학생들의 결과를 통제할 권력이 주어졌다.

그룹끼리 모여 의견을 나누고 입장문을 쓰는 모습은 전부 녹화되었다. 실험이 시작된 지 약 30분 후, 실험 조교가 쿠키 접시를 들고 들어가 학생들 앞에 내놓았다. 쿠키는 정확히 네 개씩이었다. 한편으로는 학생들을 유혹하면서 다른 한편으로는 예의 규범을 환기시킬 의도로 기발하게 설계된 장치였다. 세 명의 참가자가 쿠키를 각각 하나씩 가져가는 데는 문제가 없었지만, 남은 쿠키가 문제였다. 마지막이라는 것을 알면서도 접시 위의 쿠키를 가져가는 것은 무례한 행동이 될 수 있었다. 예의를 지키려면 자제력뿐만 아니라 동료들에 대한 배려도 필요할 터였다.

연구자들은 누가 쿠키를 몇 개나 먹었나 세다가, 모든 그룹에서 '심판' 역할을 맡은 학생이 거리낌 없이 두 개째 쿠키를 먹을 가능성이 높다는 사실을 발견했다. 권력을 쥐면 식욕이 강해지거나 식욕을 통제하는 능력이 약해지는 모양이었다.

대처가 이 이야기를 끝내자마자 우리는 연구 주제를 찾았다고 생각했다. 권력은 억제할 수 없다는 이 단순한 개념이 당시 우리가 권력에 대해 흥미롭게 여긴 모든 것을 설명할 거라는 깨달음이 번뜩 찾아왔다. 그 이후로 대처와 나는 따로 또 같이, 때로는 다른 연구자들과 함께 많은 연구를 수행하고 상당수의 논문을 발표했다.

권력을 잡았거나 자신이 권력자라고 상상하라는 요구를 받았을 때, 사람들은 다양한 충동에 따르고 개인의 필요와 욕구를 충족시킬 온갖 보상을 추구했다. 자신에게 가장 합리적인 방식으로 행동할 뿐, 그 행동이 가져올 사회적 결과에는 별로 신경 쓰지 않았다. 연구에 따르면, 큰 권력을 얻는 조건에 배정된 참가자들은 작은 권력을 얻는 조건에 배정된 참가자들에 비해 고정관념을 더 믿고, 자기 몸이 편하도록 실험실 설비의 위치를 바꿀 가능성이 높았다. 또 선례와 다른 사람들의 생각에 영향을 덜 받기 때문에 좀 더 창의적이며, 성적인 생각을 유도하는 상황에서 매력적이지만 별로 유능하지는 않은 파트너와 함께 일하는 데 관심을 표명할 가능성이 더 높았다. 따라서 권력의 부패 여부와 부패 양상은 권력을 사용할 기회가 나타날 때 가장 시급한 목표가 무엇인지에 달려있다.

타인에 대한 대상화. 권력의 남용에는 거의 항상 타인에 대한 착취가 따라온다. 그리고 매클루어처럼 권력을 가지면 사람들은 타인을 대하는 방식이 달라진다. 우리의 실험실에서 타인들에 대한 권력을 부여받은 피험자는 다른 사람들을 고유의 감정과 경험을 지닌 인간이라기보다는 개인의 목표 달성을 위한 물체나 도구로 취급하는 경향이 높았다.

매클루어는 권력을 잡은 여느 사람들처럼 권력에 따르는 책임을 인지하지 못하고 개인의 이익을 위해 자신의 역할을 사용했다. 그는 자기 마음대로 할 수 있을 상황으로 여성들을 꾀는 수단으로 투자자, 자문, 멘토의 역할을 이용한 듯했다. 물론 그는 사업 성과를 높이기를 바랐다. 하지만 그의 행동을 보면 그가 실제로 무엇을 추구했는지도 알 수 있다. 매클루어는 성적 인정sexual validation도 받고 싶었다. 그에게는 돈이 있었고, 지배력도 있었으며, 이 여성들은 다른 상황에서는 있을 수 없는 방식으로 그의 비위를 맞추려 안달이었다. 매클루어는 모든 패를 쥔 채 자신의 욕구가 가장 중요한 듯이 행동했다.

탈억제disinhibition가 자신의 성적 매력에 대한 불안과 결합하면 하급자들은 성적 대상, 성적 인정의 도구로 취급된다. 그리고 불안이 주로 사회적 지위와 관련 있을 때, 하급자들은 지위의 상징처럼 취급된다. 자동차나 시계가 그렇듯 '소유자'를 어떻게 드러내는가가 하급자의 가장 중요한 가치가 된다.

내가 생각하는 가장 가슴 아픈 사례는 2019년 초에 터진 대학교 입학 스캔들이다. 부와 권력을 지닌 부모를 둔 자녀들은 이미 경제력에 따르는 많은 특권 때문에 적지 않은 혜택을 누렸다. 하지만 그 부모들은 자녀가 자격이 되든 안 되든 그들을 특정 명문 대학교에 입학시키기 위해 대학교 관리자에게 뇌물을 먹였다. 어쨌든 그들의 자녀는 대학교 입학 과정에서 이미 다른 학생들보다 유리했다. 등록금을 내는 데 전혀 어려움이 없었고, 그중에는 명문 고등학교 졸업생도 있었다. 그들은 성적을 높이기 위해 과외를 받고, 표준화된 시험과 대입 논술, 체육, 기타 활동에 대해 따로 코칭을 받을 수 있었다. 그들의 부모는 대학교의 잠재적 기부자였다. 그런데도 자녀가 대학교에 떨어질까 걱정하여 부정한 방법을 써야 한다고 생각했다.

외부에서 보면 정신 나간 행동 같다. 이 부모들은 아이들이 자기 힘으로도 얼마든지 좋은 대학교에 들어갈 수 있을 상황에 왜 결과를 통제하기 위해 그토록 큰 위험을 무릅썼을까? 자기 아이들이 '명문' 대학교에 가지 못하면 자신의 지위에 타격이 생길지 모른다는 두려움에서 나온 행동으로 볼 수도 있다. 안타깝게도 그들의 자녀는 부모의 불안이 투영된 대상, 희생양이 되었다. 개중에는 대학교에 아예 가고 싶지 않았던 아이도 있고, 가고 싶었지만 결국 대학교에서 쫓겨나 부정행위자로 낙인찍힌 아이도 있다. 나는 이 부모들이 자녀를 망칠 생각이 아니라 도울 생각이었다고 확신한다. 하지만 이런 현상은 권력을 가진 사람이 지위에 불안을 느낀 나머지, 사랑하는 사람들이 결국 어떤 대가를 치러야 할지 생각하지 않은 채 그들을 이용해 개인의 목적을 추구할 때 일어난다.

대상화는 권력자의 욕구에 따라 다양한 형태를 취한다. 또 괴롭힘과 따돌림에 대한 연구에 따르면, 상사들이 무력감을 느끼거나 영향력을 잃었다고 느끼면 상황은 금방 암울해진다.

2017년에 나는 에머리대학교 현직 교수 멀리사 윌리엄스^Melissa Williams^, 실리콘밸리의 채용 담당 이사 루시아 길러리^Lucia Guillory^와 공동으로 발표한 권력과 성폭력에 대한 논문에서 이 점을 분명히 지적했다. 우리는 10대 후반부터 60대 후반에 해당하는 남녀 참가자 전원에게 권력과 무력감에 대한 장기 경험에 대해 질문했다(즉 살면서 얼마나 무력하거나 강력하다고 느꼈는지 물었다). 2주 후, 우리는 그들에게 다양한 시나리오를 제시했다. 그들이 성적으로 흥미를 느낀 부하 직원에게 거절당했을 때 어떻게 반응할지 상상하도록 요구한 것이다. 우리가 실시한 다섯 가지 연구에서는, 만성적으로 무력감을 느낀다는 남성과 여성은 권력을 쥐었다고 상상하라는 요구를 받았을 때 그들의 접근을 거부한 부하 직원에게 더 적대적인 반응을 보였다. 이전의 연구에서는 권력자일수록 쓸모 있는 표적에 접근하려는 경향이 강하다는 것을 알게 됐지만, 이번에는 권력이 쓸모 있게 굴지 않는 표적에 대한 공격을 억제한다는 사실을 밝힌 것이다. 원치 않는 하급자에게 원치 않는 접근을 하려는 욕구가 더 커졌다는 응답도 있었고, 하급자에게 업무적으로 보복할 가능성이 높아졌다는 응답도 있었다(이를테면 추천서에 나쁜 내용을 쓴다든지).

한 실험에서 우리는 관리자나 동료 역할을 맡은 남성들에게 온라인에서 여성에게 성적인 메시지를 보낼 기회를 주는 과제를 만들었다. 이 남성들은 온라인 고객 서비스 플랫폼에 제시된 정보를 기억하는 방식에 대한 연구의 참가자를 구한다는 아마존 메커니컬 터크Amazon Mechanical Turk(아마존이 만든 참여형 온라인 노동 중개 플랫폼 – 옮긴이)의 공고를 통해 모집한 피험자들이었다. 두 집단은 온라인에서 아바타로 만나 실시간 채팅을 주고받았다. 연구를 진행하는 웹사이트에 로그인하면 남성 참가자들은 우리가 미리 디자인한 젊고 매력적인 전신 아바타를 가진 여성들과 짝지어졌다. 아바타는 참가자들 모르게 실험 조교가 통제했다. 즉 그녀는 우리 쪽 사람이었고 무슨 일이 일어날지 알고 있었다. 따라서 어떤 여성도 실험에서 실제로 성희롱을 당하지 않았다.

각 남성 참가자는 자신의 아바타를 디자인하고서 여성에게 '알리기 위해'(우리가 제공한 예문에서 선택한) 메시지를 보냈다. 총 20차례의 메시지를 보낼 때, 각 참가자는 우리가 제공한 세 가지 메시지 가운데 하나를 선택해야 했다. 20개의 메시지 세트 중 16개에는 중립적인 메시지 두 개와 성적인 메시지 하나("오늘 밤에 나하고 뭐 할래요?")가 있었다. 나머지 네 개의 세트는 모든 선택지가 중립적이었다.

우리가 보기에는 성적인 메시지들이 너무 노골적이고 터무니없어서 아무도 보내지 않으면 어쩌나 걱정이었다. 하지만 걱정할 필요가 없었다. 평균적으로 우리 연구에 참가한 남성 대부분은 적어도 한 번은 성적인 메시지를 보냈지만, 대체로 그날 실험실에서 권력이 주어졌기 때문은 아니었다. 관리자 역할에 배정된 사람들이 동료 역할에 배정된 사람들보다 성희롱 횟수가 많지는 않았다. 오히려 부적절하고 성적 의미가 가득한 문자 메시지를 남발한 사람들은 실험실 밖에서 자신의 삶이 무력하다고 보고한 남성 '관리자'들이었다. 또 일반적으로 실험실 밖에서 권력이 있다고 느끼는 남성들은 관리자 역할을 맡았을 때 성희롱 메시지를 보낼 가능성이 약간 낮았다. 이미 다른 면에서 강하다고 생각하는 경우, 권력이 생기면 책임감을 더 발휘하게 된다고 보아야 한다.

나에겐 충분한 자격이 있다는 믿음. 권력자들은 자신이 원하는 대로 할 수 있고, 뭔가를 원하기만 하면 가질 자격이 생긴다는 듯이 행동할 때가 있다. 실험실 밖에서 우리는 자격에 대한 이런 인식을 흔히 접할 수 있다. 세금을 내지 않는 갑부, 자신은 법 위에 있어 자신에게 유리하게 판을 짜도 된다고 믿는 부패한 정치인, 자신의 사정권에 들어온 어떤 여성과도 성관계를 가질 권리가 있다고 믿는 언론계의 거물들.

이 현상에 대한 내가 가장 좋아하는 (비교적 점잖은) 예는 대단히 부유하고 다른 면에서는 나무랄 데 없이 신사적인 레스토랑 고객이 가끔 메뉴에 없는 음식을 주문하는 것이다. 그는 레스토랑에 들어와서 자리를 잡은 다음 메뉴판도 보지 않고 웨이터에게 더없이 쾌활하게 묻는다. "오늘 저녁에는 싱싱한 허브를 뿌린 맛있는 생선구이가 먹고 싶네요. 혹시 주방에 멜론은 있나요?" 웨이터가 어쩔 줄 모르는데도 그들은 자신이 제멋대로라는 것을 인정하지 않는다. 이 유력한 고객은 맥락에 대한 인식이 없어서(집에서는 요리사가 내가 먹고 싶은 건 뭐든지 만들어 준다고!) 규칙에 맞추고 따르는 능력이 없는 것처럼 보인다. 권력자들은 세월이 흐르면서 권력에 따라오는 혜택에 너무 익숙해져서 그런 혜택이 어디에나 적용된다고 생각하게 된다. 권력자가 사실상 권력을 갖지 못하는 영역(셰프가 저녁 메뉴를 책임지는 레스토랑이나 돈이나 지위가 아무 소용이 없는 차량관리국 같은 곳)에서 특별대우를 받지 못하면 "내가 누군지 아느냐?"며 고집을 부릴 때 하는 생각이다. 이 사람들은 그 순간의 욕망만을 인식하며, 다른 사람들은 전부 자신의 욕구를 충족시키기 위해 존재하는 줄 안다. 그들의 다른 생활 영역에서는 상황이 그렇게 돌아가기 때문인 듯하다. 남의 입장을 이해하려 노력하지 않고, 차량관리국에서는 아무리 부유한 사람이라도 특별한 지위와 권력을 누릴 수 없다고 인정하지도 않으며, 자신의 요구가 도를 지나쳤음을 인정할 자제력, 창피함, 미안함도 없다.

극단으로 치닫는 경우, 자격은 권력자들이 권력 없는 다른 사람들을 '소유'한 것처럼 느끼게 한다. 온갖 수단을 동원해 그들을 통제할 권리가 있다고 생각한다는 뜻이다. 일부 전문가에 따르면, 이런 사고방식은 가정 폭력 사건에서 정서 폭력과 신체 폭력이 모두 사용되는 근본 원인이다.

《저 남자 왜 저럴까?Why Does He Do That?》의 저자이자 학대 치료 전문가인 런디 밴크로프트Lundy Bancroft는 (주로 남성이 저지르는) 동거인에 대한 신체적 폭력은 통제력 상실이나 탈억제보다는 자기 '소유'의 여성(배우자, 연인, 그 밖의 가족 구성원)에게 물리력을 쓰며 위협하는 것을 완전히 허용되는 통제 수단으로 정당화하는 신념 체계에서 비롯된다고 본다. 밴크로프트에 따르면 가정폭력을 휘두르는 남성들은 종종 어머니를 학대한 아버지로부터 여성이 남성보다 열등하고, 아이들과 마찬가지로 동반자라기보다는 소유물이나 애완동물 같은 존재라고 배웠기에 '자기' 여자를 얌전히 굴게 하는 수단으로 권력을 사용할 수 있다고 믿는다. 이렇게 보면 폭력성의 분출은 전략적이다. 겁을 주어 표적을 굴복시키는, 두려움을 이용한 통제 패턴의 일부다. 가정폭력에 대해 밴크로프트는 이렇게 정리한다. "뿌리는 소유고, 줄기는 자격이며, 가지는 통제다."

권력을 남용하는 사람의 진짜 심리

가해에 대한 이야기는 매우 주관적이다. 이 점은 10년간 비밀리에 테러를 수사한 전직 CIA 요원 아마릴리스 폭스Amaryllis Fox가 이 일을 하면서 배운 교훈에 대해 알자지라 방송사에서 밝힌 화제의 동영상에서도 강조되었다. 미국과 테러 집단 사이의 갈등 속에서 미국은 자유국가라는 이유만으로 상대를 악당으로 여긴다고 폭스는 설명한다. 하지만 폭스가 첩보 활동을 하면서 알게 된 이라크인들과 시리아인들은 생각이 다르다. 그들이 보기에는 이슬람에 함부로 전쟁을 걸어온 자본주의 압제자, 미국이 악당이다. 알카에다의 관점에서는 자신들이 윌 스미스고 미국이 외계 침략자라고 폭스는 설명한다. 그렇다보니 권력 경쟁에서는 항상 누가 악당인지 명확하지 않다.

물론 피해자와 악당 사이에는 권력의 차이가 있다. 하지만 심리적으로는 차이점을 구별하기가 어려울 수 있다.

권력을 남용하는 이들 중에도 같은 식으로 피해자 행세를 하는 사람이 많다. 심리학자들은 부모의 애정, 안정된 애착, 자신이 유능하다는 인식이 심하게 결핍된 아이는 매우 불안한 상태로 성인이 된다는 데 대체로 동의한다. 그런 사람들은 자신의 욕구를 충족시킬 기회를 보면 얼른 붙잡는다. 우리가 권력을 추구하고, 더 높은 지위와 지배력, 애정, 성적 인정을 얻으려는 욕구 역시 손에 넣은 권력을 쓰는 방식에 영향을 미친다.

부패한 권력자의 세 가지 유형

지위, 지배력, 성적 인정과 관련된 불안은 서로 밀접하게 얽혀 있다. 권력을 남용하는 많은 사람들이 이런 욕구에 굶주려 있다.

'라스베이거스를 만든 남자' 스티브 윈Steve Wynn의 예를 들어보자. 2018년 2월, 윈이 수십 년에 걸쳐 수십 명의 여성을 성추행하고, 그 중 여러 명을 강간했다고 밝혀지면서 그는 리조트의 회장 겸 CEO 직을 내려놨다.

윈은 지저분하고 범죄가 난무하는 거리였던 라스베이거스 스트립을 돈이 썩어나는 사람들이 무엇이든 사고 팔 수 있는 관광지로 바꾼 공로를 널리 인정받았다. 미라지와 벨라지오를 비롯해 세계에서 가장 호화로운 호텔과 카지노를 지었고, 그 유명한 지그프리드 & 로이 마술쇼를 유치했다. 그가 왕좌에서 추락하여 사임하고 회사 주식이 폭락한 후에도, 그의 추정 재산은 여전히 35억 달러에 이른다.

호방한 성격의 열렬한 미술품 수집가인 윈은 카지노 제국을 철권 통치했다. 그는 회의 중에 호통을 치고 테이블을 주먹으로 쾅쾅 내리치면서 사람들에게 해고하거나 제거하겠다고 위협하는 일이 잦았다고 한다. CNN과 〈라스베이거스 비즈니스 리뷰〉에 따르면, 그는 "나는 네바다에서 가장 강한 사람이야"라고 소리치곤 했다.

하지만 윈은 같은 세대의 다른 부동산 거물들과는 달리 유복한 환경에서 성장하지는 않았다. 윈이 생후 6개월 때 와인버그에서 윈으로 성을 바꾼 리투아니아 이민자 2세인 그의 아버지 마이크 윈은 허름한 빙고 게임장 몇 곳을 소유하고 운영했다. 그는 뉴욕 북부와 볼티모어에 있는 자신의 빙고장을 둘러보러 자주 출장을 떠났다.

하지만 "그가 집에 안 들어가는 이유는 또 있었다. 도박 중독 때문이었다." 기자 니나 뭉크**Nina Munk**는 〈배니티 페어〉에서 이렇게 평했다. "마이크 윈은 출장을 연장할 구실을 찾을 때마다 라스베이거스 트로피카나 호텔에 틀어박힌 채 크랩스 테이블에 죽치고 앉아 가진 것보다 훨씬 많은 것을 날려먹었다." 마이크 윈은 아들이 대학교를 졸업할 무렵에 사망했다. 그의 아들은 빙고장 운영을 돕고 아버지가 도박 중독으로 남긴 (35만 달러에 달하는) 막대한 빚을 갚기 위해 예일대학교 로스쿨에 들어가겠다는 꿈을 포기해야 했다.

스티브 윈은 권력을 남용하는 여느 사람들과 다르지 않았다. 그들은 자신의 불안감을 해소하기 위해 무슨 짓이든 서슴지 않았다. 때로는 악당처럼 행동하고, 때로는 과대망상증 환자처럼 행동하며, 애정과 친밀감, 지배력, 성적 만족이 결합된 극단적이거나 비뚤어진 욕구를 만족시키기 위해 여성과 어린이를 이용하는 성범죄자이기도 하다.

악당. 악당은 권력을 이용해 으르고 겁주는 수법으로 지배력을 유지한다. 악당은 사람들에게 책임을 지우려면 그렇게 할 필요가 있다고 주장하지만 연구에 따르면 그렇지 않다.

우리의 성과를 지배하는 사람이 우리가 바꾸거나 바로잡을 수 없는 행동 방식에 대해 분통을 터뜨리거나 모욕을 주거나 욕설을 퍼붓거나 '피드백'을 할 때, 그 목적은 도움을 주거나 건설적인 조언을 하는 것이 아니다. 그런 전술에 기대는 사람들이 당신에게 무슨 말을 하든 마찬가지다. 때로는 단순한 화풀이가 목적이다. 때로는 자신의 실패를 우리 탓으로 돌리려는 것이다. 그런 태도는 우리의 자신감을 갉아먹고, 우리가 스스로를 부족하거나 쓸모없거나 한심하다고 느끼게 하며, 우리를 의존적이거나 빚진 사람처럼 만들고, 어딜 가나 우리의 상황은 나아지지 않을 거라는 인식을 주입한다.

이런 종류의 '피드백'은 불안감을 출처에서 대상으로 옮기기 위한 전술이자 권력 이동 수단이다. 심리적으로 상대의 권력을 빼앗아 자신의 권력과 지배력을 유지하는 방법이다. 실제로는 심리전이지만 '피드백' 또는 '코칭'의 탈을 쓴다.

이 책을 쓰기 시작한 이후로 내가 듣거나 목격한 직장 내 괴롭힘 사례를 소개한다. 어느 상사는 부하 직원 두 명이 한편을 먹고 자신에게 맞서지 못하게 하려고 한쪽을 편애하여 둘을 싸움 붙였다. 한 사람은 특별한 존재로 치켜세우고 다른 사람은 뭐 하나 제대로 못하는 사람 취급하면서 두 사람을 동시에 같은 장소에서 만나는 상황을 피했다. 다른 상사는 고위 간부인 부하 직원이 임신 8개월일 때 그녀에게 구두를 던졌다. 어느 부하 직원은 상사에게 둘이 있을 때 지나치게 은밀한 성적인 화제를 꺼내는 것을 자제해 달라고 했더니, 그 상사는 그녀더러 내숭 떨지 말라며 업무상 관계에서 친밀감을 좀 표현한다고 그렇게 뾰족하게 굴면 이 업계에서 성공하기 어렵다고 으름장을 놓았다. 성공하는 데 필요하다는 이유로 자신의 행동을 정당화하려 한 것이다. 하지만 그 말에 속을 사람은 없다.

엄밀히 말해 악당과 엄격한 상사는 다르다. 악당은 지배력을 최대로 끌어올려 자신을 높이기 위해 권력을 사용하는 반면, 엄격한 상사는 집단의 결과를 통제해 다른 사람들을 높이려는 목적으로 권력을 사용한다. 엄격한 상사는 이간질을 할 목적으로 몇몇 사람을 찍어 유난히 괴롭히는 것이 아니라, 높지만 달성이 가능한 기준을 세우고 모두에게 책임을 묻는다. 엄격한 상사는 다른 사람의 성과를 가로채고 실패를 남 탓으로 돌리는 대신, 인정해야 할 때 인정하고 합당한 비난은 받아들인다. 엄격한 상사는 분열을 일으키기보다 포용하고, 공적인 장소에서 소란을 피우거나 신체적 공격을 가하거나 사람들을 등 뒤에서 비난하기보다 직접 차분하게 피드백을 전한다.

부정적 피드백을 받고 기분이 좋을 리는 없다. 하지만 엄격한 상사의 부정적인 피드백은 감정적이지 않다. 당신을 지배할 권력을 지닌 사람이 불필요하게 비판적이거나 가혹하거나 모욕적이고, 당신이 한 일뿐만 아니라 인격까지 흠잡는 것을 즐긴다면, 그는 엄격한 상사가 아니라 악당이다.

과대망상증. 존경, 존중, 권력에 대한 욕구를 충족시키기 위해 사람들이 어떤 짓까지 할 수 있는가를 살펴보면 소설보다 더 황당한 사례가 수두룩하다. 메디컬 스타트업 테라노스의 설립자 엘리자베스 홈스Elizabeth Holmes는 스탠퍼드대학교 1학년 때 대학교를 중퇴하고 생명공학 제국을 건설하면서 의학계에 혁명을 일으킬 것이라 호언장담했다. 홈스의 기술은 실현 불가능한 것으로 드러났지만 그녀는 멈추지 않았다. 존 캐리루John Carreyrou가 자신의 베스트셀러 《배드 블러드Bad Blood》에서 밝혔듯이, 홈스는 감히 자신에게 질문을 던지는 직원을 질책하고 뭔가 이상하다는 낌새를 챈 직원은 얼른 해고했다. 잡스처럼 검은 터틀넥 차림으로 냉철한 자신감을 풍겼던 그녀는 현실을 왜곡하는 자신의 세계에 차세대 애플의 일원이 되기를 원하는 총명하고 경험 많은 투자자, 이사, 정부 관계 기관, 고객을 수없이 끌어들였다. 자신의 헛된 사업에 수백만 달러를 투입한 끝에 그녀는 사기죄로 기소되었다.

이런 행동을 어떻게 설명해야 할까? 권력 남용은 더 이상 자신의 가치를 인정하지 않는 사람들에게 그것을 증명하려는 욕구에서 나온다. 크게 성공하여 냉담하고 무심하고 경쟁적이고 폭력적인 아버지에게 자신의 가치를 증명하려고 필사적으로 노력했다는 유명한 리더의 사연은 심심찮게 접할 수 있다. 기업 경영이나 정치처럼 타인의 지시를 받지 않고 독립적이고 자율적으로 일할 수 있는 치열한 업종을 선택한 사람들 가운데 이런 패턴에 해당하는 예가 많다. 일론 머스크, 스티브 잡스, 오라클 CEO 래리 엘리슨, 제프 베이조스, 마사 스튜어트 등이 그렇다.

다시 말하지만, 우리 자신을 증명하기 위해 권력이나 지위를 추구하는 것을 본질적으로 나쁘다고 할 수 없다. 실제로 연구 결과와 앞의 사례들은 효과적인 관리, 성공적인 기업 경영, 훌륭한 리더십을 위해서는 강한 권력욕이 필요하다는(그걸로 충분하지는 않지만) 것을 보여준다. 하지만 죽기 살기로 권력을 추구하고, 권력과 지위에만 의미를 부여하면 규칙을 지키기가 어려워진다.

야심 찬 사업가라면 누구나 똑같이 말하겠지만, 세상을 더 나은 쪽으로 바꾸려 할 때는 목적이 수단을 정당화한다. 할 수 있는 일은 뭐든지 해야 한다. 기업가들은 새로 회사를 세울 때 꼭 자신이 공격당해 목숨을 걸고 싸우는 것 같은 기분이라고 말한다. 사업을 존속시키고 성장시키기 위해 그들은 장벽을 부수고, 안 된다는 대답을 거부하고, 주변 사람들에게서 최대한 많은 것을 짜내야 한다고 느낀다. 익스피디아의 대표였다가 트래비스 칼란칙Travis Kalancik의 후임으로 우버 CEO에 오른 다라 코즈로샤히Dara Khosrowshahi는 칼란칙이 밀려난 직후의 분위기를 이렇게 설명한다. 이런 죽기 아니면 살기 식의 사고방식이 "초기에는 사업에 꼭 필요했어요. 하지만 그 후에는 온갖 다른 문제를 야기해 결국 칼란칙 본인이 쫓겨나는 결과를 초래했죠."

과대망상증 환자에게는 모든 사회적 상호작용이 권력을 장악하고, 지위를 차지하며, 다른 사람들에게 자신이 얼마나 중요하고 가치 있고 특별한 존재인지 상기시키는 기회다. 이 목적에 도움이 되지 않는 관계는 쓸모가 없다. 과대망상증 환자는 패배를 받아들이지 않고 실수조차 인정하지 않는다. 성공의 공로는 가로채고 실패는 모두 남 탓으로 돌린다. 자신의 권리를 뛰어넘는 특권을 누릴 자격이 있다고 느낀다. 이런 유형은 반드시 자신이 모든 것의 중심에 있어야 하고, 자신이 떠나면 일이 진행될 수 없게끔 상황을 편성해야 직성이 풀린다.

돈 후안. 원이 보여준 활발한 성적 활동, 신뢰와 친밀감을 쌓기 어려운 행동 방식은 권력 연구자 사이에서 돈 후안 증후군^{Don Juan syndrome}으로 알려져 있다. 하지만 그 별명이 암시하는 것 (그리고 많은 사람들이 믿는 것)과 달리, 권력을 지닌 남성들에게 흔히 나타나는 성 비위와 문란함은 이 남성들의 '거만함'과 자신감을 보여주는 증거가 아니다. 사실 그것은 권력이 제공하는 기회를 틈타 절박한 불안감이나 억눌린 좌절감을 해소하려는 것으로 이해해야 한다.

권력이 흔히 성 비위로 이어지는 이유는 정상에 오르면 외롭기 때문이다. 일부 심리학자에 따르면, 자신이 매력 없을까 두려운 남성 권력자는 만나는 모든 여성에게서 사랑을 갈구한다. 또한 권력은 사람들이 자신의 곁에 있는 이유에 대해 의심을 품게 만들고, 그렇게 되면 다른 사람들이 자신을 진심으로 사랑하는지 시험하려는 욕구가 커진다. 다른 종류의 불안감이 권력을 성 비위로 이끌기도 한다. 사회과학자들은 위태로운 남성성^{precarious masculinity}이라는 용어로 남성이 지배하는 세계에서 자신의 남성적인 힘을 끊임없이 시험하고 증명해야 하는 사회적 압력을 설명한다. 권력을 사용하는 이유가 사회적 지배력과 우월적 지위를 유지하는 것일 때 권력이 공격성으로 이어지듯이, 권력을 사용하는 이유가 성적인 지배력과 인정을 위한 것일 때는 권력이 성 비위로 이어진다.

2011년 6월, 자신만만하고 논쟁을 좋아하는 뉴욕 하원의원 앤서니 위너Anthony Weiner는 말 그대로 바지를 내린 모습으로 발각되었다. 그는 기괴한 가명 칼로스 데인저Carlos Danger를 써서 잘 알지 못하는 여성에게 속옷만 적나라하게 클로즈업한 셀카를 보냈다. 당연히도 그 스캔들은 순식간에 전국적인 뉴스거리가 되었다. 60퍼센트 이상의 득표율로 수월하게 7선 의원이 된 이 야심 차고 재능 있는 정치인이 왜 그토록 경솔하게 밝고 유망한 미래를 위험에 빠뜨렸는지 누구도 이해할 수 없었다. 벨하버의 바버라라는 뉴요커는 NPR 방송국의 지역 방송인 〈브라이언 레러 쇼〉에 전화를 걸어 도저히 믿기지 않는다는 듯 이렇게 묻는 음성 메시지를 남겼다. "이 사람들 대체 왜 이러는 걸까요? 시도 때도 없이 바지 지퍼를 내리는 사람들은 대체 어떤 사람들인지 그 심리를 연구해 보고 싶네요." 레러는 그 상황을 설명할 전문가가 필요했다. 그래서 제작자들이 내게 연락을 해왔다.

그 코너의 이름은 '정치인들은 왜 막돼먹은 행동을 할까?'였는데, 나는 정치 지도자들이 그토록 꾸준히 성적 비위를 저지르는 이유를 설명해 달라는 요구를 받았다. 나는 당시에 내가 알던 지식을 강조했다. 욕구와 불안은 누구에게나 있으며, 권력자들은 욕구와 불안에 충실하게 행동하는 거라고.

그러나 그 일 이후로 나는 몇 가지 사실을 더 깨달았고, 적어도 남성들에게서 성과 권력이 어떤 상호작용을 하는지 좀 더 상세히 이해하게 되었다. 권력과 성적 인정 욕구의 바탕에는 공통된 동기가 있다. 고통스러울 만큼 불안정한 감정(자신이 사랑스럽지 않고, 매력이 없고, 약하고, 무능하고, 하찮다는 느낌)은 권력욕과 성적 인정 욕구를 모두 자극한다. 따라서 모든 남성이 권력을 갖는다고 섹스를 더 밝히게 되는 것은 아니지만, 일부 남성의 경우 권력과 성의 개념이 서로 무의식적인 연상 작용을 일으켜 한 개념이 자동적으로 다른 개념을 활성화한다. 이런 남성들은 권력을 잡으면 성적 욕구를 충족할 기회를 얻게 되며, 성관계는 권력을 느끼고 싶다는 욕구를 충족시키는 수단이 된다. 이런 유형의 남성이 다른 사람들보다 권력에 더 끌린다는 사실을 암시하는 증거도 몇 가지 있다. 권력욕이 다른 욕구보다 훨씬 강할 경우, (성취욕이나 소속 욕구 같은) 사회적인 동기가 강할수록 권력을 차지할 확률이 높지만, 성적 활동(다양한 유형의 부정행위 포함) 수준이 높고 충동 조절 능력이 부족한 성향도 권력을 차지할 확률과 관계가 있다.

백악관 인턴과 불륜을 저지르면서 클린턴 대통령의 자리는 위태로워졌다. 처음에는 부정행위를 부인하던 그도 결국에는 인정하는 수밖에 없었다. 우리는 그의 외도가 처음이 아니라는 것도 알게 되었다. 그러나 힐러리 클린턴은 꿈쩍도 하지 않고 그의 곁을 지켰고, 그 때문에 비난을 받기도 했다. 하지만 나중에 그녀는 인터뷰에서 남편에 대한 자신의 입장을 설명했다. "그는 학대받았다"며 힐러리는 빌의 모친을 "보통이 아닌 분"이라고 표현했다. 지나치게 시시콜콜 까발리지는 않았지만 힐러리는 빌의 어머니가 그를 버렸다고 말했다. 자신을 경멸하는 할머니의 손에 아들을 맡겼다가, 어느 날 불쑥 찾아와서는 아들의 애정을 되찾겠답시고 할머니와 싸웠다는 것이다. "엄마가 그런 식으로 행동하면, 자신을 학대한 부모를 갈구하며 온갖 엉뚱한 곳을 찾아다니게 된다"고 힐러리는 말했다.

사랑, 친밀감, 안정애착, 소속감에 대한 욕구는 인간의 심리사회적 발달의 가장 근본적인 동기다. 그리고 주 보호자에 대한 유년기의 안정애착은 심리 건강의 초석이자 발달 성숙의 기초다. 안정애착은 우리가 사랑받을 가치가 있다는 믿음을 갖는 데 도움이 된다. 상대를 절대적으로 신뢰하고, 친밀감과 연약함을 편하게 드러내고, 상대에게 헌신하고, 상대를 자신보다 먼저 생각하게 한다. 양육은 당연히 완벽할 수 없으므로 우리 대부분, 아니 전부는 자신이 충분히 사랑받을 가치가 있는 사람인지 의문을 품은 채 성인이 된다. 그리고 소속감, 친밀감, 사랑, 성적 인정에 대한 요구가 꾸준히 높은 상태라면 권력은 거부하기 힘든 기회를 제공한다.

타인이 존경, 숭배, 비위를 맞추려는 욕망을 표현하면 이런 인정을 추구하는 사람들은 쉽게 도취된다. 일부 남성들이 다른 사람들의 연약함과 복종심을 보고 각성arousal을 일으키는 이유는 그 때문이다. 각성이 본래 성적인 의미는 아니지만, 그렇게 들릴 수도 있다. 각성은 온갖 종류의 자극에 대한 생리적 반응을 가리키는 일반적인 용어다. 사실 각성은 우연히 성적으로 변할 수도 있다. 이를 테면 스탠리 섀흐터Stanley Schachter의 고전 연구에서 사람들은 실내용 자전거 페달을 밟아서 생리적으로 각성되었거나 충격을 받을 것으로 예상할 때, 자신의 감정이 다른 사람 때문이라고 쉽게 오해한다. 어떤 상황에서는 불쾌한 사건과 관련된 두려움이 서로에게 매력을 느끼게 하는 원인이 되기도 한다.

심리학자 도널드 더턴Donald Dutton과 아서 애런Arthur Aron의 잘 알려진 연구에서 그는, 브리티시컬럼비아주 밴쿠버에 있는 현수교를 걸어서 건너간 남성들에게 맞은편에서 여성 실험자를 만나게 했다. 남성 중 일부는 흔들리는 다리를 건넜고, 일부는 정지된 다리를 건넜다. 다리를 다 건너온 남성들에게 실험자는 짧은 설문지를 가지고 다가가, 한 손으로는 얼굴을 가리고 다른 손은 뻗고 있는 여성을 그린 그림에 대한 짤막한 이야기를 써달라고 요구했다. 실험자는 응답자에게 감사를 표시하고, 설문지 한쪽 귀퉁이에 자신의 전화번호를 적은 다음 찢어서 건네며 시간이 나면 실험에 대해 좀 더 상세히 설명하고 싶다는 말을 덧붙였다. 흔들다리를 건너온 남성들은 자신들의 신체 각성을 성적인 감정으로 해석했다. 그들은 성적인 내용이 담긴 이야기를 더 많이 쓰는 경향이 있었고, 실험자에게 더 매력을 느꼈다고 보고했으며, 나중에 그녀에게 전화를 걸어 데이트를 신청할 가능성도 더 높았다.

이런 연구는 성적 매력의 원인이 겉보기와는 다를 때가 많으며, 성추행의 원인도 마찬가지라는 것을 보여준다. 우리는 성적 매력, 성적 충동, 성적 공격성을 강력한 감정의 표현으로 생각하는 경향이 있지만, 사실 모든 것은 불안, 스트레스, 두려움에 수반되는 일반적인 생리적 각성에 대한 반응일 수 있다.

요즘 우리가 접하는 성추행자들은 그저 자기애 충만한 쾌활하고 기회주의적인 플레이보이는 아닌 것 같다. 그중에는 강박적인 사람이 많다. 일부는 집착 성향이 있다. 그들은 출구가 하나뿐인 것처럼 보이는 상황에서 직업적인 야망이 크고 의심을 품지 않는 젊은 여성들을 착취할 때도 무척 계산적이었고, 소시오패스 성향을 드러내기도 했다. 그들은 자신에게 성적으로 관심이 없는 여성들을 조종하고 협박했고, 약을 먹이거나 물리력을 행사하기도 했다. 이는 스스로 권력자라고 느끼는 사람들이 할 만한 행동이 아니다. 절박한 사람들이나 할 법한 행동이다.

Chapter 8

부패한 권력과
싸우는 법

학습된 무력감에서 벗어나라

　대부분의 사람들은 이따금씩 다양한 유형의 악당을 상대해야 한다. 때로 악당은 느닷없이 불쑥 나타난다. 특정 유형의 사람들이 싸움을 걸 기회만 노리고 있는 온라인에서 특히 그렇다. 또 악당은 슬그머니 다가오기도 한다. 일단 그는 당신의 신뢰를 얻는다. 당신은 그에게 권리와 존중을 주고, 당신의 이야기에서 중요한 역할을 맡겨 그에게 권력을 실어준다. 그러면 그는 결국 그 권력을 당신에게 휘둘러 당신의 허를 찌른다. 그들은 상사, 멘토나 코치일 수 있으며 사랑하는 부모나 형제자매, 당신이 신세를 졌다고 느끼고 의리를 지키기로 다짐한 친구, 어떤 대가를 치르더라도 사랑하고 존중하고 아끼겠다고 약속한 파트너일 수도 있다.

괴롭힘을 당한 적이 있다면 너무나 공격적으로 당신을 지배하려 하는 사람 때문에 두려움과 무력감에 빠지는 기분을 잘 알 것이다. 악당은 당신을 무력한 피해자처럼 느끼게 한다. 하지만 악당의 피해자라고 꼭 피해자 역할을 해야 한다는 뜻은 아니다. 피해자 역할을 하는 것은 악당의 현실을 받아들이는 것이고, 그에게 당신을 해칠 권리가 있는 듯이 행동하는 것이며, 당신이 할 수 있는 일은 그의 환심을 되찾는 것뿐이라고 믿는 것이다.

지금까지 권력 연기는 책임을 받아들여 다른 사람들에게 안정감을 주는 것이라고 설명했다. 하지만 이런 정의는 관계가 원활하게 유지되어야 하는 협력의 세계에서나 적합하다. 당신을 희생하여 권력을 남용하거나 당신의 존중과 관용을 이용하는 사람을 상대할 때는 전략을 바꿀 필요가 있다. 상대에게 해를 끼치고 싶지 않더라도 상대의 허튼짓까지 참아서는 안 된다. 때로 누군가가 당신의 몫보다 더 많은 것을 건네면 당신은 이렇게 말할 줄 알아야 한다. "고맙지만 사양할게요. 이것은 당신 몫이라고 생각해요." 그러면서 그것을 돌려주면 된다.

한창 괴롭힘을 당하고 있을 때는 대안이 잘 보이지 않는다. 하지만 괴롭힘에서 벗어난 사람이라면 누구나 알듯, 당신은 얼마든지 삶을 되찾을 수 있다. 권력 균형을 바꾸는 행동을 할 수도 있다.

악당과 싸우는 것은 당신의 이야기와 줄거리에 대한 지배력을 되찾고, 역할을 재해석하고, 새로운 연기 방법을 시도할 용기와 통제력을 되찾는 연습이다. 아무리 무력감을 느끼더라도 괴롭힘을 중단시키고, 악당을 무장해제시키고, 과대망상증 환자에게서 거리를 두고, 다양한 심리적 약탈자로부터 벗어날 방법은 있다. 불꽃에 무심코 연료를 주입하지 말고 산소를 차단하는 것이 요령이다.

첫 단계는 아무리 옴짝달싹 못하게 얽매인 것 같아도 선택권은 늘 있음을 깨닫는 것이다. 당신을 지배할 권리는 누구에게도 없다. 타인에게 그 권리를 주거나 빼앗는 선택은 우리가 해야 한다. 당신이 어떤 사람인지 정의하거나 원치 않는 역할을 강요하거나 더 이상의 공격을 피하려면 어떻게 행동해야 하는지 당신에게 지시할 권리는 누구에게도 없다. 사랑과 배려에서 나온 행동이라 주장하면서 줄거리를 완전히 뒤틀고, 쉴 새 없이 드라마를 만들고, 당신의 이야기가 틀렸다고 주장하고, 당신을 다치게 할 권리는 누구에게도 없다. 당신의 이야기는 당신의 것이다. 항상 그렇게 느껴지지는 않더라도 우리에게는 자신의 줄거리에 대한 저작권을 되찾고, 우리 자신의 본능을 믿고, 우리의 영역에 들어오는 나쁜 배우들에 대응하기 위해 우리가 가진 권리를 어떻게 사용할지 선택할 권리가 있다.

40대 중반인 톰은 민간 금융서비스 컨설팅 회사에서 일하는 재능 있는 전문 중재인이었다. 20년 경력의 톰은 사교 수완이 있고 원만하고 예의 바른 사람이었고, 고객들은 그를 좋아했다.

반면에 그의 상사는 톰이 하는 일에 사사건건 꼬투리를 잡았다. 톰의 모든 것이 못마땅한 모양이었다. 우선 그의 사투리를 문제 삼았다. 대부분의 사람들은 좀처럼 알아차리지도 못하는데, 그가 고객과 통화를 할라치면 상사는 이렇게 요구했다. "그 사투리 좀 고칠 수 없나?"

그의 옷차림에도 트집을 잡았다. 회사의 복장 규정은 '비즈니스 캐주얼'로 직원들은 별도의 지시가 없는 한, 정장을 입을 필요가 없다고 명시되어 있었다. 어느 날 톰이 정장바지, 와이셔츠에 새로 산 새 캐주얼 재킷을 입고 회의장에 들어갔더니 상사는 그를 나무랐다. "왜 정장을 안 입는 건가?" 또 한번은 톰이 선글라스를 썼다고 야단친 적이 있다. 회의 때도 아니고 건물 로비였는데 말이다. 함께 출장을 갔을 때는 톰이 자신의 가방을 부쳤다고 나무랐다. 짐을 찾는 동안 자신을 기다리게 했다는 것이다. 톰은 수용하려고 애를 썼다. 상사가 질책할 때마다 그는 다음번에는 좀 더 잘하겠다고 사과했다. 하지만 18개월이 지나자 한계에 도달했다. 톰은 회사를 나가 다시는 돌아오지 않았다.

'조용히 떠나기'는 결말을 통제하여 괴롭힘을 막는 한 가지 방법이다. 톰에게도 권력이 있었다. 그가 끝까지 참고 견뎌야 할 이유는 없었다. 물론 이런 상황에서 누구나 직장을 때려치우고 뛰쳐나올 수 있는 것은 아니다. 하지만 악당이 우리에게 권력이 없는 사람처럼 느끼게 하더라도 대부분은 악당과의 관계에서 권력을 갖고 있다. 대체로 우리는 다른 사람들이 우리에게 할 수 있는 행동에 대해 생각보다 많은 통제력을 갖는다.

반복되는 학대를 피할 수 없다고 느끼는 이유 중 하나는 학대 피해자들이 무력하지 않을 때도 무력한 듯이 행동하도록 학습되기 때문이다. 학습된 무력감learned helplessness에 대한 첫 연구는 전기 충격을 받았지만 그것을 통제하는 법은 배우지 못한 동물들이 결국 자포자기하여 고통을 피하려는 노력을 그만둔다는 사실에서 알 수 있다. 하지만 레버를 누르면 충격이 멈춘다는 것을 알게 된 동물들은 자신을 보호하고 고통스런 경험을 반복하지 않으려 노력했다. 외상 후 스트레스 장애에 대한 최근 연구도 같은 결론을 뒷받침한다. 피해자가 사고 차량에서 빠져나오거나 다른 사람을 구조하는 등 위기 상황에서 적절한 행동을 취할 수 있을 때는 외상이 주는 심리적 파괴력과 무력감이 줄어든다. 자신을 구하기 위해 연기에, 어떤 조치에 집중하는 것이 바로 탈출의 요령이다. 당신은 레버를 눌러야 한다. 우리가 이 책에서 다루었던 다른 도전들이 그랬듯, 피해자 역할을 벗어나는 첫 단계는 다르게 행동하는 것이다.

권력자의 악한 매력에서 도망치기

권력을 남용하는 사람들은 지극히 매력적인 경우가 많다는 것이 엄청난 아이러니다. 왜 우리는 이런 사람들에게 끌릴까? 왜 우리는 그런 사람들과 사랑에 빠질까? 왜 그들을 숭배하고 그들을 위해 일하고 싶어 할까? (심지어 우리를 향해) 증오를 내뿜는 정치 후보자에게 투표하는 이유는 뭘까? 우리는 특히 무력하다고 느낄 때 이런 부류의 사람들에게 끌린다. 그들에게 우리를 보호하려는 의도가 있든 없든 그들의 힘, 배짱, 다른 사람들을 지배하는 능력은 우리에게 안전감을 주기 때문이다.

헨리 키신저의 말마따나 권력이 최고의 최음제라는 현실에서부터 시작해 보자. 진화 모델에 따르면, 우리가 강력한 짝에게 끌리는 이유는 파트너로서 번식과 생존에 성공할 확률을 높이기 때문이다. 이런 선호가 우리의 문화에 반영되는 것도 확인할 수 있다. 모든 종류의 권력은 성적 매력을 예측하고, 그 반대도 마찬가지다. 권력을 지닌 파트너 후보는 더 매력적으로 보이고, 신체적 매력은 권력의 원천이다. 예를 들어, UC버클리의 심리학자 데이나 카니Dana Carney와 동료들은 데이트 사이트의 프로필 사진을 분석한 결과 (성별에 관계없이) 더 지배적으로 보이는(이를 테면 몸을 당당하게 폈다든지) 사람일수록 오른쪽 스와이프를 통해 관심을 표현하는 데이트 후보가 더 많았다.

진화상의 이유는 접어둔다 해도 권력자인 파트너가 전리품 같은 역할을 한다는 이유만으로도 권력은 매력적이다. 자신의 지위와 가치를 세상에 알리는 수단이 될 수 있기 때문이다. 누구든 차지할 수 있는 사람이 당신을 선택했다는 사실은 자존감을 높여준다. 우리 대부분은 권력자 앞에 있으면 설레면서 조금은 두렵다. 이는 여성들이 공격적인 남성에게 끌리는 이유이기도 하다. 그리고 아랫사람들은 섹스 자체에 대한 관심과는 전혀 관계없이 권력자를 가까이 하려는 욕망 때문에 가끔 그가 속한 술자리나 저녁식사, 여행 등에 초대받고 싶어 한다.

사람들은 여성들이 성장 과정에서 '부성애 결핍'을 겪는 탓이라고 우스갯소리를 하지만, 사실은 그냥 웃어넘길 일이 아니다. 정치학계 일각에서는 (남녀를 가리지 않고) 유권자들이 정치인들을 부모처럼 인식하므로 '강한 아버지' 유형을 선호할 때가 많다고 본다. 이런 유형의 지도자는 특히 보호받고 싶어 하는 사람들과 '강한 부모'와 함께 있을 때 안전하다고 느끼는 사람들에게 매력적이다. 이런 역학관계는 이를 테면 트럼프 대통령이 반페미니즘 입장을 취했음에도 그를 꾸준히 지지한 여성 유권자의 수가 적지 않은 이유를 설명한다.

이 현상을 보면 가장 취약한 집단과 개인이 그런 지도자에게 가장 먼저 몰리는 이유와, 지도자들이 그런 집단의 두려움, 불안감, 무력감을 이용하기 쉬운 이유도 납득할 수 있다(트럼프가 곤궁한 백인 노동자 계층에 구애했을 때처럼). 가장 눈에 띄는 트럼프 추종자 다수가 트럼프 대통령을 지금껏 한 번도 갖지 못했던 아버지라고 표현한 이유도 그렇게 설명할 수 있다. 사회적으로 고립된, 전직 스트리퍼에서 피자 배달부로 직업을 바꾼 시저 세이옥^{Cesar Sayoc} 같은 인물이 대표적이다. 그는 트럼프의 정적 다수에게 우편으로 파이프 폭탄을 보냈다.

안타깝게도 어린 시절에 사랑과 관심, 호의를 받지 못한 학대 피해자들이 한 유형의 학대 관계가 끝나면 다른 학대 관계를 찾아가는 이유도 비슷하다. 학대자 옆에서 성장한 사람들은 자신이 사랑받을 가치가 없다고 느끼는 동시에 학대는 사랑의 표현이라고 생각하게 된다. 예를 들어, 특히 아버지로부터 학대나 방치를 당한 여성은 사랑의 표현 형태가 자신에게 익숙한 학대 성향의 남성에게 빠지기 쉽다. 낯익은 드라마 속에 들어가면 우리가 가장 잘 아는 장면을 쉽게 연기할 수 있기 때문이다. 딸은 아버지에게 당한 대로 자신을 괴롭히는 연인에게 끌릴 수 있지만, 어머니를 보며 피해자 역할을 배우기도 한다. 어머니가 부당한 대우를 견디기만 한다면, 그런 행동을 용서하거나 자기 탓으로 돌리려고만 한다면 용납 가능한 행동이 무엇인지, 좋은 여성이 되려면 어떻게 해야 하는지 딸들에게 몸소 정의해 주는 셈이 된다. 불건강하고 해묵은 패턴은 이런 식으로 영원히 계속된다. 하지만 전문가들은 이야기가 이런 식으로 끝나서는 안 된다고 본다. 극작가처럼 우리는 자신을 벗어나 전체 그림을 살필 때, 비로소 줄거리를 바꾸고, 오래된 대본을 고쳐 쓰고, 식상한 인물들을 제거하고, 결말을 재창조할 기회를 얻을 수 있다.

공격의 대상이 되지 않기 위한 아홉 가지 방법

전문가들은 괴롭힘을 피하는 가장 좋은 방법은 악당과 엮이지 않는 것이라고 말한다. 뭐, 그렇긴 하다. 하지만 양가죽을 걸친 늑대를 알아보기가 늘 쉬운 것은 아니다. 누구든지 할 수 있는 가장 중요한 대응은 권력욕이 강한 사람이 누구인지 빨리 알아차리는 법을 배우는 것이다. 마이아 앤절로는 이렇게 경고했다. "누군가 당신에게 자신이 누구인지를 보여주면 처음에는 그를 믿어라." 누군가 희생양을 찾고 있다는 눈치를 채는 능력은 매우 중요하다.

위험 신호를 인식하라. 우선, 거절을 용납하지 못하는 사람을 조심해야 한다. 흔히 이런 상황은 달콤하게 시작되고, 우리의 의지에 반한다 해도 한동안은 우리를 으쓱하게 한다. 하지만 당신이 무엇을 선호하는지는 중요하지 않다는 듯이 행동하는 사람은 당신이 원하는 것에 관심이 없다는 뜻을 전하고 있는 것이다. 한편으로 이렇게 공격적인 접근은 무례함을 암시한다. 만약 지나치게 강하게 치고 들어오고 당신이 무엇을 좋아하는지는 진지하게 받아들이지 않는 사람이 있다면 그에게 느끼는 두려움을 인정하자. 당신의 첫 직감을 믿고 거리를 두자.

권력을 지닌 배우들은 우리에게 마법에 걸린 듯한 기분을 느끼게 한다. 하지만 다른 사람 앞에서 자신의 의지에 따라 행동할 수 없다고 느끼는 것은 결코 좋은 징조가 아니다. 권력을 남용하는 사람들은 상대를 극단적으로 통제하려는 경향이 있으며, 대개 카리스마가 넘친다(좀 무섭기도 하다). 다른 사람들을 포섭하고 유혹하고 조종하는 기술이 노련하다. 동시에 그들은 극도로 까다로우며, 어딜 가든 가장 중요한 인물이 되려는 욕구가 매우 강하다. 당신을 매우 특별한 사람처럼 대하면서 대부분의 다른 사람들을 경멸하거나 무례하게 대하는 사람들을 조심하자. 당신에 대한 지배력을 굳히려는 행동이다. 당신이 권력, 통제, 복종에 대한 그의 끊임없는 요구를 충족시키지 못하면, 머잖아 그는 당신을 깎아내리고 헐뜯을 것이다.

여성들은 연인을 찾을 때 '멋진' 남성을 피하고 얼간이를 높이 평가해야 한다는 셰릴 샌드버그의 조언은 유명하다. 이 말은 그 자체로 권력을 가리킨다. 연인이든 친구든 상사든 멋진 남성의 관심을 '획득'하면 우리는 우쭐해진다. 세상 누구라도 선택할 수 있는 남성이 자신의 사랑을 받을 가치가 있는 유일한 사람이 당신인 듯이 느끼게 해주기 때문이다. 하지만 이런 유형의 파트너를 선택하면 당신의 권력과 권리, 관계에서 원하고 받을 수 있는 것을 얻을 능력은 쪼그라든다. 누가 당신의 마음을 빼앗는지가 아니라 누가 당신에게 안정감을 주는지를 살펴야 한다.

미끼를 물지 말라. 악당과의 사이에서 물리적 거리를 확보할 수 없다면 그의 나쁜 행동에 얽혀드는 것을 거부함으로써 심리적 거리를 유지할 수 있다. 권력을 남용하는 사람은 자신에게 권력이 있고 자신의 행동에 영향력이 있다는 증거를 갈망한다. 그들은 수단과 방법을 가리지 않고 당신을 긴장시키려 한다. 당신이 두렵거나 화났거나 미안한 모습을 보이면서 미끼를 삼키면, 그들을 만족시키는 것이다.

이는 아이들이 학교에서 나쁜 아이들에게 시달릴 때 받는 조언이지만 성인에게도 똑같이 적용된다. 지배욕이 높은 사람은 지배 역할을 차지하는 데 그치지 않고, 무력하고 고분고분한 피해자 역할을 하는 사람들에게 자신의 지위를 거듭거듭 확인받으려 든다. 어떤 사람들은 지위 경쟁에서 재미를 느낀다. 그들은 먼저 당신을 치켜세웠다가 깎아내리기 위해 무슨 짓이든 할 것이다. 그 때문에 당신이 상처받았거나 화난 티를 내면 더 재미있어 할 뿐이다. 그러므로 당신은 가급적 지루한 사람이 되는 것을 목표로 삼아야 한다 (이런 조언을 해주는 곳은 아마 여기밖에 없을 것이다). 미소 짓거나 동조하면서 무슨 일이 일어나도 괜찮은 척하는 것과는 다르다. 눈치를 못 챈 듯이 굴거나 관심을 보이지 않거나 그저 아무 일도 일어나지 않은 듯 무료해 보이면 된다. 이미 살펴보았듯이, 소홀하거나 무심한 행동은 우호적으로 보이지 않는다. 상대와 놀 생각이 없고, 아무리 강요해도 상대를 재미있게 해줄 생각이 없다는 뜻이다. 그렇게 하면 악당은 결국 자신을 더 만족시키는 표적을 찾아 나선다.

자책하지 말라. 학대 피해자들은 자신이 견디는 고통에 대해 자신을 탓하곤 한다. 어찌 보면 상대의 전략에 걸려든 것이다. 괴롭힘의 원인을 피해자에게 돌리는 것은 악당이 지배력을 유지하는 많은 방법 중 하나이기 때문이다. 우리가 그들에게 의존하고 있기 때문에 우리를 괴롭힌 사람들을 비난하는 것이 너무 위험하게 느껴질 때도 있다.

아동학대 피해자들은 부모가 간절히 필요하기 때문에 학대하는 부모에게 저항하기 어렵다. 직장 내 괴롭힘의 피해자들은 보복과 실직이 두려워 고통을 감내하는 경우가 많다. 괴롭히는 사람을 탓할 수 없을 때는 자신이 학대받을 만한 행동을 했다고 여기고, 수치심과 자기혐오, 온갖 자기 파괴적 행동으로 스스로에게 벌을 준다. 괴롭힌 사람을 항상 비난하거나 처벌할 수는 없지만, 상대가 당신에게 잘못했는데도 당신이 자신을 탓한다면 결국 상대가 이기는 것이다.

연인에게 학대받는 여성은 흔히 자신에게 뭔가 문제가 있다고 믿는다. 좀 더 예쁘고 섹시하고 상냥하다면 관심을 받을 수 있을 거라 여긴다. 자신을 괴롭히는 사람을 두둔하고, 자신을 호되게 질책하고, 학대자를 위해 궂은일을 계속한다. 학대 피해자들이 트라우마의 심리적 영향을 벗어나려면 학대를 있는 그대로 보고 자신에게 일어난 일은 자신의 잘못이 아니라는 사실을 받아들여야 한다. 그리고 당연히 안전하게 반격할 줄도 알아야 한다.

피해자처럼 행동하지 말라. 앞에서도 살펴봤듯이, 권력자에게 내내 괴롭힘을 당했다면 불행히도 당신은 괴롭힘 당하는 훈련을 받은 것이다. 권력을 남용하는 사람과 관계 맺는 법을 알고 있고, 그 관계를 익숙하게 느낄 것이다. 그렇다 보니 그런 관계에 다시 끌려 들어갈 수도 있다. 하지만 그뿐만이 아니다. 과거에 착취당한 경험이 있는 사람은 착취하기 쉬워 보인다. 자신도 모르게 신호를 보내기 때문이다. "여기 좀 봐줘요! 나는 뭐든지 참을 수 있어요!" 이렇게 자신이 얼마나 겸손하고 고분고분한지, 얼마나 거절을 못하는지, 매사에 얼마나 자기 탓만 하는지를 만천하에 알린다. 악당들은 이런 신호를 보내는 사람들에게 끌린다. 누구나 할 수 있는 가장 중요한 조치는 우리를 표적으로 만드는 요소가 무엇인지 인식하는 것이다. 다시 말하지만 자신을 바꾸라는 것이 아니라, 자신의 어떤 면모를 누구에게 드러낼지, 어떤 면모를 숨길지 선택하여 자신을 보호하는 법을 마련하라는 뜻이다.

누가, 왜 학대의 대상이 되는가를 설명하는 거짓 정보는 차고 넘친다. 성적 학대를 받는 여성들은 헤프게 굴었거나 유난히 매력적이거나 도발적인 옷차림을 하여 그런 상황을 '자초'했다는 간편한 거짓 설명과 달리, 연구 결과는 오히려 그 반대일 때가 많다는 것을 보여준다. 강간과 성적 학대는 우리 사회에서 너무 흔하기 때문에 표적의 특징을 파악하는 것조차 쉽지 않다. 강간이 발생할 때마다 비난받아야 할 사람은 가해자다. 하지만 모르는 사람에 의한 강간 사례들을 조사한 결과, 피해자는 자극적이고 이목을 끄는 복장보다 팔다리를 가린 보수적인 차림을 한 경우가 더 많았다. 또한 연구에 따르면 모르는 사람에게 강간당한 피해자들은 표적이 되지 않은 여성들보다 매력적이라고 할 수 없었다.

범죄 행위에 대한 연구를 살펴보면 가해자가 어떤 사람을 피해자로 눈여겨보는지 알 수 있다. 한마디로 쉽게 공격할 수 있을 것 같은 사람이다. 길거리 범죄의 피해자가 반드시 다른 사람들보다 작거나 약한 것은 아니다. 그들은 다르게 행동할 뿐이다. 더 순종적이고, 명확한 방향이나 목적이 없고, 주위 환경에 별로 주의를 기울이지 않는다. 몸집이나 키가 아니라, 그런 특징 때문에 제압하기 쉬운 사람들로 보이는 것이다.

이미 살펴보았듯이, 우리의 태도를 바꾸기란 그리 어렵지 않다. 범죄가 흔한 환경에 적응하면서 많은 사람들이 자연스럽게 그 방법을 배운다. 내 인생의 대부분을 작은 대학가에서 보낸 후 맨해튼으로 이사했을 때, 도시에서는 길을 잃더라도 내가 어디로 가고 있는지 아는 듯이 행동해야 한다고 배운 기억이 아직도 생생하다. 낯선 지하철역에서 올라와 모퉁이에 서서 도로 표지판을 올려다보며 방향을 분간하려고 두리번거리는 대신, 내가 어디로 향하는지 안다는 듯 사람들의 발걸음에 보조를 맞추어 앞으로 나아가곤 했다. 내가 엉뚱한 방향으로 가고 있다는 것을 깨달으면, 다음 모퉁이로 당당하게 걸어가서 길을 건넌 다음 반대편으로 되돌아갔다.

언어적, 감정적 공격을 받을 때 방향과 목적을 가지고 대처하면 대부분의 상황에서 표적으로서의 매력이 떨어지게 된다. 명확한 경계, 명확한 우선순위, 결단력을 갖춘다면, 아니 적어도 갖춘 듯이 행동만 해도 도움이 된다.

공적인 공간에서 멀리 떨어지지 말라. 이미 살펴보았듯이, 누군가에게 권력을 부여하는 요소에는 그가 어떤 사람이고 어떤 자원을 통제하느냐와 더불어, 그가 어떤 맥락에서 활동하느냐도 포함된다. 뉴욕에 살 때 나는 길거리에서 범죄 피해를 경험한 적이 없다. 하지만 시카고에 살 때는 권총 강도를 당한 적이 있다. 나는 친구 두 명과 함께 있었고(한 명은 키가 크고 건장한 남자였다) 막 어둑해질 무렵이었다. 친구들은 나중에 경찰에 신고하면서 그 인근에는 조명이 훤히 밝혀져 있었지만 우리가 지나가던 지점 바로 위에 설치된 가로등은 불이 꺼져있었다고 지적했다. 그것은 우연이 아니었다. 범죄 행위는 보는 사람이 없는 장소에서 발생할 공산이 가장 크다.

이제 나는 이런 상황을 각별히 조심하고 있으며, 내가 만나는 많은 젊은 여성들에게 거리에서도 일터에서도 음지를 피하라고 조언한다. 사무실 밖의 은밀한 장소, 밤 시간, 차 안에서는 누군가를 만나서는 안 된다. 같이 산책하면서 대화를 나누는 것도 피해야 한다. 사무실 밖에서의 저녁식사도 자리에 따라 위험할 수 있다. 여성 박사과정 학생, 입사 지원자, 조교수 등이 회식 자리에서 남성 선배 옆에 앉았다가 성추행을 당하는 일은 드물지 않다.

　업무 시간 이후, 사무실 밖에서는 업무적인 행동, 허용 가능한 행동의 기준이 훨씬 느슨해지기 때문에 어떤 행동이 선을 넘었는지 아닌지 모호할 때가 많다. 직장 밖에서의 만남은 더 이상 공개적인 만남이라 할 수 없다. 당신을 아는 사람도, 그 관계의 성질을 아는 사람도 없는 곳이기 때문에 용인되는 행동과 부적절한 행동 사이의 경계가 덜 명확해진다. 회의실에서 누군가가 당신을 위아래로 훑어보고 품평한다면 즉시 선을 넘는 행동으로 간주된다. 하지만 근무 시간 후 회식 자리나 술집에 가면 외모에 대해 언급하는 것이 더 '정상'으로 느껴지거나, 적어도 허용 가능한 행동 범위에 속한다고 여겨지므로 무엇이 적절하고 부적절한지에 대한 내면의 신호를 신뢰하기 어려워진다.

　마찬가지로, 나는 사무실에서 만나는 것을 단호히 거부하고, 걸으며 대화하는 방법을 쓰면서 감정적으로 괴롭히는 상사들의 이야기도 여러 번 들었다. 걸으면서 하는 대화는 무슨 일이 일어나고 있는지를 다른 사람이 엿듣거나 목격할 가능성을 낮추고, 사회적 경계를 모호하게 만든다. 회의 때 자리에서 일어나 양해를 구하고 회의실을 빠져나가는 것과, 상사가 이끄는 대로 걷다가 갑자기 딴 방향으로 이탈하는 것은 별개의 문제다. 그리고 그런 환경에서의 상사는 거칠거나 부적절한 말을 해놓고도 회의 때나 누군가의 사무실 같은 공식적인 환경에서 그런 말을 할 때보다 의미 없는 실언으로 치부하거나 어물어물 넘기기 쉽다. 이 모든 상황에서 문맥은 매우 중요하다. 따라서 너무 사적인 맥락이나 적절한 행동을 정의하는 규범과 역할이 불분명한 맥락을 벗어나는 것이 괴롭힘을 피하는 좋은 전략이다.

경계를 지켜라. 물리적 맥락에 신경 쓰는 것과 더불어 감정의 경계를 관리하는 것도 중요하다. 밤낮없이 '대기 상태'를 요구하는 오늘날의 직장은 일과 삶의 경계를 자주 위반한다. 하지만 내가 만나는 피해자들은 불합리한 요구로 자신들을 착취하려는 사람들을 밀어내는 것을 두려워한다. 나는 그들에게 환히 미소 지으며 단호하게 거절하라고 충고한다. 거절하는 요령은 누구에게나 필요하다. "미안해요! 도와드릴 수는 없지만 행운을 빌어요!", 또는 나의 십대 아이들처럼 웃으면서 "그건 '당신' 문제 같은데요"라고 할 수도 있다. 상사에게 대놓고 말하기는 힘들더라도 속으로 그렇게 생각할 수는 있다. 덜 만만해 보이거나 "예"라고 하지 말아야 할 때 하지 않는 방법도 도움이 된다.

부드럽지만 단호한 거절은 당신의 집에 보안 장치가 있다고 알리는 것과 같다. 대부분의 범죄자와 악당은 가급적 쉬운 표적을 찾기 때문이다.

죄수의 딜레마 게임에 관한 연구는 경쟁 상황에서 무조건 협조하면 착취의 대상이 된다는 사실을 밝혔고, 괴롭힘에 관한 연구도 이런 결론을 뒷받침한다. 가해자는 학교와 직장에서 반격하지 않을 것 같은 사람, 즉 누구에게나 항상 잘해주고 다른 사람들은 용납하지 않을 행동을 참고 넘기는 사람을 표적으로 삼는다. 사회적 고립 역시 위험 요소다. 악당들은 목격자를 데리고 나타날 가능성이 없거나 보호해 줄 동료가 없는 대상을 노리기 때문이다.

혼자든 아니든 당신의 경계가 어디인지 알고, 그 경계가 언제 침범당했는지 인지하는 법을 배우고, 경계를 강화할 간단한 방법을 마련하는 것이 핵심이다. 상대가 우호적이고 협조적이라면 당신도 똑같이 대하면 되지만, 누군가가 선을 넘으면 알아차리자마자 반응해야 한다. 곧바로 대응하여 무관용 정책을 펼치는 것이 좋다.

저지하라. 어떤 부적절한 행동이든 용인하면 지속된다. 모든 잘못을 걸고넘어져 일을 크게 키우기를 바랄 사람은 없다. 비언어적 행동에 대한 연구에 따르면, 이렇게 지나친 대응은 실제로 불필요하고 별로 효과도 없다. 감정에 치우치거나 야단을 피우기보다 알아차린 순간 웃음기 없이 노려보는 방법이 더 효과적일 수 있다. 누군가 당신의 다리에 손을 얹는다면 잠시 그의 손을 응시하다가 그의 얼굴로 눈길을 옮긴 다음, 당신의 뜻이 전달될 때까지 눈을 돌리지 않는다. 그래도 눈치를 못 챈다면 그 손을 당신의 몸에서 슬쩍 밀어낸다. 누군가 부적절한 말을 하면 평소보다 조금 더 오래 바라본다. 상황을 인식하기만 해도 가해자에게 '경고'하고 해명을 요구할 수 있다.

당신이 목격한 것이 정상이 아니라는 것을 분명히 하면서 '방금 왜 그랬어요?'라고 말없이 묻고 대답을 요구하는 방법이다.

사람들을 무시하고 방해하고 헐뜯고, 무례한 지적과 농담으로 비하하고, 소리를 지르고 짜증을 내는 직장 내 가해자들을 어떻게 대해야 하느냐는 질문을 종종 받는다. 말하는 중에 끼어드는 사람에게 가장 흔히 보이는 반응은 하던 말을 멈추거나 목소리를 높이는 것이다. 두 방법 다 별로 효과가 없다. 특히 목소리를 높이는 것은 예민해 보일 수 있고, 두려움과 방어심리를 드러낸다. 이런 태도는 속을 뒤집으려는 사람을 더 흥분시킬 뿐이다. 단호히 손가락을 들어 정지나 대기 신호를 보내거나, 그저 "내 말 아직 안 끝났어요"라고 말하는 편이 훨씬 낫다. 내 경험상 손가락 쳐들기에는 놀라운 효과가 있다. 팔을 몸에서 떼기만 해도 대항하려는 의지가 전달되고, 손가락은 무기와 흡사한 역할을 한다. 특히 여성들에게는 비언어적 동작이 말싸움보다 효과적일 때가 많다. 사실 에머리대학교의 멀리사 윌리엄스와 스크립스대학교의 라라 타이든스Lara Tiedens 전 총장의 최근 연구는 언어적 주장이나 지배는 여성들에게 반발을 일으킬 수 있지만, 비언어적 주장은 그렇지 않다는 사실을 밝혔다.

화가 났거나 분노한 사람이 일으키는 감정에 저항하려면 엄청난 내공이 필요하다. 이럴 때 많은 사람들이 어쩔 줄을 모르고, 눈물을 글썽이고, 대거리를 하고, 자신을 방어하려 하고, 그저 현장에서 달아나는 식으로 반응한다. 하지만 차분히 상황을 인식하고 상대에 휘말리지 않는 편이 낫다. 돌아가는 상황이 마음에 들지 않을 때 나는 이 수법을 자주 쓴다. "지금 상황이 뭔가 이상하게 돌아가는 것 같네요. 저는 이만 가볼게요." 이렇게 말하기도 한다. "이 일 때문에 화가 많이 나신 것 같으니 우리 나중에 얘기해요." 상대가 아무리 대단한 권력자라도 안전하지 않다고 느껴지는 상황을 빠져나가는 것은 아주 적절한 선택이다. 즉 조용히 퇴장하는 것이다.

내가 아는 관리자는 유난히 위협적인 임원이 모욕적인 발언을 쏟아낼 때 허둥대거나 수세를 취하기보다 그저 "그게 무슨 뜻입니까?"라고 되묻는다고 한다. 나도 가해자의 눈을 똑바로 쳐다보며 "방금 한 말 진심인가요?"라고 반문하여 은근한 협박을 차단하는 사람을 본 적이 있다. 비난을 질문으로 표현하는 것이 대놓고 꾸짖는 것보다 효과적이다. 일부나마 가해자에게 설명의 부담을 떠넘길 수 있기 때문이다.

성인영화 배우 스토미 대니얼스Stormy Daniels는 이 기술의 달인이다. 그녀는 지난 2016년 대선 직전에 자신과의 불륜을 폭로하지 말라며 그녀에게 입막음용 돈을 지불하고 회계장부를 조작한 트럼프의 비리를 알린 인물이다. TV 뉴스 프로그램 〈60미니츠〉와의 인터뷰에서 그녀는 지루하게 자기자랑을 늘어놓는 트럼프의 버릇에 어떻게 대처했는지 밝혔다. 대니얼스는 그에게 이렇게 묻곤 했다. "자기 이야기만 해도 기분이 좋아지나 봐요?" 침착하게 상대방의 나쁜 행동으로 스포트라이트를 돌리면 권력의 균형을 바꿀 수 있다.

이를 악물고 환히 웃어라. 2017년 쥐스탱 트뤼도 캐나다 총리는 백악관에서 트럼프 대통령을 처음 만난 날 권력을 드러냈다. 그는 트럼프가 다른 국가 원수를 만날 때 악수 방법이 특별하다는 것을 (많은 언론인들이 그랬듯) 알아차린 모양이다. 국가 원수들이 적당한 거리를 두고 다가가면 그는 팔을 뻗은 채 몸을 기울여 상대의 손을 꽉 잡은 다음 앞으로 확 당겨 상대가 균형을 잃고 비틀거리게 만들었다. 그는 상대를 신체적으로 통제하면 자신이 심리적으로 우위에 선다고 생각하는 모양이다.

하지만 이날 차에서 내린 트뤼도는 트럼프 특유의 손 잡아당기기를 제대로 무력화했다. 얼른 달려들어 트럼프를 근거리에서 맞은 다음, 그의 오른손을 꽉 쥐고 왼손으로는 오른쪽 어깨를 툭툭 치면서 활짝 웃었지만 턱은 악물고 있었다. 예의를 차리느라 망설이거나 부주의한 기색은 전혀 없었다. 또 그가 두려워하지 않는다는 것, 트럼프가 분위기를 주도하게 놔두지 않겠다는 것, 위축되지 않겠다는 것, 그래서 트럼프가 적수를 만났다는 것을 보여주었다.

지배적으로 행동하는 사람을 만나면 뒤로 무르춤하게 마련이다. 넘지 못할 선이라는 것이 없어 보이는 이런 사람과의 권력 경쟁에서 이기려 하는 것은 두려운 일이다. 하지만 가끔씩은 상대 배우가 권력을 드러낼 때 한술 더 뜨는 것도 나쁘지 않다. 당신이 정확히 무엇을 두려워하는지 생각하는 데 도움이 된다. 악당은 자신이 약하다고 느끼기 때문에 공격적으로 행동한다는 것을 잊지 말자.

그 말은 가끔씩은 허세를 부리는 것이 효과가 있다는 뜻이다.

최근에 나는 두 여성 관리자에게 둘 중 한 명을 편애하고 다른 한 명은 비하하는 말을 하여 둘을 이간질하는 상사에게 대처하는 방법을 조언했다. 두 사람은 머리를 맞대고 이것이 무슨 상황인지 파악했고, 그러고나서 상사를 막을 방법을 찾고 싶어 했다. 두 사람 모두 상사와의 대립은 원하지 않았다. 상사의 비위를 거슬러 일자리를 잃을 상황(또는 그보다 더 나쁜 상황)이 두려워서였다. 그래서 우리는 권력 연기하기 접근법을 고안했다. 상사를 만날 때는 평소와 다름없이 좋게 대하되, 그의 눈을 똑바로 보면서 필요할 때마다 단순한 주문을 조용히 중얼거리는 것이다. "나는 당신의 꿍꿍이를 알고 있다." 서로를 보며 그 말을 연습한 결과, 우리는 그 방법이 얼마나 불온한지, 그렇게 할 때 우리가 얼마나 무섭게 보이는지를 알고 기뻐했다.

이 여성들의 상사 같은 사람들에게는 상대가 얼마나 무서운지를 알려주어야 한다. 그런 사람들에게는 굴복, 회유, 공포가 필요하다. 이 교묘한 접근 방식은 이런 보상을 제공하지 않은 채, 그에게 '우리는 당신의 꿍꿍이를 알고, 반격을 모색하고 있다'는 것을 알려주기 위해 설계되었다. 그가 더 만족을 주는 대상으로 에너지를 돌리기를 바라고 시도한 조치였다. 오래 걸리지 않았다고 두 사람이 전했다. 재미가 없어지자 그는 게임을 그만두었다.

공감을 드러내라. 안다, 이 대안이 이상하게 들린다는 거. 하지만 때로는 상대방에게 당신을 이해한다는 뜻을 전하여 괴롭힘을 멈출 수 있다. 인질 협상가들은 적극적 경청(타인의 입장을 인정하고, 열린 질문을 던지고, 무엇보다 진정한 관심을 보여주는 대화의 형태)을 총이나 폭탄으로 무장한 채 발악하는 사람을 진정시키는 유일한 방법으로 설명하는데, 같은 원리가 여기에도 적용된다. 공감을 드러낸다는 것은 가해자를 편들거나 용서한다는 뜻은 아니다. 자신과 다른 사람들을 보호하기 위해 전략적으로 존중을 보인다는 뜻이다.

갈등 해결 전문가들은 자신의 명예를 지키려는 동기가 다양한 폭력의 원인이라고 설명한다. 따라서 폭력을 생각하고 있거나 이미 폭력적인 행동을 한 사람에게 연민과 이해, 심지어 용서를 전하여 수치심을 완화하는 방법을 널리 이용하고 있다. 상대가 더 큰 피해를 일으키지 않도록 설득하는 효과적인 방법이다.

우리가 지닌 권력이 아무리 크든 작든 인간적인 이해를 드러내고 적의 고통에 관심이 있음을 보여주는 것은 누구나 아무런 대가 없이 할 수 있는 일이다.

Chapter 9

부패한 권력 앞에서
방관자로 머물지 않는 법

차분하고 침착하게 '나서는 자'가 돼라

스낵맨은 슈퍼히어로에게는 어울리지 않는 이름이지만, 많은 사람들의 눈에는 그가 바로 슈퍼히어로였다. 2012년 3월 목요일 저녁, 뉴욕 브루클린에 사는 스물네 살의 건축가 찰스 선더Charles Sonder는 여느 때처럼 9시 30분경에 술집을 나와 다른 술집에서 친구들을 만나기 위해 지하철을 탔다. 그러고는 이동 중에 배를 채우려고 프링글스 체더치즈 맛과 곰 젤리 한 봉지를 사서 만족스럽게 먹고 있던 차였다. 스프링 스트리트 역에서 열차 문이 닫히기 직전에 한 남자가 뛰어들자 한 여성 승객이 갑자기 그를 마구 구타하기 시작했다. 여자는 소리를 지르며 남자를 때리고 발로 찼고 남자도 반격했다. 굉장한 구경거리였기에 자연스레 한 승객이 휴대전화를 꺼내 그 장면을 찍기 시작했다.

이 영상은 양쪽이 주먹질을 해대는 중에 프레임 밖에서 선더가 나타나 말없이 프링글스를 먹는 모습을 보여준다. 고개도 들지 않은 채, 그는 서로 싸우는 두 사람 사이에 끼어들어 가만히 서 있다. 양발을 바닥에 딱 붙인 채 인간 장벽 노릇을 한다. 여전히 한 손에 과자 통을 들고 다른 손으로는 과자를 집어 먹으면서. 싸움은 곧 중단되고 그가 두 사람을 막고 있을 때, 다른 구경꾼이 뛰어들어 싸우는 사람들을 설득할 기회를 노린다.

이 동영상이 유튜브에 올라오자 빠르게 입소문을 타면서 백만에 가까운 조회수(그리고 웃기는 댓글들)를 얻었다. 이 영상이 이렇게 큰 관심을 모은 이유는 무엇일까? '스낵맨'은 우리 모두가 열망하는 차분하고 멋지고 용감하고 침착한 '나서는 자'를 완벽하게 보여주었기 때문이다.

공동의 항의가 권력 남용을 막는다

우리가 생각하는 권력과 그 남용 사례들에는 피해자와 가해자라는 두 주인공이 등장한다. 하지만 좀 더 넓게 보면 조연이나 엑스트라 배우처럼 현장에 있는 다른 사람들이 눈에 들어온다. 그들은 무슨 일이 진행되고 있는지는 알지만 그 상황에서 무엇을 해야 할지 잘 모른다. 나는 규칙 위반을 예방하고 처벌할 공식적인 책임을 지닌 권위자를 말하는 것이 아니다(그것은 10장의 주제다). 개입을 요구하거나 허용하는 공식 역할이 없는 경우에 옆에서 방관하는 쪽을 선택하는 사람들에 대해 이야기하는 것이다.

친구, 동급생, 동료, 낯선 사람들이 예의범절과 직무 규정에 위배되는 행동으로 부당한 대우를 받을 때, 두려움에 떨며 방관할 뿐 이상하게 행동은 취할 수 없었던 경험은 누구에게나 있다. 개인적으로 나는 그런 경험을 인정하기 싫을 만큼 많이 했다. 과격한 사람들이 거짓을 아주 당당하게 옹호하는 회의에서도 과연 내가 제정신인지 의심스러울 정도로 입을 꾹 닫고 앉아있었다. 내 가까이에서 사람들이 불쾌하거나 극히 개념 없는 말을 속닥거려도 못 들은 척했다. 회의 참가자들이 다른 사람들에게 부적절한 말을 지껄여도 그냥 내버려 둘 뿐 그 순간에는 아무 말도 하지 못했다. 내가 아는 사람들에게 괴롭힘을 당한 여성들이 감정을 호소해도 화장지를 건넬 뿐이었다.

나는 공감하며 귀를 기울이고 조언을 해주었지만 행동은 하지 않았다. 가해자로 추정되는 사람들에게 맞서거나 대항하지 않았고 대화도 시도하지 않았다. 내게 영향력이 없다고 믿었기 때문에 관여하지 않은 적도 있다. 나 역시 약자라고 생각했다. 개입이 필요한지, 어떻게 개입해야 하는지 알 수 없는 때도 있었다. 그리고 가끔은 내가 사실상 전혀 약자가 아닌 경우, 심지어 내게 가해자보다 훨씬 권력이 크고 상황을 거의 확실히 바꿀 수 있는 경우에도 나는 관여하지 않았다.

폭력적인 행동은 그저 남의 문제라고 여기고 싶은 유혹이 생기기 쉽다. 그러면서 우리 자신에게 방관자나 청중 속 비평가의 역할을 부여하는 것이다. 하지만 현실에서는 모든 사람이 우리가 사는 세상을 오염시키는 폭력의 드라마에 출연하고 있다. 권력 남용은 그것이 묵인되는 상황에서 발생하며, 우리 모두는 눈앞에 펼쳐지는 이야기에서 어떤 역할을 맡을지에 대해 지금보다 나은 선택을 할 수 있다.

돌이켜보면 그런 경험들이야말로 내게 가장 큰 후회와 죄책감을 안긴 책임 회피의 사례들이다. 당시에도 그렇게 느꼈다. 방관자 역할을 자랑스러워하는 사람은 아무도 없다. 누구도 맡고 싶어 하지 않고, 그 역할에 캐스팅되기 위해 오디션을 볼 리도 없는 역할이지만, 우리는 번번이 자신에게 그 역할을 맡긴다. 우리가 보는 앞에서 누군가 피해를 당하는데도 우리는 왜 개입하지 않을까?

1964년 3월 13일 새벽, 키티 제노비스Kitty Genovese는 일하는 술집에서 퇴근해 집으로 돌아오는 길에 칼에 찔리고 성폭행을 당한 후 목숨을 잃었다. 이 사건을 다룬 〈뉴욕 타임스〉에 따르면, 이 공격을 목격한 사람이 서른여덟 명이었지만 아무도 개입하지 않았고 경찰에 신고도 하지 않았다. 수십 년 후에 이 기사의 많은 세부

내용이 과장되었거나 거짓이라고 밝혀졌지만, 그렇다 해도 여러 후속 연구들은 잘 알려진 대로 방관자 효과가 진짜라는 것을 확인했다.

그런 위험에 처한 사람을 목격하면 우리는 틀림없이 그 상황을 막거나 멈추려 했을 거라 생각하고 싶다. 하지만 연구 결과는 그렇지 않다는 것을 보여준다. 다른 사람의 드라마에 관여하지 않는 편이 우리에게 유리하다. 그 이유는 다양하다. 결국 과잉반응으로 드러나거나 끝내 괴롭힘을 막지 못하거나 누군가를 불쾌하게 할 경우의 민망함을 꺼리기 때문이다. 자신이 다치거나 보복당하거나 이용당하는 것을 피하기 위해서이기도 하다. 크게 보면 모두가 서로에게 의지하여 보호받을 수 있는 사회가 모두에게 유익하다는 것을 잘 알지만 단기적으로는 자신의 이익이 우선시된다.

사회과학자들에 따르면 방관자의 태도는 세계에서 가장 절박한 여러 문제의 근원이다. 집단행동의 문제를 누구나 남의 책임인 듯 취급하면 문제는 더 악화되고 모두가 고통을 겪는다. 단기적으로는 합리적인 듯이 보이지만 장기적으로는 합리적이지 않은 행동 중에서 선택을 하도록 강요받는 이런 시나리오는 과학자들이 말하는 사회적 딜레마social dilemma의 전형적인 예다. 우리는 이런 시나리오에서 자신은 이기적으로 행동하고 다른 사람들은 너그러울 때(이 경우에는 개인적 위험을 무릅쓰고 규범을 지킬 때) 이익을 얻는다. 물론 모두가 이기적이면 아무도 보호받지 못하고 나쁜 행동을 하는 사람들은 대가를 치르지 않는다는 것이 함정이다.

　모든 종류의 사회적 딜레마에 대한 유일한 해결책은 공동 행위자, 이 경우 촬영장의 방관자들이 먼저 위험을 감수하며 다른 사람들의 협력을 유도하는 신뢰 기반을 확립하는 것이다. 다른 사람들도 집단의 이익을 위해 희생하고 그들과 똑같이 행동할 거라고 믿을 때, 그들이 스스로 앞장설 가능성은 훨씬 커진다.

인식하고, 지적하고, 조용히 저항하라

　직장에서 신체적 학대는 좀처럼 목격할 수 없지만, 물리적 위협이나 폭언, 개인 모욕, 비하하는 농담, 그리고 불필요하게 공격적이고 적대적이며 감정에 타격을 주는 행동처럼 선을 분명히 넘는 언행은 흔히 볼 수 있다. 이런 상황에서는 '무임승차'를 하기도 쉽다. 무임승차란 방관자가 되어 그 상황에 관여하지 않고 집단 규범을 감시할 책임을 다른 사람에게 떠넘기는 것을 말한다. 하지만 우리가 수수방관하는 쪽을 택하면 아무것도 하지 않는 것이 정상화되어 다른 사람들도 똑같이 행동하게 된다.

　연구에 따르면 학대 행위가 갑자기 나타나는 경우는 거의 없다. 저절로 멈추는 경우도 드물다. 학대는 일반적으로 정도가 점점 심해지는 경향이 있다. 가해자는 사소하게 출발해 피해자를 무장해제시켜놓고, 저항에 부딪치지 않으리라는 확신이 들면 학대를 노골화하고 본격화한다. 사소한 규칙 위반으로 처벌을 받게 하면 가해자들은 전술을 바꾸거나 다른 피해자를 찾는다. 권력자들이 본을 보이는 사회적 행위가 다 그렇듯 권력 남용에는 전염성이 있다. 권력 남용이 확산되면 업무 처리 과정에서 적의와 착취를 피할 수 없고 당연한 일부로 받아들여지는 유해한 작업 환경이 조성된다.

방관자의 개입 또한 배우 한 명에서부터 소소하게 출발하는 경향이 있다. 그리고 같은 방식으로 확대된다. 공식 권력이 없는 사람들이 관여하는 법을 배우면 악당들이 나쁜 짓을 지속하는 데 치러야 할 비용이 늘어나고 문화는 바뀌기 시작한다. 권력 남용은 좀처럼 허용되지 않고, 방관자의 개입은 증가하며, 일부 연구가 보여주듯 성희롱과 성폭행 같은 범죄 발생 가능성은 감소한다.

이런 선순환을 일으키려면 우리는 자신을 다른 사람들의 드라마 속 연기자로 인식할 필요가 있다. 우리는 '무임승차' 역시 행동임을 인정해야 한다. '신경 *끄기*' '중립 지키기' '상관하지 않기' 따위는 없다. 무임승차는 개인의 위험을 최소화하기 위해 고안된 전략이지만, 장기적으로는 위험할 수밖에 없다. 권력 남용이 허용될 때 안전한 사람은 없다. 결국 더욱 안전하고 건설적인 접근법은 크고 공공연한 위반뿐만 아니라 대수롭지 않게 보일 수 있는 사소한 위반 역시 훨씬 나쁜 행동으로 이어지는 길을 조금씩 넓힌다는 사실을 인식하고, 지적하고, 조용히 저항하는 것이다.

사소한 불의에도 목소리를 내야 하는 이유

지금은 좋은 친구가 된 동료가 있다. 그는 (남성으로 짐작되는) 어떤 창의적인 디자이너가 빨간 스틸레토의 형태로 만든 도어스톱으로 사무실 문을 받쳐놓았다. 그 자체로도 기발했지만 그것은 훌륭한 대화 소재가 되어주기도 했다. 하지만 나는 그 앞으로 지나갈 때마다 조금 불편했다. 독신 여성이 빨간 하이힐을 그의 사무실로 들어가는 입구에 보란 듯이 벗어놓은 것처럼 보였기 때문이다. 물론 신발 자체가 문제는 아니었다. 그 상황에서 신발의 존재가 암시하는 것과 그것이 내 머릿속에 떠올리는 생각이 문제일 뿐. 누군가(내가 아는 여자!)가 뛰어들며 옷을 벗어 던지고는 바로 그 순간에 그곳(그의 책상 위!)에서 재미를 보고 있을 거라는 생각이 들었다. 나는 그의 장난기를 이해했지만, 당시 그 학교에 있던 극소수의 여성 교수 가운데 한 명으로서 나는 그런 장난에 동조할 생각이 없었다. 그것은 한 남자가 다른 남자들에게 보내는 힌트, 남학생 클럽의 장난이나 '탈의실 음담패설'과 다름없었다. 무해해 보이지만 직장에서 성적 대상화가 되는 데 반대하거나 그 대상이 되거나 피해를 입는 여성, 적어도 중요한 여성은 주변에 없다고 가정하고 있었다.

나는 빨간 스틸레토를 꼭 권력 남용의 사례로 묘사할 생각은 없다. 하지만 권력자가 조용히, 은밀히, 아마도 의도치 않게 직장을 성적 정복의 현장으로 여기는 것을 허락한 사례라고 본다. 여기서는 사무실에서 성관계를 가질 수 있고, 그 사무실에 들어가면 지금 당장 그런 일이 일어날 수 있다는 메시지를 주는 것이다. 직장에서 여성을 성적 대상으로 언급하는 것은 재미있는 일이고, 그렇게 하면 사람들에게 좋게 인식된다는 메시지를 주는 것이다. 그리고 여성 동료 중에 누가 먹잇감이 될지 어떻게 알겠는가?

구두는 소품에 불과했지만, 무대 소품이 다 그렇듯 무언가의 상징으로 선택되었다. 무언가를 암시하고 분위기를 만들었다. 이렇게 노출되는 순간 관련된 아이디어를 저절로 떠올리게 하는 자극을 심리학자들은 점화prime라 부른다. 물론 사람들은 스탠퍼드 경영대학 교원의 복도를 걸어가면서 무슨 생각이든 할 수 있다. 문제는 내 연구에서(다른 사람들의 연구에서도) 이런 유형의 성적 점화가 연상시키는 생각들이 남성들에게 여성 동료들을 성적 대상화하고, 그들을 능력보다 성적 매력으로 평가하고, 여성 하급자들에게 성적으로 호기심을 갖고, 심지어 권력을 쥐었을 때 성 비위를 저지르게 한다고 밝혀졌다는 것이다.

나는 몇 달, 어쩌면 몇 년을 그 물건의 소유자나 다른 사람에게 한마디 할 생각도 않은 채 그 앞을 지나다녔다. 어찌 보면 그것은 장난일 뿐이었다. 하지만 한편으로는 내가 더 중요한 것들에 신경 써야 할 상황에서 어떤 옷을 입고 있는지, 내 옷차림이 너무 섹시한지, 아니면 충분히 섹시하지 않은지 의식하게 만들었다. 같은 건물에서 일하는 다른 여성들은 어떤 생각이 들었을까? 직장에서 그 동료와 나는 거의 대등한 위치였다. 하지만 조언을 구하러 그의 사무실로 찾아간 사무직원, 조교, 많은 여학생들의 기분은 어땠을까? 나는 그 동료에게 그런 지적을 할 수도, 그를 놀릴 수도, 내 기분이 찜찜하다고 털어놓을 수도 있었다. 복도를 내려가다가 그 물건을 슬그머니 집어 사무실 서랍에 숨기는 현명한 행동을 할 수도 있었다. 하지만 나는 방관자 역할을 택했다.

어느 날, 다른 남자 동료가 내게 그 도어스톱에 대해 어떻게 생각하느냐고 물었고 나는 내 생각을 이야기했다. 다음 날 그 물건은 자취를 감췄다.

권력자의 미심쩍은 행동에 대처할 때 가장 어려운 부분은 이상한 점을 찾아내어 있는 그대로 보는 것이다. 모든 사례가 명확한 것은 아니며, 선을 넘었는지 아닌지 애매한 상황도 있다. 그런 행동을 한 사람에게 누군가를 불편하게 할 의도가 없었다면? 그 상대가 개의치 않거나 눈치 채지 못한다면? 합의된 것처럼 보이는 관계라면? 만약 그 상원의원이 그런 발언이 용인되는 '다른 세대'에 속하기 때문에 그런 부적절한 발언을 한 것이라면? 정당한 권력 사용과 불쾌한 영역을 가르는 뚜렷한 선이 없는 상황에서 우리는 다른 사람들을 보며 어떻게 대응해야 할지에 대한 단서를 찾으려 한다. 다른 사람들은 아무도 인지하지 못하거나 뭔가 잘못됐다는 듯이 행동하지 않는다면, 우리는 그것을 나쁜 일이 아니라는 사회적 증거로 간주한다. 한 연구에서 밝혔듯이, 만약 사람이 가득한 공간에 연기 냄새가 나는데도 아무도 "불이야!"라고 소리치지 않는다면 당신은 비상 사태가 아니라고 판단하고, 아무것도 아닌 일에 호들갑을 떠는 멍청한 인간이 되고 싶지 않아서 잠자코 있을 가능성이 높다.

의사결정 전문가인 하버드 경영대학교원 교수 맥스 베이저만 Max Bazerman은 자신의 저서 《눈치채기의 힘The Power of Noticing》에서 뭔가 '이상하다'는 느낌을 무시하기가 얼마나 쉬운지를 설명한다. 그는 법무부가 담배회사를 상대로 제기한 소송의 감정인으로 참여했다가 증언 내용을 바꾸라는 부당한 압박을 받은 실제 경험을 소개한다. 그는 굴복하지 않았지만 그 일을 폭로할 수도 없었다. 나중에 다른 감정인도 같은 사건에서 증언을 바꾸라는 법무부의 압력을 받았다는 사실을 알게 된 베이저만은 결국 자신이 과거에 명백한 사법권 남용을 지적하는 조치를 왜 취하지 않았는지 반성해야 했다. 바쁘거나 부담스러울 때, 우리는 종종 무언가 잘못된 방향으로 가고 있다는 신호를 간과하거나 무시한다고 그는 결론을 내렸다. 이해할 만하지만, 이런 태도는 권력 남용이 계속되도록 공모하는 것이나 다르지 않다.

정당한 이유 없이 괴롭힘을 당했다고 주장하면 과잉 반응으로 관계, 평판, 경력을 망칠 위험이 생긴다. 가해자가 가해 사실을 부인하거나 (거의 항상 그렇듯) 정확히 무슨 일이 있었는지 모호하다면? 가해자에게 누구를 해칠 의도가 없었다면? (이 또한 사실일 때가 많다. 권력 남용은 피해자를 불쾌하게 하는 것이 아니라 가해자를 유쾌하게 하는 것이 목적이니까.) 우리 문화에서는 유죄가 입증될 때까지는 무죄로 추정하며, 특히 우리가 좋아하는 사람을 고발하는 경우에는 지나치게 신중해지는 경향이 있다.

실제로 존재하는 이 모든 불확실성 때문에 사람들의 행실과 다른 사람들에게 미치는 영향에 대해 책임을 묻는 조치를 전혀 취하지 않는 것도 정당화되곤 한다. 행동하지 않고 이런 합리화를 싸고 돌 때, 우리는 학대를 그저 방관만 하는 것이 아니다. 학대를 조장하는 것이다.

무시해도 되는 '남의 일'이란 없다

겉으로는 권력을 더 잘 다루는 방법에 대해 이야기하면서도 사람들의 속내는 다를 수 있다. 데이비드 매클렐런드의 지적대로 직업을 가진 성인 대부분은 권력을 다루는 것을 자신을 옹호하는 법을 배우는 것으로 생각한다. 하지만 권력을 대하는 보다 성숙한 입장은 권력을 얻는 것을 타인들을 옹호할 의무이자 기회로 받아들이는 것이라고 매클렐런드는 주장한다. 아일랜드계 미국인 외교관 서맨사 파워Samantha Power는 이런 태도를 지닌 사람을 '나서는 자'라고 표현한다.

나서는 자가 되려면 생각의 변화가 필요하다. 자신을 공동체의 일원으로 보는 법을 배워야 한다. 피해자든 악당이든 혼자 행동하는 배우보다는 수호자가 되어야 한다. 그는 타인을 위해 사회적 자본을 기꺼이 쏟아붓고 권력을 사용하는 사람이다. 그저 친절하거나 이타적인 사람이 되거나 그에 따르는 대가를 얻으려는 목적이 아니다. 집단의 성공과 번영을 위해서는 이런 개인적 위험을 감수할 필요가 있기 때문이다. 나서는 것은 위험하게 느껴질 수 있고, 실제로 위험할 때도 있다. 하지만 다른 사람들을 위해 목소리를 높이는 길을 택하면 보상이 따를 수도 있다. 지위와 존경을 얻고, 다른 사람들의 본보기가 되어 올바른 행동을 유도할 수도 있다. 권력이 크다고 느낄수록 서로의 드라마에 개입할 가능성도 커질 것 같지만, 연구에 따르면 그 반대다. 다른 사람을 보호하거나 돌보는 행동을 할 때, 우리는 더 강해진 기분을 느낀다.

나서는 자는 배우처럼 두려움을 무릅쓰고 사람들에게 영향을 줄 수 있는 행동을 하는 데 주력한다. 그것이 지위와 권력 경쟁에서 승리하는 최선의 수단이라서가 아니다. 집단을 위해 행동하는 것이 자신의 역할이기 때문에 다른 사람들을 위해 앞으로 나서는 것이다. 그것이 그 역할을 수행하는 유일한 방법이기 때문이다.

말이 가벼울 때와 말이 가치를 더할 때. 권력 남용이 발생하면 대개 '보고자'가 나타난다. 일기예보를 하듯 무슨 일이 벌어지고 있는지 떠드는 사람들이다. 말만 지껄일 뿐, 그들은 상황에서 멀찍이 떨어져 있다. 신이나 자연이 하는 일이라 우리는 전혀 손을 쓸 수 없다는 듯이. 자신이 무엇을 아는지, 그 일이 벌어지는 것을 어떻게 목격했는지, 어떤 일이 생겼는지(또는 생기지 않았는지), 왜 그런 일이 일어났는지, 누구의 잘못인지, 자신은 실제로 일어난 일을 어떻게 이해하고 있는지, 그 일이 얼마나 복잡한지 떠들면서 보고자는 스스로 유용한 역할을 하고 있다고 생각할 수도 있다. 하지만 실제로 사람들이 무대 뒤나 오프라인에서 이런 말을 할 때, '정보에 밝은' 사람으로 자신의 지위를 높이는 것 외에는 아무런 건설적인 영향을 미치지 못한다면, 그들은 유용한 정보를 전달하는 것이 아니다. 자신이 아무것도 하지 않은 것을 정당화할 뿐, 다른 쓸모는 거의 없는 숙덕공론을 하고 있을 뿐이다. '내부자' 지위에 기댄 전문 지식을 주장하면서 자신을 높이려는 것뿐이다. 진행되고 있는 일에 대해 분노를 표출하거나 사람들 앞에서 악당과 거리를 두거나 (우리 같으면 절대 하지 않았을 행동을 하여 불행을 자초한) 피해자를 탓하거나 반감을 표하는 방식으로 양심의 가책을 벗어 던지고 도덕적 우위를 주장할 수 있는 기회를 찾은 것이다. 손가락 하나 까딱하지 않은 채. 숭고한 목적이 없는 한담은 진정한 관심에서 나왔다 쳐도 자기만족일 뿐이다. 다시 말해, 자신 외의 누군가에게 유익한 행동을 동반하지 않을 때 말은 가벼워진다.

조직, 공동체, 그 밖에 괴롭힘이 발생하는 상황에 실제로 변화를 가져오는 '나서는 자'와 '보고자'의 차이는 무엇일까? 보고자는 자신의 경험과 성과에 무게를 둔다. 활동가, 협력자, 수호자의 역할을 하는 나서는 자는 다른 사람들의 경험과 성과에 무게를 둔다. 훌륭한 배우가 다 그렇듯, 그들은 자신을 떠나 주변의 상황, 공동체, 등장인물들에 초점을 맞춘다. 나서는 자는 피해자를 위로하거나 무례한 말에 재깍 항의하거나 가해자의 발언이 바람직하지 않다고 직접 지적하거나 정식 책임자에게 괴롭힘에 대해 알리는 등 다른 사람들에게 유익한 말을 한다. 나서는 자는 자신에게 위험이 없기 때문에 이런 행동을 하는 것이 아니라, 나서다가 위험에 노출될 수도 있는 매우 현실적인 가능성을 무릅쓰는 것이다.

서로를 이용하기보다 보살피는 세상에 살고 싶다면 우리는 주위에서 일어나는 괴롭힘에 대해 무슨 역할을 할 수 있을지 달리 생각해야 한다. 방관자 대신 나서는 자가 되려면 나서는 자의 역할을 충실히 연기하고 감당해야 한다. 한 사람이 권력을 휘둘러 다른 사람을 부당하게 모욕한다면 바로 그 순간, 모두가 지켜보는 자리에서 올바른 조치를 취하는 것이 바람직하다. 무슨 일이 일어나고 있는지 파악하고 지적하고 중단시키고 방해를 해보자(캠퍼스에서 성폭행을 막기 위해 권장되는 방법이다). 그럴 수 없다면 나중에라도 도움이 되는 행동을 하자. 상사에게 알린다든지, 피해자에게 점심을 사준다든지, 가해자는 어쩌고 있는지 은밀히 알아본다든지. 이런 사소한 행동들이 규범을 어떻게 바꿀지, 각자가 처한 상황에서 어떻게 처신해야 할지를 정의한다. 문화는 위에서 아래로 정의되지만, 가장 강력한 문화 변화는 아래에서 위로 진행되는 경향이 있다. 위험하게 느껴지지만 실제로는 별로 위험하지 않은 작은 실천을 날마다 계속하면 다른 방관자들에게도 똑같은 행동을 유도할 수 있다.

'나서는 자'가 되는 네 가지 방법

스탠퍼드대학교 심리학자 데일 밀러^{Dale Miller}는 개입을 할 것인지 말 것인지는 지금 일어나는 일에 우리가 얼마나 관심을 갖느냐와 더불어, 우리가 그 일에 관여할 '심리적 입장'을 지녔다고 느끼느냐에 달려 있다고 본다. 다시 말해, 많은 사람들이 타인의 드라마에 관여하는 것을 꺼리는 이유는 그렇게 할 자격이 없다고 생각하기 때문이다. 자신이 무력하다고 느낄수록 우리는 더 큰 권력을 지녔거나 당사자와 우리보다 가깝거나 거부 또는 개입할 정당한 권리와 입장을 지닌 사람이 책임을 져야 한다고 여긴다. 이렇게 보면 역할이 그토록 중요한 이유를 잘 알 수 있다. 역할은 타인을 대신하여 개입하는 것을 정당화한다. 역할을 좁게 정의할수록 우리는 '내가 알 바 아니다' 식의 태도를 가질 공산이 크다.

성폭력, 괴롭힘, 직장 내 차별 등 권력 남용을 막기 위한 공식적인 개입은 유력자들을 참여시킬 수 있는가에 달렸다. 구체적으로, 조직이나 공동체에서 유력자가 누구인지 밝혀 나서는 자가 되는 훈련에 참여시킨다. 남을 돕는 데 앞장서는 것을 존경받는 사람들이 하는 행동으로 널리 인식시키는 방법의 일종이다. 유력자는 또래 압력peer pressure의 원천이 된다. 따라서 취약한 사람들을 더욱 보호하기 위해서는 지위에 기반한 사회적 권력을 갖는 유력자를 참여시키는 것이 더 효과적일 수 있다. 이미 지위가 높은 사람들이 개입에 참여하면 주변부에서 시작하는 사람들(더 큰 용기가 필요하고 나서는 자들을 더 큰 위험에 빠뜨릴 수 있다)보다 효과가 더 신속히 나타나고 영향도 더 크다.

일례로 그린닷Green Dot 프로그램은 교내 성폭력 예방을 위해 사회적 지위가 높은 대학교생(예: 운동선수, 학생회장 등)을 모집하여 훈련하는 유력자 전술을 채택한다. 이제 이 방법은 비즈니스 세계에서도 성 편견을 줄이는 수단으로 쓰이고 있다. 스탠퍼드대학교의 사회학자로, 이 학교 산하 클레이먼 젠더 연구소 소장을 지낸 셸리 코렐Shelley Correll은 기술 대기업과 협력해 고용, 승진, 평가 과정에서 여성 직원에 대한 편견을 줄이려는 노력을 했다. 상담과 개입을 시작하면서 코렐과 동료들이 남성들을 협력자로 참여시키기 위한 다양한 방법을 시도해 본 결과, 남성들 사이에서도 열정에 큰 차이가 나타났다. 조직 내 성 편견 문제 해결에 매우 열성적이고 적극적인 사람들이 있는 반면, 직접 관여하는 것을 꺼리는 사람들도 있었다. 그래서 그들은 열성적인 남성 가운데 이미 가장 널리 존경받는 사람이 누구인지 조사하여 그들에게 참여를 꺼리는 동료들을 설득해 달라고 부탁했다. 그런 개입의 효과를 연구하는 코렐은 이런 결론을 내렸다. "가장 존경하는 사람들이 이미 참여하고 있는 경우, 주저하는 남성들을 참여시키기가 훨씬 쉬워진다."

'협력자'로 행동하는 것 역시 나서는 자 역할을 하는 효과적인 방법이다. 연구 결과, 성 편견의 표적이 직접 괴롭힘을 신고한 경우 신뢰받기 어려운 경향이 있었다. 하지만 표적 대신 동료가 괴롭힘을 신고하면 타격을 받을 가능성이 줄었다. 이를 테면, 여성들을 옹호하는 여성이나 성소수자를 옹호하는 성소수자들은 개인의 이해관계 때문에 행동한다고 인식되거나 다른 사람들과는 공유할 수 없는 정체성을 표현하는 것이 목적이라고 오해받기 때문에 행동의 영향력이 줄어든다. 그 결과 안타깝게도 여성의 권리나 성소수자의 권리는 남의 문제로 밀려날 수 있다. 하지만 이성애자 백인 남성들이 공동체의 더 취약한 구성원들을 옹호하기 시작하면, 그들은 다른 사람들을 위해 자신의 사회적 지위를 걸었다는 이유로 지위가 더 높아진다. 또 그런 행동은 다른 사람들도 비슷한 행동을 하게끔 유도할 수 있다.

뉴욕대학교의 엘리자베스 모리슨Elizabeth Morrison 교수는 조직시민행동organizational citizenship behaviors에 대한 연구에서 어떻게 하면 직원들에게 동료를 돕고 자신의 업무에 명확히 포함되지 않는 추가 업무와 사업을 맡는 등의 친사회적 행동을 유도할 수 있는지를 깊이 조사했다. 어찌 보면 그것은 사람들이 정체성과 업무상의 역할을 정의하는 방식에 대한 질문이다. 그들은 자신을 다른 사람들의 연기를 뒷받침하는 출연진의 일원으로 생각할까, 아니면 자신의 역할에 집중해야 하는 단독 배우로 생각할까? 자신을 전체 제작팀에 속하는 배우로 정의할 때, 우리는 동료 대신 위험을 감수할 가능성이 크다. 업무상의 역할을 재창조하는 이 과정을 내 동료 저스틴 버그Justin Berg는 자발적 직무설계job crafting라 부른다. 그는 사람들이 일과 관련된 작업(프로그래밍, 채용, 마케팅)뿐만 아니라 '역할 외'의 행동(포용하기, 멘토나 후원자되기, 팀원들과 협력하기, 나서는 자 되기)으로 업무를 정의하면 자연스럽게 일에서 더 큰 의미와 목적을 찾을 수 있다는 사실을 밝혔다. 이런 행동은 인간으로서 자신을 더 높이고 긍정하게 된다.

방관자들의 친사회적 행동을 유도하는 가장 믿음직한 방법은 그들이 할 수 있는 새롭고 명확하게 정의된 역할을 만드는 것이다. 붉은 베레모를 쓰고 위험한 동네의 지하철을 순찰하는 뉴욕시의 자원봉사자 모임인 가디언 에인절스Guardian Angels는 지역사회에서 괴롭힘을 멈출 수 있는 방관자들에게 힘을 실어줄 새로운 역할이 어떻게 창조될 수 있는지를 보여주는 완벽한 예다. 이 단체의 지역 지부는 표준 규칙, 규정, 훈련, 명확한 지휘 체계에 따라 운영되며, 각 자원봉사자는 정찰 대장의 지시를 받는다. 가디언 에인절스는 무기를 소지하지 않으며 정당한 법 집행권이 없지만, 오랫동안 범죄를 줄이는 데 큰 역할을 했다. 때로는 상습범을 추적하여 경찰이 도착할 때까지 잡아두기도 했다. 하지만 그들의 존재만으로도 강력한 억제 효과가 나타나곤 했다. 공동체에서 무슨 일이 일어나는지 감시하고 그것을 막을 준비가 되어있는 사람들의 존재가 알려진 것만으로도 충분했다. 사람들은 처벌을 피할 수 있다고 생각할 때 나쁜 짓을 한다. 배지를 달고 베레모를 쓴 시민의 존재는 지역사회의 안전을 지키기 위해 나설 준비가 된 목격자들의 존재를 뚜렷이 상기시키고 경고한다.

배지와 베레모가 없어도 다른 사람들을 지키려는 태도는 나쁜 행동을 멈춘다. 나쁜 행동을 멈출 수 있게 하는 방법은 다양하다.

무리에 합류하기. '숫자에 힘이 있다'는 말이 진부하게 들릴지 몰라도, 이 말은 사실이며 이를 인식하는 것은 중요하다. 영화제작자 하비 와인스타인을 예로 들어보자. 와인스타인이 젊은 여배우들을 추행하고도 처벌받지 않은 것은 그의 위상과 명성 때문이기도 하지만, 무엇보다 사적인 자리에서 피해자들을 한 번에 한 명씩 협박하여 그들이 서로에게 동지가 있다는 사실을 깨닫지 못하게 했기 때문이다. 피해자들은 무력감만 느끼다가, 더 이상 와인스타인에 때문에 직업상 피해를 당할 일이 없을 정도로 충분한 권력과 지위를 확보한 여배우들이 차례로 그에게 항의하는 목소리를 내기 시작했다. 일단 같은 말을 하는 여러 목소리가 나오면, 그 주장을 묵살하기가 훨씬 어려워진다. 래리 나사Larry Nassar에게도 비슷한 일이 일어났다. 그는 자신이 보살펴야 할 우수한 체조선수를 여럿 성추행했다. 여성들이 법정에 모여 단결된 모습을 보이면서 상황은 달라졌고 힘의 균형도 바뀌었다.

수업시간에 성차별적 발언을 하는 사람을 어떻게 대해야 하느냐고 내게 조언을 구하는 학생들이 있다. "행정실에 뭔가 조치를 요구해야 할까요?" 그들은 이렇게 묻는다. 내 충고는 항상 같다. 다 함께 힘을 모아 그만두게 만들라고. 관심 있는 친구들과 용납될 수 없는 행동이 무엇인지 사전에 합의하여 단체로 대응하라고. 누가 용납될 수 없는 행동을 하면 다 같이 일어나서 강의실을 나가라고. 물론 가해자가 지목되는 경우, 나는 언제든지 그 일을 대학교 감사실에 보고해야 한다. 하지만 안타깝게도 교수와 행정 직원들은 앞에서 이미 논의한 이유로 부적절한 발언을 한 사람에 대한 개인의 문제 제기에는 반응하지 않으며, 한 사람의 목소리로는 경각심을 일으키기도 어렵다. 혼자 나섰다가는 '너무 예민하게 군다'며 무시당하기 일쑤다. 그러나 수업 도중에 학생들이 우르르 강의실을 나오면 판이 커진다. 얘기가 전혀 달라진다.

특히 권력 남용에 대처할 때는 의사소통과 협력이 공동 행동의 핵심이다. 연구에 따르면, 집단의 이익을 위해 개인의 이익을 희생할지를 결정하기 전에 서로 대화를 나누는 것만으로도 사람들이 그런 결정을 내릴 가능성은 훨씬 높아진다. 소통은 신뢰를 높이고 전략적 협력을 유도한다. 서로에게 헌신하고, 역할을 분담하고, 전략을 구사할 기회를 준다. 1980년대에 대형 법률회사에서 성실히 일했고 성과도 좋았던 여성 변호사가 파트너 승진에 번번이 (그리고 부당하게) 제외되었던 사례에서 이 방법은 효과를 보였다. 비서들은 이렇게 약속했다. 상사들에게 만약 다음에도 이 변호사가 승진하지 못하면 출근을 하지 않겠다고 한꺼번에 선언하기로. 과연 다음 기회에 그녀는 파트너 변호사로 승진했다.

최근 #미투 운동을 계기로 성차별이 만연했던 대기업의 여성 임원도 비슷한 전략을 구사했다는 이야기를 들었다. 많은 여성들이 오랫동안 인사와 관련한 온갖 불만을 제기하는 것을 보고, 그녀는 조용히 집단행동을 조직하기로 했다. 그녀는 여성 지인들에게 연락해 같은 날 정확히 같은 시간에 개인의 불만 사항들을 제출하자고 촉구했다. 그녀에 따르면 마치 폭탄을 떨어뜨리는 것 같았다. 인사 부서는 혼란에 빠졌고, 몇 주 안에 급여가 조정되었다. 가해자들은 해고되거나 휴직 조치를 당했다. 그런 조치는 회사의 문화를 돌이킬 수 없이 바꿔놓았다.

개개의 방관자는 괴롭힘의 드라마에서 단역을 맡았을지라도, 무리의 일부가 되면 주연이 된다. 소수의 영향력에 대한 연구에서는 반대하는 목소리가 둘만 되어도 하나일 때보다 훨씬 강력하다는 것을 보여준다. 신뢰도가 높아지고, 해고하기가 어려워지며, 보복 위험도 낮아진다. 개별 내부고발자를 해고하거나 입막음하기는 쉽지만, 비서가 한 명도 없으면 일하기가 쉽지 않다.

이런 노력은 집단이나 조직의 괴롭힘, 차별, 성희롱, 폭행에 대처하는 유용한 본보기가 된다. 수상한 상호 작용을 인지하고 조사하고 보고하도록 방관자들을 훈련하면, 우리는 선을 넘는 행동과 계층적 조직 환경에서 불안감을 느끼게 하는 행동에 공동 대응하는 쪽으로 방식을 바꿀 수 있다. 그것은 책임감 있는 선택이며, 지금보다 권력 남용이 어려운 환경을 만드는 데 관심이 있는 사람 모두에게 현명한 선택이다.

유머 구사하기. 괴롭힘은 웃을 일이 아니지만, 누가 예의의 경계를 벗어나는지를 감시할 때는 가벼운 접근법이 효과가 있다. 신임 조교수 시절, 카페테리아에서 MBA 학생 한 명이 내 뒤에서 몰래 다가와 내 허리에 손을 얹으며 인사했다. 그토록 대담하게 내 공간을 침범한 사람이 누구인지 확인하려고 뒤를 돌아보는 순간, 다른 학생이 우스꽝스럽게 달려와서 그의 손을 후려쳤다. "이 자식아!" 그는 웃음을 터뜨렸다. "손은 왜 대는 거야! 대체 무슨 생각으로?" 유쾌하지만 단호한 개입이었다.

최근 평등고용기회EEOC 공청회에서 이 주제에 대해 증언한 성희롱 상담가 프랜 새플러Fran Sepler 역시 재치 있게 한 방 먹이는 방법으로 나쁜 행동을 막으라고 권한다. "올해가 몇 년도인데 그런 소리를 해요? 1970년이었나?" 성차별적 발언에 대해 내가 개인적으로 좋아하는 반응 중 하나다.

최근 기술 업계에 종사하는 영업사원으로부터 이 조언의 효과를 검증했다는 이야기를 들었다. 그는 업무 회의에 참석했다가 늦은 시간에 술자리에 있었는데, 한 동료가 자신이 같이 자고 싶은 여성 동료들의 순위를 매기기 시작했다. (아기 아빠인) 내 친구는 얼른 끼어들어 최대한 화난 아빠 목소리를 냈다. "이제 그만! 잘 시간이에요. 당장 방으로 돌아가요." 다들 왁자하게 웃었고, 순위 매기기는 흐지부지 끝났다.

놀리기는 너무 가벼운 행동으로 느껴질 수도 있지만, 사실은 매우 강력하다. 놀림을 사회 역학으로 연구하는 내 동료 대커 켈트너 Dacher Keltner는 놀리기가 관계를 강화하는 동시에 권력자에게 진실을 알리는 수단이 될 수 있다고 설명한다. 핵심은 가해자를 농담의 소재로 만들 방법을 찾는 것이다. 예를 들어, 하급자들이 두려워하는 대상이라는 이유로 동료를 놀릴 수 있다. 그의 권력을 인정하면서도 그런 영향력이 별로 자랑스러워 할 것은 아니라는 뜻을 넌지시 비추는 것이다. 놀림은 포괄적으로 권력을 드러내는 방법이다. 누군가가 집단의 일원임을 재확인시키는 동시에 그를 한 단계 깎아내리는 것이다.

벌칙 구역 만들기. 최근 매기 닐Maggie Neale 교수의 스탠퍼드 은퇴식에서 나는 그녀를 "단호하지만 공정하다"고 묘사했다. 이런 품성은 그녀가 '벌칙 구역'이라 부르는 것을 사용하는 방식에서 드러난다. 주위 사람 중 누군가가 나쁜 짓을 하면, 그녀는 직장 동료 집단에서 그를 일시적으로 쫓아내어 게임에서 소외시킨다. 그것은 비밀이 아니다. 그녀가 직접 밝히기 때문에 자신이 그 안에 속하는지 아닌지는 자신도 알고 다른 사람들도 안다. 그녀와 나는 25년 동안 가까운 동료로 지냈기에 많은 역사를 공유한다. 이를 테면 내가 "아무개는 요즘 어떻게 지내요?" 하고 물었을 때 그녀가 "벌칙 구역에 있어요"라고 대답하면 우리는 같이 낄낄거린다. 가끔은 내게 이유도 말해준다. 놀리기와 마찬가지로, 누군가를 벌칙 구역으로 보내는 것은 가해자에게 그가 그녀의 사람이고 그의 행동을 그녀가 중요하게 생각한다는 것을 알리는 한편, 똑바로 처신하지 않으면 무리에서 배제된다고 경고하는 의미도 있다.

벌칙 구역은 엄격한 제재지만 위반자에게 반성의 여지도 준다. 영원한 추방이 아니다. 잘못을 명확하게 지적하지만, 적어도 처음에는 용서받을 수 있다. 또 벌칙 구역은 '눈에는 눈, 이에는 이' 전략의 완벽한 예다. 상대가 점잖게 행동한다면 당신도 점잖게 행동하지만, 누군가 난폭하게 굴면 즉시 되갚아 주는 것이다. 자신의 무리에서 권력 오남용을 단속하는 좋은 방법이다. 사람들의 행동을 가급적 선의로 해석하되, 그런 신뢰가 침해당하면 가만히 있지 않는다. 이 전략의 핵심은 원한을 품지 않는 것이다. 나쁜 행동을 멈추고 잘하려고 노력하면, 즉시 용서하고 다시 다정하게 대한다.

우리를 직접 겨냥하지 않은 나쁜 행동은 그냥 무시하면 사라질 거라 믿고 싶어진다. 하지만 연구에 따르면 그렇게 되지 않는다. 이

것은 동기부여 관련 이론의 기본이다. 사람들은 경제적 보상과 승진뿐만 아니라 사회적 지위 측면에서도 보상을 받는 행동을 계속하기 마련이다. 무엇보다 다른 사람의 지위에 영향을 미치려면 그 사람을 대하는 당신의 행동 방식을 바꿔야 한다. 좋은 행동을 유도하고 나쁜 행동을 방지하기 위해 뭔가를 해야 한다. 행동하지 않으면 타인을 대하는 누군가의 태도를 보고 당신이 어떤 감정을 느끼든 아무런 의미가 없다. 자신의 권력을 잘 쓰는 사람들, 위험을 감수하고 공개적으로 다른 사람들을 지지하는 사람들은 인정과 감사를 받아야 마땅하다.

권력을 남용하는 사람들은 당연히 부정적인 결과를 경험해야 한다. 우리는 지금껏 그렇게 할 수 있는 다양한 방법을 논의했다. 꼭 정식 책임자여야 할 필요는 없다. 승진시키거나 해고시킬 권한, 금전적 보수를 통제할 권한이 없다 해도 우리 모두에게는 주변에서 일어나는 일에 반응하고 사회 규범을 집행할 권력이 있다. 이를 테면, 동료 집단에서 우리는 날마다 점심 약속이나 회식, 비공개 회의에 누구를 포함시킬지, 그룹 채팅에 누구를 참여시킬지, 누구의 문자에 응답하고 응답하지 않을지를 결정한다. 한동안이라도 누군가를 차단하는 것은 우리가 살고 일하는 지역에서 동료들 사이의 권력 오용을 막는 매우 효과적인 방법이다. 자신의 권력을 잘 사용하려면, 우리는 다른 사람들의 드라마에서 우리가 연기해야할 역할을 기꺼이 받아들여야 한다.

관심 있는 듯이 행동하기. 역사상 처음으로, 권력의 전당에서 성적 일탈은 더 이상 당연하지 않은 시대가 도래했다. "남자들이 다 그렇지." 따위의 구실로 묵인되거나 무시되던 권력 남용이 이제는 실제 피해자와 심각한 결과가 따라오는 중범죄로 널리 인식된다. 그 결과, 남성들에게 책임을 물어야 한다는 압력이 그 어느 때보다 커지고 있다.

게다가 이제는 여성의 성장을 지지하는 남성, 상사, CEO로 알려지면 확실한 보상을 받는 시대가 되었다. 우리는 남성이 여성에게 군림하기보다 여성과 권력을 공유할 때 더 높은 지위에 오르는 지점에 도달했다. 힘의 균형이 바뀌고 있는 것이다.

수십 년 전 일리노이대학교에서 공부하던 시절에, 나는 5년 내내 단 한 명의 여성 교수도 동료나 지도교수로 만난 기억이 없다. 심리학자들이 가득한 8층 건물에는 캐롤 드웩Carol Dweck과 성희롱 전문가 루이즈 피츠제럴드Louise Fitzgerald 같은 소수의 유명한 여성들이 전부였다. 물론 행정 직원들은 하나같이 다정하고, 대단히 유능하고, (추측만 할 수 있을 뿐이지만) 자격이 넘치는 여성들이었다. 한편으로 내게는 울면서 회의실을 뛰쳐나오고, 모멸감을 느끼고, 부당한 평가를 받고, 때로는 남성 교수의 성적 대상이 되었다는 여성 친구들도 있었다. 흔한 일은 아니었지만, 아주 드문 일도 아니었다.

특히 최근의 사건들에 비추어 보면, 과거 여러 해 동안 내가 어떻게 큰 상처를 받지 않고 그런 환경에서 벗어날 수 있었는지 의문이 생겼다. 내가 아주 운이 좋았다고 대답할 수밖에 없다. 그때도 알았지만 지금은 깊이 이해한다. 나는 우여곡절 끝에 내게 지극히 우호적인 과정에 들어갈 수 있었다. 교수, 공동 저자, 통계에 대해 조언해준 동료, 논문을 검토해 준 동료 등 그곳에서 만난 남성들은 나를 지키고 돌봐주었다. 다들 자신이 가진 지위와 권력을 휘두를 수 있는 사람들이었지만, 오히려 나를 보호하려 했다. 내 글을 평가하고 피드백을 제시했으며, 데이터를 분석하는 법, 편집자와 논쟁하는 법, 학술 논문을 쓰는 법, 비평하는 법을 가르쳐주었다. 도움이 되는 추천장을 써주는 것은 모든 지도교수가 지닌 엄청난 권력의 원천이지만, 그 대가로 나는 (나의 노력을 제외하고는) 아무것도 요구받지 않았다.

그들을 보면 여성 하급자들과 함께 일하는 것이 쉬운 일 같았다. 공식적인 권력은 없어도 지위를 가진 박사 후 연구원, 객원 연구원, 선배 대학원생 등 다른 남성들도 있었다. 그들은 일하는 법을 알고, 돌아가는 상황을 잘 이해하고, 여학생들을 존중하고 칭찬하며 대등한 존재, 동등한 인간으로 대했다. 내게는 오빠들 같은 존재였다. 그들은 우리에게 안부를 묻고, 누구를 조심해야 하는지 귀띔해주고, 우리를 대할 때 선을 넘는 듯한 사람이 있으면 우리에게 알려주곤 했다. 가끔 남녀가 어울려 맥주를 마시러 나가면 그들은 이야기를 들려주고 서로를 친근하게 놀리면서 모두에게 선이 어디까지인지 상기시켰다. 그들은 여전히 모든 패를 쥐고 있는 교수들의 심기를 건드릴 위험도 기꺼이 무릅썼다.

이 책을 쓰면서 나는 당시에 나의 안전과 행복을 지켜주려 애쓰던 남성들에게 연락을 해보았다. 그들이 왜 그랬는지 알고 싶었다. 좀 더 일반화하면, 방관자가 자신에게 위험할 수 있는 상황에서도 권력을 책임 있게 사용하고, 권력이 없는 사람들을 보호하는 동기가 무엇인지 궁금했다.

그들은 연대감과 공동체의식이라고 설명했다. 그 가운데 한 명은 이렇게 대답했다. "나 역시 함께 고생한 대학원생 집단의 일원이었으니까."

여기서의 교훈은 우리가 자신을 관객보다는 배우로, 구경꾼보다는 출연자로 여길 때 권력 남용을 제대로 감시할 수 있고, 경우에 따라 통제할 수도 있다는 것이다. 누가 신경을 쓰고 누가 신경 쓰지 않는지, 당신이 신경을 쓰는지 안 쓰는지의 문제가 아니다. 대부분의 사람들은 주위에서 일어나는 권력 남용에 신경이 쓰인다. 신경 쓰이는 듯이 행동하는 법을 배우느냐 아니냐의 문제다.

Chapter 10

†

내가 가진 권력,
어떻게 사용해야 할까?

　#미투 운동이 한창일 때, 폴 라이언Paul Ryan 하원의장은 미국공영라디오 기자에게서 의회에 만연한 성 비위 문제를 해결하려면 어떻게 해야 하느냐는 질문을 받았다. 라이언은 이렇게 대답했다. "우리는 선출직 공무원이니 더 높은 기준을 적용받아야겠죠." 기자가 되물었다. "그 기준이란 무엇인가요?" 라이언이 대답했다. "음, 좋은 질문이네요. 의원들은 우리가 사람들에게 기대하는 기준을 지키고, 롤 모델이자 모범이 될 수 있게 스스로에게 엄격해져야 한다고 생각합니다. 분명히 사람들은 그 수준에 미치지 못하기 때문에 좀 더 잘하려고 항상 노력해야겠죠."

　뭐라고? 제대로 된 대답을 못 한 것이 그의 잘못은 아니다. 나는 권력자가 고수해야 하는 기준을 제대로 설명하는 사람을 본 적이 없다. 사실은 나도 아직 확실히 정리하지 못했다. 그것을 표현할 적절한 어휘가 없고, 심지어 그것이 정확히 어떤 기준인지 알 수도 없다. 우리가 권력을 잘 사용하는 사람들에게는 그렇지 못한 사람들만큼 관심을 기울이지 않기 때문이다. 권력자가 권력을 잘 사용하면 뉴스거리가 되지 않는다. 결국 우리는 유능한 권력자의 의미가 무엇인지, 그런 권력자가 되려면 어떻게 행동해야 하는지 명확하게 알지 못한다.

대부분의 사람들은, 라이언처럼 큰 권력을 쥐었을 때 하지 말아야 할 행동이 무엇인지는 설명할 수 있다. 거들먹거리지 않고, 사람들을 이용하지 않으며, 지위를 이용해 개인적 이익을 추구하지 말아야 한다. 하지만 심리학자들에 따르면, 행동 변화를 유도하려 할 때 이렇게 '하지 말아야 할 것'을 정하는 방식은 도움이 되지 않으며 오히려 상황을 악화시킬 수도 있다. 작고한 하버드대학교 심리학자 댄 웨그너Dan Wegner의 연구는 사람들이 스스로 무언가를 하지 말자고 생각하면, 무심코 그것을 할 가능성이 더 높아진다는 사실을 밝혔다. 무언가를 하지 않겠다고 생각하면 그 일을 한다는 생각이 저절로 활성화되기 때문이다. 흔한 예를 들어보자. 만약 내가 당신에게 "흰곰을 생각하지 마세요"라고 말하면 무슨 일이 생길까? 당신은 흰곰을 생각하게 된다. 웨그너의 연구에 따르면 권력의 전당에서 성 비위를 억제하려 할 때도 같은 일이 생긴다. 한 실험에서 참가자들은 카드놀이를 하면서 동시에 테이블 밑에서는 농탕질을 하라는 지시를 받았다. 일부 참가자들은 자신이 무엇을 하고 있는지 숨겨야 했고, 다른 참가자들은 거리낌 없이 행동할 수 있었다. 그 후에 자신의 파트너에게 더 매력을 느꼈다는 참가자들은 어느 쪽일까? 자신들이 '농탕치고' 있는 것을 숨기려 한 사람들이었다.

그러므로 주연을 할 때는 하지 말아야 할 것을 아는 것만으로는 충분치 않다. 그보다는 권력에 따르는 에너지를 사회에 보탬이 되는 행동으로 전환할 필요가 있다. 그 방법에 대한 명확한 기준이나 기대가 없는 상황에서는 사람들의 행동이 미흡한 것도 당연하다. 볼 수도 없는 것이 될 수는 없는 법이다.

롤모델을 찾아라

누구에게나 롤모델은 필요하다. 불행히도, 영감을 줄 롤 모델을 찾을 때 가장 도움이 안 되는 것은 뉴스다. 유명인 중에는 파렴치한 인물이 많다. 권력을 생각하면 이런 부류의 사람들이 맨 먼저 떠오르지만, 인생에서 본받고 싶지 않은 사람들을 떠올리는 것만으로는 충분치 않다. 영감을 찾을 때는 스스로에게 질문을 던지는 편이 훨씬 낫다. 내 인생에서 권력을 사용해 나를 진정으로 변화시킨 사람은 누구였나?

나에게는 지금은 세상을 떠난 위대한 조 맥그래스Joe McGrath가 그런 인물이었다. 조는 (역시 교수이자 사회심리학자인) 우리 아버지가 존경하는 유명한 사회심리학자였기에 나는 그를 알고 있었지만, 그는 나를 알지 못했다. 나는 어디에도 마음을 두지 못한 채 서른을 앞둔 상태에서 장래를 고민하고 있었다. 5년 동안 학교로 돌아가 내 적성에 맞을지 안 맞을지 알 수 없는 연구와 교육에 매진하기 위해 동부 해안에서 옥수수 밭으로 이사해야 했다. 나는 비행기를 타고 시카고로 가서 차를 렌트한 다음, 중서부의 심리학과들을 찾아다니기 시작했다. 누구에게도 사전에 통보하고 찾아간 것은 아니었다.

처음으로 찾아간 곳은 일리노이대학교 어바나 샴페인이었다. 나는 관광객처럼 심리학과 건물을 헤매고 다니면서 아버지가 알려준 이름을 찾으며 그곳을 감각에 담으려 애썼다. 어느 순간, 나는 2층 복도 중간에 멈춰 서서 건물 내부의 안뜰을 내려다보고 있었다. 고개를 들었더니 검은 운동화를 신은 한 남자가 옅은 미소를 띤 채 다가오고 있었다. "뭐 찾고 있어요?" 그가 물었다.

그는 부드러운 말씨에 두꺼운 안경을 쓰고, 셔츠 가슴 주머니에 펜을 꽂고, 허리에 꽉 끼는 실용적인 바지를 입은, 전형적인 교수 같은 모습이었다. 나는 식당 종업원으로 일하면서 직장을 구하고 있고, 대학교에 지원할 생각도 있다고 그에게 말했다. 그는 탄 커피 냄새를 풍기는 작고 어수선한 사무실 문을 열고 나를 안으로 초대했다. 그는 내게 1시간과 관심을 내주었고, 나는 조가 만든 공간에서 여태 찾던 것을 발견했다.

결국 일리노이대학교에 지원해 입학 허가를 받은 나는 조가 맡은 연구 사업에서 연구 보조원으로 일하게 되었다. 준비가 안 된 것 같은 기분으로 그곳에 도착했지만, 조는 내 안의 무언가를 보고 그것이 무엇인지 밝히기로 결심한 모양이었다. 어찌 보면 그는 기대 수준이 매우 높았다. 무엇이든 대충 넘기는 법이 없었다. 한편으로 나는 그가 내게 진심으로 실망할 일은 없을 거라고 느꼈다. 그는 내가 한 일을 가혹하게 평가했지만 절대 내 인격을 깎아내리는 법은 없었다. 내가 성공하든 실패하든 그의 지지는 한결같았다. 그는 항상 내 편에 서서 나를 지도하며 격려하고 조언했다. 내 과제가 마음에 들면 그는 여백에 빨간색으로 "잘했어요!"라고 휘갈겼고, 내가 방향을 잘못 잡으면 "이런!"이라고 적었다. 내가 크게 좌절하면 나를 다독여 곧바로 제자리로 돌려보냈다.

우리는 많은 시간을 함께 보냈다. 매주 그의 사무실에서 일대일 회의를 했고, 때로는 그의 집에서 만나 주방 옆에 있는 작은 서재에서 의자에 몸을 기댄 채, 우리가 하는 일에 대해 이야기를 나눴다. 어느 여름에 조와 아내 매리언은 나와 다른 학생 몇 명을 미시건 교외에 있는 호숫가 별장으로 초대했다. 우리는 손님방에, 조와 매리언은 본채에서 지냈다. 우리는 숲속에서 한참을 산책하면서 모기떼를 쫓으며 생각을 나누었다. 조와 나의 관계는 매우 친밀했고, 매우 따뜻했으며, 조금도 부적절한 기색 없이 안전했다. 내 자신이 어느 때보다 만족스럽고 안정되고 유능하다고 느껴지던 시절이었다. 그

——————— *Horizontal Power* **수평적 견력**

의 가르침 아래서 나는 성장하기 시작했다.

우리, 특히 여학생들은 그를 존경했지만 모두가 그런 것은 아니었다. 조는 싸움꾼이었다. 자신이 정한 규칙을 따르지 않는 사람이 있으면 그는 싸우려 들었다. 자신의 원칙을 제외하면 대부분의 측면에서 아주 개방적인 사람이었다. 신중할 줄 알면서도 필요하다고 생각되면 가차 없이 엄격해졌다. 다정한 사람이었지만 그(또는 그가 책임지는 사람들)는 쉽게 이용당하지 않았다.

조가 자신의 권력에 대해 어떻게 생각했는지는 알 수 없지만, 그는 분명히 권력을 의식했고 어떻게 사용할지에 유념했다. 조는 자신의 학생들이 위험을 감수해야 한다는 두려움을 느끼지 않고 학업에 열중할 수 있는 안전한 공간을 만들었다. 권력 불평등을 인정하면서도 그는 사람들을 똑같이 존중했다. 지성, 노력, 뛰어난 능력을 높이 평가했지만 뼛속 깊이 엘리트 의식에 물든 사람은 아니었다. 그는 자신이 아닌 자신의 일을 진지하게 받아들였다. 조 맥그래스는 나에게 모든 권력자가 지켜야 할 기준을 정해주었다.

무엇을 위해 권력을 사용해야 하는가

응용윤리학에서 선행beneficence은 권력자에게 나머지 사람들의 복지를 우선시할 의무를 지우는 원칙이다. 연구 환경에서 이 개념은 연구자들이 연구 주제를 다루는 기준을 나타낸다. 비즈니스에서 선행은 권력을 사용하여 직원과 고객의 권리를 존중하면서 재정적 성과를 달성하는 것을 의미한다. 선행은 권력을 단순히 축적하거나 멋대로 휘두를 수 있는 자원이 아니라, 다른 사람들에게 투자하는 자원으로 취급하는 것이다. 선행의 기준에서는 권력을 가진 것을 대수롭지 않게 여긴다. 행위자는 이미 충분한 권력을 가지고 있으며 한 인간을 판단하는 척도는 얼마나 막강한 권력을 지녔느냐가 아니라, 무엇을 위해 권력을 사용하느냐에 달려있다고 본다.

주역 맡기. 셰익스피어는 온 세상이 무대라고 했는데, 나는 그 규모를 조금 축소하여 조직은 극장과 같다고 말하고 싶다. 권력자의 역할을 맡은 배우가 권력을 잘 사용하려면 주역을 연기해야 한다. '리더'가 절대 위임해서는 안 되는 두 가지가 있는데, 하나는 비전이고 하나는 역할이다. 이 말이 무슨 뜻일까? 어떤 맥락에서든 가장 계급이 높은 구성원은 자리에 따르는 지위, 인지도, 권력을 이용해 나머지 사람들에게 혼란스러운 세상을 설명하는 의미를 제공해야 한다는 뜻이다. 리더는 종종 무대에 나타나 배우들이 모두를 하나로 묶는 공동 목표에 집중할 수 있도록 방향과 목적지를 분명히 밝혀야 한다. 명확하고 고차원적인 공동 목표가 없는 조직은 시시한 무리로 전락한다. 가장 불안정한 사람들, 인정이 필요한 사람들, 자신의 가치를 높일 기회를 먼저 차지하려는 사람들의 싸움터가 된다.
　지도자가 권력을 쓰는 방식은 다른 모든 사람들을 위한 무대를 마련하는 것이다. 최고 권력자가 비전을 명확하게 밝히지 않는 조직에서는 나머지 구성원들이 통제력을 두고 경쟁하고, 지배권을 차지하려고 다투며, 서로 다른 목적으로 일한다. 위에서 내려오는 뚜렷한 방향 감각이 없으면, 조직은 바삐 돌아가는 것처럼 보여도 생산적이거나 의미 있는 일을 해내지 못한다. 또 명확한 공동의 목적이 없으면 구성원들은 자신들이 하는 일에서 의미를 얻기 위해 저마다의 목적을 추구하게 된다.

때로 권력자들은 너무 독재적이고 지배적이거나 거만하게 보일까(아니면 자신이 틀릴까) 우려하여 이런 책임을 피하려 한다. 이를테면, 새 리더가 일을 배우고 사람들의 호감을 사기 위해 비전, 목표, 또는 전략을 정하는 절차를 위임하는 경우는 드물지 않다. 하지만 이런 조치는 대개 옳지 않다. 조직 구성원들이 중요하게 여기는 것을 파악하고 그들의 의견을 전략적 선택에 반영하는 것은 문제가 아니다. 하지만 우두머리는 조직을 리드해야 한다. 그것은 위험을 무릅쓰고 앞으로 나서는 것을 의미한다.

어떤 맥락에서든 주역을 맡으려면 자신을 롤모델로 여기든 아니든 롤모델이 되어야 한다. 존중과 존경을 받을 가치가 있는 사람이 어떻게 행동하는지 기준을 정하기 위해서는 몸소 그것을 보여주어야 한다. 조직학자 리 볼먼Lee Bolman과 테런스 딜Terrence Deal이 공동 저서《조직의 재구성Reframing Organizations》에서 지적했듯이, 리더십을 자신이 맡은 배역이나 역할로 보면, 조직에서 가장 주목받는 배우들은 조직에서 가장 신성한 가치를 몸소 실천하며 살아가고 있음을 알 수 있다. 강력한 리더는 결과만 이끌어내는 사람이 아니다. 리더의 역할은 "조직의 목적에 대한 믿음을 심어주고 길러주며, 희망과 신뢰를 가꿔주는 것"이다. 다시 말해 리더는 그럴 의도가 있든 없든 무언가를 상징한다.

권력을 잘 쓰는 리더

미 공군의 제이 실버리아Jay Silveria 중장은 확실히 알고 있다. 선행의 문화를 만들기 위해서는 권력을 어떻게 사용해야 하는가에 대한 모범 사례가 필요하다면 유튜브에서 그를 찾아보자. 하지만 그 전에 약간의 배경지식이 필요하다.

2017년 가을, 경쟁력 높은 콜로라도 스프링스의 미 공군사관학교 예비학교의 새 학기가 시작될 무렵, 다섯 명의 흑인 사관후보생들은 게시판에 적힌 인종차별적 비방을 발견했다. 실버리아는 4,000명의 생도와 1,500명의 교직원이 모인 앞에 제복을 입고 등장하여 연설을 시작했다. "여러분이 분노했다면 그것은 당연합니다." 그는 다섯 생도에 대한 모욕을 그곳에 모인 사람들 개개인에 대한 모욕으로 정의했다. "예비학교에서 일어난 일이니 우리와는 상관없다고 생각할 수도 있겠지요." 그는 군대의 강력한 힘은 다양성에서 나오기 때문에 그 생도들이 당한 인종 다양성에 대한 공격은 군대에 대한 공격이라고도 했다. "이곳은 우리의 학교이며, 우리의 가치는 아무도 빼앗을 수 없습니다." 이런 말을 하는 리더는 많지만 연설의 막바지에 실버리아처럼 행동한 리더는 드물다. "다들 휴대폰을 꺼내세요." 그는 자신이 같은 말을 반복해야 할 일이 또 생길 때를 대비해 사람들에게 녹음을 권했다. 그러고는 이렇게 말했다. "다른 사람의 존엄성을 존중할 수 없다면 여기서 나가십시오."

리더로서 권력을 잘 사용한다는 것은 인질 협상가 조지 콜리저 George Kohlrieser가 말하는 '안전기지secure base'를 마련하는 것이다. 안전기지란 "보호, 안전, 보살핌을 제공하고, 용기, 탐구, 위험 부담, 도전을 추구할 영감과 에너지의 원천이 되어주는 사람, 장소, 목표 또는 물체"를 가리킨다. 콜리저는 영국의 정신분석가 존 볼비John Bowlby의 애착 이론을 바탕으로 권위 있는 인물들에게 강한 애착을 느끼는 사람들이 심리적으로 안정적이라고 보았다. 결핍을 느끼는 사람들과 달리 그들은 지혜롭고 성숙하게 행동한다. 조직에서 이런 결과는 왜 중요할까? 권력자는 자신의 행동에만 책임이 있는 것이 아니기 때문이다. 권력자는 자신의 관리 범위 내에서 발생하는 괴롭힘에도 책임이 있다.

중요한 역할일수록 그 자리에 적합한 사람을 앉혀야 하는 이유는 그 때문이다. 사람들이 안정감을 느끼고 최적의 성과를 낼 수 있는 문화를 만들기 위해서는 리더가 방향을 정하고 주도적인 역할을 하는 것만으로는 충분치 않다. 조직의 다른 구성원을 선행과 성숙이라는 기준에 따라 보상하고, 승진시키고, 그들에게 중요한 역할을 맡기는 것이 중요하다.

우리가 몰랐던 새로운 권력이 온다

조직에서는 누가, 어떻게 중요한 역할을 맡을까? 누가 주목을 받을까? 누가 매력적으로 보일까? 대인관계에서 어떤 자질이 가장 높은 평가와 보상을 받을까? 배역을 정할 때, 우리는 장점을 객관적인 기준으로 사용하는 방법을 선호한다. 하지만 좋은 성과의 의미는 매우 주관적이다.

연극에서나 인생에서나 특정한 유형의 사람들은 특정 유형의 역할 연기에 갇히는 경향이 있다. 우리가 과거의 경험에 기대어 '그 역할에 잘 어울리는' 사람들을 선택하기 때문에 생기는 일이다. 극장에서는 이를 '타이프캐스팅typecasting'이라 부른다. 그 밖의 다른 곳에서는 '편견'이라 부른다.

어떤 역할에든 타이프캐스팅이 매우 흔하다는 증거는 차고 넘친다. 암묵적 편향에 대한 연구에 따르면, '사회적 지위가 높은' 집단에 속하는 사람들은 주도적인 역할을, '사회적 지위가 낮은' 집단에 속하는 사람들은 보조적인 역할을 할 것으로 기대된다. 왜일까? 늘 그래왔기 때문이다. 심리학자들이 오래전부터 관찰한 결과, 대부분의 사람들은 세상이 정의롭다고 믿는다. 즉 우리는 별 생각 없이 위계질서가 개인의 가치를 바탕으로 한 공정하고 공평한 질서를 반영한다고 여기는 경향이 있다. '공정한 세상'에 대한 이런 믿음은 좀 더 깊이 생각해 보면 사실과 다르지만, 모든 것은 원래 있어야 할 자리에 있음을 암시하여 심리적 안정감을 준다.

이런 믿음의 결과는 자명하다. 어느 기업을 보아도 사회의 신분 질서를 그대로 반영하고 있다. 인재 집단의 대표성을 나타내지 못하고 조직마다, 다른 어떤 유형보다 백인 남성들에게 중요한 역할을 맡긴다. 왜일까? 기업과 단체는 이미 내부에 있는 고위직처럼 보이고 행동하는 사람들을 캐스팅하는 경향이 있기 때문이다. 따라서 백인 남성이 운영하는 조직이라면, 더 많은 백인 남성들을 '리더로 성장할 수 있는' 자리에 채용하여 쉽게 승진시킬 가능성이 높다.

연예계에서는 타이프캐스팅을 하거나 특정 역할을 하기에 적합한 '유형'의 배우를 선택하는 관행이 어느 정도 용납된다. 관객들은 특정 유형의 배우들이 남녀 주인공으로 출연하는 것을 선호하고 그런 주인공을 보기 위해 더 많은 돈을 지불한다. 그러나 무대와 스크린 밖에서 '유형'에 근거한 캐스팅이 계속되는 이유는 설명하기 어렵고 정당화하기도 어렵다. 지금도 상황은 크게 달라지지 않았다. 의사결정자 (그리고 유권자)가 자신감, 지배력, 외향성, 체력, 남성성을 리더십 잠재력의 지표로 삼아 누가 가장 리더처럼 보이는가를 판단의 기준으로 삼는 경우는 매우 흔하다. 이런 자질은 대개 성 역할 고정관념에 따라 정의되는 '관리자의 존재감' 여부로 판단받지만, 특정 유형의 인물이 권력자로 캐스팅된 후에 학습되어 고용과 승진의 정당한 기준으로 간주되기도 한다. 이런 자질은 조직에서 캐스팅의 결과를 완벽하게 예측한다. 하지만 배우가 그 역할에서 실제로 보여줄 연기와는 무관하다.

여전히 남성들이 여성들보다 정치적, 경제적, 직업적으로 큰 권력을 쥔 상황에서 우리가 권력을 남성성과 연관시키고, 강하고 지배적으로 보이는 남성 배우들이 권력자의 역할을 맡는 편을 선호하는 것은 이상하지 않다. 남성적인 행동은 지배력으로 정의된다. 연구에 따르면 남성 집단은 여성들보다 결단력, 행동력, 의지력이 강하다고 인식되는 반면, 여성은 남성보다 더 배려하고 보살피는 성향이 강하다고 인식된다.

더구나 우리는 남성이 더 지배적이고 여성이 더 배려심이 강하다는 이유로 당연히 그래야 하는 것처럼 생각한다. 그래서 남성들에게는 거칠게 행동하고, 자신감을 드러내고, 성 규범에 근거하여 자기주장을 할 것을 기대하고, 남성이 지배적으로 행동할 때는 마땅히 해야 할 행동을 하는 것처럼 본다. 그 결과, 대체로 남성이 여성보다 권력을 자주 드러낸다. 성별이 섞인 집단에서는 남성이 말을 더 많이 하고, 더 많이 떠들고, 자신을 더 당당하게 표현하고, 물리적 공간을 더 많이 차지하는 경향이 있다. 여성의 경우 성 규범에 따라 그 반대의 태도를 보인다. 친절하고 다정하게 행동하는 여성들은 자신들이 '해야 할' 일을 하고 있는 것이다. 이런 이유로, 우리는 잠재력을 지닌 여성이 있다 해도 (지배력을 기준으로 정의한) 리더의 자질을 대체로 여성과 연결시키지 않고, 리더답게 적극적이고, 당당하고, 단호하게 행동하는 여성을 신뢰하지 않는다. 여성들은 존중과 순종이 지위와 신뢰 확보를 위한 더 안전한 전략이라고 배운다. 그래서 지배력을 리더십 잠재력의 기준으로 삼으면 그 기준에 맞지 않는 여성이 많을 것이다.

리더십 잠재력을 지배력과 남성성으로 정의하면 우리는 이런 자질에 근거하여 리더십 잠재력을 판단하게 된다. 문제는 이런 특성들이 권력자로 승진할 가능성은 예측해도 유능함은 예측하지 못한다는 것이다. 만약 우리가 선행을 기준으로 캐스팅을 한다면, 권력이 효과적으로 사용될 것이라 예측할 수 있다. 이 경우, 성별은 캐스팅 과정에서 여성에게 불리하다기보다 유리하게 작용할 것이고, 다른 유형의 남성들도 최고위직에 오를 수 있을 것이다.

채용 담당자들이 선행을 기준으로 구직자들을 선택하고 훈련하고 평가하고 보상하는 법을 잘 안다면, 사람들에게 성과뿐만 아니라 검증된 성숙도를 기준으로 큰 권력과 역할을 부여한다면 세상이 어떻게 달라질지 상상해 보자. 성숙한 사람은 권력과 권력의 차이를 불편하게 여기지 않고, 다른 사람들의 좋은 성과를 위해 적극적으로 경쟁하고 행동하는 능력을 지녔고, 비판은 감수하고 관심을 공유하며, 집단을 위해 싸우고, 미래 세대의 행복을 위해 개인의 성과를 희생하고, 위기 시에 책임감을 보여주고, 중압감 속에서도 침착하게 행동하고, 다른 사람들의 안전을 위해 용기와 배려를 발휘한다. 우리는 직장에서, 가정에서, 국회에서, 그 밖의 세상 모든 곳에서 이런 사람들이 권력을 휘두르기를 원하는 건 아닐까?

리더십을 평가하는 세 가지 기준

영화 〈매드 맥스 3〉는 종말 이후의 미래를 다룬 4부작 시리즈의 제3편이다. 이 시리즈는 영국 작가 윌리엄 골딩William Golding이 1954년에 발표한 고전 소설 《파리대왕The Lord of the Flies》의 얼개를 따온 작품으로, 세상이 끝나고 미성숙한 사람들만 남아서 새 세상을 건설한다면 어떤 일이 벌어질지를 그리고 있다. 영화 속 바터타운의 주민들은 순진하고 옹졸하고 미숙하며, 세상에 대해 유치한 믿음을 품고 있다. 그 결과 사회 질서는 없고, 누구도 안전하지 않으며, 무엇이든 스스로 해결해야 하는 죽기 아니면 살기식의 문화가 만연하다. 딜굿 박사라는 인물은 이렇게 말한다. "선더돔은 단순한 곳이야. 무기를 잡고 네 멋대로 사용하면 돼. 규칙을 어길 일은 없어. 여기에 규칙 따위는 없거든."

많은 조직이 이와 비슷하다. 사업에서는 흔히 죽기 아니면 살기식 문화의 장점을 내세우는 것도 사실이다. 치열하게 경쟁하는 분위기 속에서 개인들은 최선을 다해야 한다. 하지만 최근 연구에 따르면, 가장 유해하고 불법적인 학대와 괴롭힘이 가장 만연한 곳이

바로 이런 조직이다. 규칙이 없는 직장에서 회의에 참석하는 것은 경기장에 발을 들여놓는 것과 같으며, 모든 관계는 필사의 경쟁이다. 죽기 아니면 살기의 문화에서는 다른 사람들이 우리를 일부러 괴롭힌다 여기며 늘 방어 태세를 갖추고, 권력을 잡을 기회를 호시탐탐 노리고, 다른 사람들을 쓰러뜨리는 데 권력을 사용한다.

지금까지 내가 아는 누구도 죽기 아니면 살기식 문화의 대안을 제시한 적이 없다. 그래서 내가 그것을 할 생각이다. 이런 사고방식에 대한 해독제는 선행의 문화다. 선행의 문화에서 우두머리는 권력을 이용해 규칙을 만들고, 모든 사람들에게 책임을 나누어주고, 집단의 이익을 위해 권력을 사용하는 것이 무엇을 의미하는지 날마다 행동으로 보여준다. 죽기 아니면 살기식 문화에서는 캐스팅을 할 때 가장 경쟁심이 가장 강한 사람들을 찾는다. 선행의 문화에서는 캐스팅을 할 때 사람들을 좀 더 깊이 들여다봐야 한다. 한 사람의 경쟁 에너지가 어디서 오는지, 그것을 보고 우리는 그가 손에 넣은 권력을 어떻게 사용할 것인지를 예측해야 한다. 우리에게는 리더십 잠재력을 확인할 새 기준이 필요하다.

성취 지향성. 세라는 누가 나라를 통치할 것인가를 두고 신교와 구교 사이에 피비린내 나는 갈등이 30년이나 이어지던 시기에 북아일랜드의 작은 마을에서 성장했다. 그녀의 어머니는 방문 간호사였고, 아버지는 지역 공장의 인사 관리자였다. 남을 돕는 것을 가장 중요하게 여기며 사는 사람들이었기에, 세라는 '사람이 먼저'라는 자신의 사고방식을 부모님에게서 배웠다고 말한다.

세라는 부드러운 인상에 커다란 갈색 눈을 가진 착한 소녀였다. 학부 때는 공학에 뛰어난 재능을 보였고 경영대학원을 상위 10퍼센트의 성적으로 졸업한 우수한 학생이었다. 그녀의 첫 직장은 누구나 일하고 싶어 하는 일류 컨설팅 회사였다. 나중에 그녀는 훨씬 경쟁력이 있는 최고의 투자 은행으로 자리를 옮겼다.

처음 일을 시작할 무렵, 세라는 자신의 성과를 정량적으로 평가받을 수 있는 길을 택하라는 조언을 받았다. 즉 수치를 중시하라는 뜻이었다. 그래야 다소 주관적인 성과 기준에 의존하는 업종에서는 그녀에게 걸림돌이 될 수 있는 성별 편견에서 비교적 자유로울 거라는 생각이었다. 은행에서 그녀는 매우 뛰어난 성과를 올리며 승승장구했다. 하지만 고위직에 오르는 방법에 대해 조언을 구했다가 난관에 부딪혔다. 멘토는 그녀에게 이렇게 말했다. "고위직에 오르고 싶다면 싸워야 해요. 당신이 그 역할을 원한다고 모두에게 알리고, 독한 마음을 먹어야 하죠. 당신이 얼마나 절박한지, 얼마나 비장한지, 얼마나 적극적인지를 보여줘야 해요. '기다려 봐요' 따위를 답변으로 받아들여서는 안 되죠."

세라는 일터에서 마음을 다잡고 이 조언을 충실히 이행하려 노력했다. 성과를 추구하는 한편, 자신을 위해 로비를 벌이기도 했다. 도가 지나친 것이 아닌지 두렵기도 했다. 몇 달 후에 다시 멘토를

Horizontal Power **수평적 권력**

찾아갔더니 그는 세라가 아직도 충분히 공격적이지 않다고 말했다.

세라는 은행을 떠났다. 기술 기업으로 이직해 그녀가 상장을 도운 수십억 달러 규모 회사의 최고재무책임자가 되었다. 현재 그녀는 큰 수익을 내는 대형 소셜미디어 플랫폼의 CEO가 되었다. 분명 세라는 투자 은행에서 더 큰 역할을 맡을 수 있었다. 하지만 그곳에서 높이 평가하는 수단을 동원해 고위직에 오를 준비는 되어 있지 않았다. 더 큰 역할을 차지하는 데 에너지를 쏟는 대신, 자신이 맡은 역할 속에서 사람들에게 혜택을 주는 데 주력했다. 그리고 그 정도로는 충분하지 않다는 생각이 들 때, 그녀는 자신의 타고난 장점이 유리하게 쓰일 곳으로 옮겼고, 그것은 결국 모두에게 유익한 선택이 되었다.

얼마나 절박해 보이는지를 근거로 누군가를 높은 자리로 승진시키는 사례는 매우 흔하다. 하지만 연구에 따르면, 일반 통념과는 반대로 야망과 자기 홍보는 유능한 리더십을 예측하지 못한다. 오히려 그 반대라는 증거도 있다. 지위를 얻기 위한 로비 활동, 자기 홍보, 세력 확대, 그리고 자신과 자신의 업적이나 능력에 대해 극성스레 관심을 유도하는 능력은 집단에서 누가 높은 자리로 올라갈지를 예측하는 중요한 변수다. 많은 사람들에게 승진은 직장 생활에서 가장 중요한 도전이다. 하지만 선행이라는 기준에서 이런 예측 변수는 부적절할 때가 많다. 이를 테면, 데이비드 매클렐런드의 연구에서 권력욕이 강한 사람들은 승진이 빨랐지만, 스캔들에 취약한 경향이 있었다. 그러나 권력 욕구와 성취 욕구가 모두 높은 사람들의 경력은 훨씬 바람직한 방향으로 나아갔다. 업무를 완벽하게 습득하고 개인의 실력을 쌓으려는 성취욕은 권력욕을 사회화시킨다. 결국 권력이 효과적으로 사용되는 조직을 만들기 위해서는 자신이 빠르게 승진할 수 있음을 증명하는 것만으로는 부족하고, 자신이 만드는 성과의 품질에 관심이 많으며, 전문성을 연마하고, 자신이 소중하게 생각하는 일에 (반복적으로) 기여하기 위해 충분한 시간 동안 하위직에 머무를 뜻이 있음을 보여주는 사람들을 캐스팅하는 편이 낫다는 뜻이다.

　권력을 잘 쓰는 비결은 집단의 요구에 주목하는 것이다. 어떤 사람들에게는 자연스런 행동이지만 어떤 사람들에게는 그렇지 않다. 기자 샘 워커Sam Walker에 따르면, 미국 대통령 가운데 가장 유능하다고는 할 수 없어도 가장 인기 있는 대통령에 속했던 드와이트 아이젠하워는 대통령에 출마하는 것조차 원하지 않았다. 당이 원했기 때문에 의무적으로 출마했다는 것이다. 권력을 가치 있는 자원을 축적할 수 있는 기회라기보다 의무로 여기는 리더들은 지위, 인정, 평판에 대한 자신의 욕구보다는 모두에게 유익한 결과를 달성하는 데 힘을 쏟는다. 높은 자리에 앉힐 사람을 캐스팅할 때 야망을 기준으로 삼기보다, 다른 사람들의 문제를 해결하려는 노력을 기준으로 삼아야 할 것이다.

헌신 지향성. 불행히도 카리스마나 호감도를 기준으로 권력자를 선택하는 것이 일반적인 관행이지만 이 기준에는 큰 위험이 따른다. 앞에서 살펴보았듯이, 자신이 관리하는 집단에 영향을 미치는 것보다 사람들에게 사랑받는 데 신경 쓰는 관리자들은 대체로 권력자로서 성과가 좋지 못하다.

카리스마는 특정 인물들이 보통 사람들보다 많이 발산하는 매력을 가리키는데, 대인관계에서 사람들을 끌어당기는 강력한 힘이 된다. 하지만 연구에 따르면, 카리스마는 실제로 집단과 조직의 성공과 생존에 거의 기여하지 못한다. 카리스마도 지배력처럼 조직에서 큰 역할을 맡을 사람을 예측한다. 하지만 역시 합리적인 기준이 되지 못한다.

카리스마 리더를 전문적으로 연구한 하버드대학교의 사회학과 교수 라케시 쿠라나Rakesh Khurana는 〈하버드 비즈니스 리뷰〉에서 이렇게 지적했다. "언제까지나 같은 자리에 머무르는 최고경영자는 없으므로 개인의 권력에 의존하는 권한 체계는 불안정할 수밖에 없다. 카리스마 리더들에게 의존하는 조직은 사실상 운에 기대는 것이나 마찬가지다. … 카리스마 리더는 자신의 영역과 권한을 제한하는 것을 거부한다. 자신의 권력을 향한 온갖 견제에 대항하고, 다른 사람들에게는 적용되는 규칙과 규범을 무시한다. 그 결과, 그들은 추종자들의 불합리한 욕망을 이용할 수 있다. 카리스마 리더를 따르려면 리더의 능력을 인정하는 것만으로는 부족하다. 완전한 복종이 요구된다."

카리스마는 관심과 긍정적인 평가를 유도한다. 하지만 카리스마와 호감도를 기준으로 권력자를 캐스팅하면, 우리는 다른 사람들에게 영향을 주는 결과보다 사람들에게 사랑받는 데 신경 쓰는 리더를 택하는 위험을 감수해야 한다.

선행을 근거로 캐스팅을 하면 따뜻함에 초점을 맞출 수 있다. 따뜻함, 카리스마, 호감도는 서로 구분 없이 쓰일 때가 많지만 절대 같은 개념들이 아니다. 권력자로서 따뜻하다는 것은 단순이 매력적이라거나 호감이 간다거나 인기가 많다는 뜻이 아니다. 따뜻함은 내면 깊은 곳에서 나온다. 따뜻함이란 조급하고 고단하고 위축되고 심란하더라도, 진정한 보호, 헌신, 신뢰를 보여주고 증명하고 실천하는 것을 말한다. 다른 사람들의 성공을 바라고, 그것을 실현하기 위해 에너지를 아끼지 않고, 위험을 기꺼이 감수하며, 자신을 희생할 수 있음을 확실히 보여주는 것이다.

따뜻함은 필요할 때 단호하게 행동하고, 다른 사람들을 돕고, 권력을 숨기든 드러내든 위협적으로 행동하지 않으며, 누군가에게 자신이 같은 편이라는 확신을 주고, 아첨이나 매력, 값싼 말에만 기대는 것이 아니라 실제로 사람들의 발전을 돕는 행동을 할 능력을 갖추는 것이다.

따뜻함은 유능함과 양립할 수 없는 것처럼 느껴질 수 있다. 하지만 '엄한 사랑'이 그렇듯 여기서 말하는 따뜻함은 능력을 소홀히 다루지 않는다. 오히려 둘은 서로에게 힘을 싣는다. 결국 개인을 권력자로 캐스팅할 때 우리는 매력과 호감을 기준으로 삼는 대신, 유능하면서도 배려와 헌신을 다하는 사람이라는 증거를 찾아야 한다.

집단에 대한 헌신. 선행(권력자가 권력이 적은 사람들의 복지를 우선시할 수 있는 능력)은 발달 성숙developmental maturity의 증거다. 하지만 권력자를 캐스팅할 때 이 자질을 거론하는 사람은 없다. 문화와 심리학 이론 전반에서 성숙이란 이기적 충동을 통제하고 타인들에게 혜택을 줄 만한 행동을 하는 능력으로 정의된다. 매클렐런드도 권력에 대한 성숙한 접근법을 비슷하게 정의한다. 대부분의 직업인은 자신의 발전을 위해 권력을 얻는 데 주력하지만, 매클렐런드에 따르면, 권력에 대한 이런 접근법은 심리적으로 그다지 성숙한 태도가 아니다. 권력에 대한 보다 성숙한 접근법, 사회에 지속적으로 기여하는 것을 성공이라 여기는 접근법의 특징은, 권력을 다른 사람들의 문제를 해결해 주기 위해 자신의 외부에 존재하는 자원이라고 인식하는 것이다. 내가 매클렐런드를 정확하게 이해하고 있다면, 리더를 정할 때 우리는 이런 인식을 찾아야 한다.

권력의 세계에서 발달 성숙은 《캡틴 클래스The Captain Class》를 쓴 샘 워커가 말한 이타심과 비슷하다. 전설적인 팀의 주장들은 기꺼이 물을 나르고, 팀의 승리에 기여하기 위해 신체 부상을 이겨내고, 자신의 감정을 다스려 팀을 위해 의도적으로 쏟아내는 '전환 스

위치'가 있다는 특징이 있다.

내 동료 니어 할레비Nir Halevy는 그런 성향을 '집단애in-group love'라 부른다. 어떤 의사결정자에게는 있지만 어떤 의사결정자에게는 없는 특성으로, 개인에게 보상이 보장되지 않아도 집단의 목적을 이루기 위해 개인의 자원을 소비하는 것이다. 할레비는 죄수의 딜레마 같은 실험적 게임 이론을 이용해, 사람들이 개인의 이익과 집단의 이익 사이에서 어떤 선택을 하는지, 그런 선택이 그들의 지위와 권력에 어떤 영향을 미치는지를 연구한다. 개인의 손실을 감수할 만큼 집단의 성과에 마음을 쓴다는 것을 보여주는 사람들은 리더로 승격되지만, 다른 동료들의 희생에 기대려고 잔머리를 굴리는 사람들은 퇴출당한다. 동료들은 멀찍이 떨어진 곳에서도 눈치를 채는데, 배우를 중요한 권력자의 자리에 캐스팅하려는 사람들은 왜 눈치채지 못할까?

이런 행동 방식이 비합리적으로 느껴질 수도 있지만, 사실은 그렇지 않다. 평생에 걸쳐 성숙하게 사용되는 권력은 미래 세대를 보호하는 데 초점을 맞춘다는 발전적인 특징이 있다. 그것은 진화의 관점에서 유일하게 타당한 접근법이다. 그리고 집단은 권력에 대한 이런 접근 방식을 당연히 높이 평가한다. 할레비의 연구에서 어떤 대가나 개인적 이익이 보장되지 않는데도 자신의 자원을 포기하고 집단의 성공에 투자한 학생들은 나이에 한참 앞선 성숙함을 보여준 것이다. 그런 행동에 자기 보호의 목적은 없었다. 비합리적인 행동으로 보였을지는 몰라도, 그들은 지위를 얻거나 리더 후보로 인식되는 보상을 받았다. 집단이 원한 지도자는 바로 이런 사람들이었다. 지배적이고 경쟁적이지만 다른 누구에게도 혜택을 주지 않는 이기적인 사람들이 아니었다. 그리고 수혜자가 누구든 간에 항상 관대하거나 이타적인 사람들도 아니었다. 어느 특정 집단에 충성하고 헌신하거나, 또는 한 집단의 성공과 번영을 위해 무엇이 필요한가에 따라 권력을 공격적으로 발휘하든 타인에게 양도하든 개인의 이익이나 기회를 희생하는 습관, 적어도 그런 마음가짐을 보여주는 사람이라면 권력을 대하는 성숙한 태도를 지녔다고 인정할 수 있다.

선한 권력이 승리한다

우리는 권력 관계를 생각할 때 주로 일터를 떠올리지만, 사실 일터 밖의 삶에도 그것은 적용된다. 지난 몇 년 사이 전 세계에 권위주의 정부가 속속 들어서는 모습을 보고 어리둥절한 사람이 많겠지만, 나는 이유를 알 것 같다. 사회가 점점 불안해지고 자원 고갈의 위협이 커지면서 우리는 질서와 사회 통제를 갈망하게 되었다. 무력감을 느끼는 사람이 나날이 늘고 있다. 학대와 폭력도 갈수록 늘고 있다.

세계의 불평등 문제를 해결하는 것은 실현하기 어려운 이상이겠지만 권력 격차를 지금보다 잘 관리하는 목표라면 충분히 달성할 수 있다. 사람들은 가장 안전하다고 느낄 때 관대하게 행동한다. 권력에 있어 "생각은 넓게 행동은 좁게"라는 금언은 나쁜 기준이 아니다. 세상에 영향을 미치기 위해서는 가정에서부터 신뢰와 의무를 다하는 데 힘써야 한다.

자신이 부족의 일원으로 다른 구성원들과 연결되어 있을 때, 사람들은 서로를 보살핀다. 세상에는 그런 일이 자연스레 일어나는 곳도 있지만, 불행히도 우리가 사는 이곳은 아니다. 우리 문화에서 부와 번영은 공동의 가치를 해친다. 물리적으로 생존하는 데는 서로가 필요치 않기 때문에 우리는 집단의 일원보다 자유로운 개인으로 행동할 때 더 행복하고 윤택하다고 느낀다. 하지만 연구 결과는 다르다. 사실, 수많은 연구가 정신 건강을 예측하는 가장 큰 변수는 사회적 관계라고 밝힌다. 우리 자신을 출연진, 공연 단원, 제작진 등 공동체의 일부로 생각하면 우리는 심리적으로 다른 사람들, 개인보다 훨씬 큰 목표와 연결된다.

우리는 문화를 고정되고 안정된 것으로 생각하는 경향이 있다. 하지만 대부분의 경우 문화는 세상이 어떻게 돌아가는지에 대한 가정과 기준의 집합일 뿐이다. 문화는 고정된 것도 아니다. 우리는 우리를 중심으로 목표와 신념을 강화하는 문화를 창조한다. 리더와 기업가들은 날마다 문화를 창조하고, 교사와 학부모도 마찬가지다. 사업체를 세우든 아이들을 교육하든 가족을 부양하든 우리는 권력이 다른 사람들에게 유익하게 쓰이는 문화를 만들 수 있다. 사람들에게 모범을 보이고, 누구나 실제로 기여할 수 있는 구조를 만들고, 선한 행동을 보상하고, 악한 행동을 처벌하는 것이 핵심이다. 물리적으로는 서로의 필요성이 갈수록 줄어드는 듯한 세상이지만, 심리적으로는 갈수록 서로를 더 필요로 한다. 역할을 진지하게 받아들이는 것이 매끄러운 관계를 만드는 비결이다.

권력의 목적은 무엇인가

권력에 관한 이야기를 하는 것이 직업인 배우들과 어울리면서 배운 점이 있다. 권력자가 되고 강력한 인생을 산다는 것의 의미를 다르게 설명할 필요가 있다는 것이다. 위대한 드라마와 문학 작품에는 유리한 위치에서 출발해 우아하게 우주를 정복하는 완벽한 사람들에 대한 이야기는 없다. 이런 인물에게는 아무도 관심을 갖지 않는다. 아무도 공감할 수 없다. 연극과 인생에서 설득력 있는 이야기를 만드는 요소는 투쟁이다. 승리, 비극, 등장인물이 이겨내고 견뎌낸 과정이다.

내 수업 '권력 연기하기'를 듣는 MBA 학생들은 처음에는 위대한 연극 속의 매력 없는 인물을 연기하라는 요구를 의아하게 여긴다. 훌륭한 무적의 영웅, 자애로운 왕, 역사 기록에 등장하는 존경받는 지도자가 아니라 데이비드 마멧David Mamet의 〈글렌게리 글렌로스〉에 나오는 부패한 판매원, 존 패트릭 샌리John Patrick Shanley의

〈네 마리의 개와 하나의 뼈다귀Four Dogs and a Bone〉 속 절박하고 교활한 여배우, 또는 캐릴 처칠Caryl Churchill이 쓴 〈톱 걸즈Top Girls〉 속 천박한 술꾼에, 서로 앙숙인 자매를 왜 연기해야 하는지. 답은 간단하다. 완벽한 사람들에 대한 희곡은 아무도 쓰지 않기 때문이다. 그런 이야기는 진실하지 않을 터이고, 예술적으로 무미건조할 것이다. 위대한 연극은 인간성에 대한 심오하고 보편적인 진실을 드러낸다. 우리가 서로에게서 자신의 모습을 볼 수 있게 해준다. 위대한 이야기에서 가장 강력한 등장인물들은 딱 우리처럼 결점투성이의 어수선한 사람들이다. 우리가 실제로 그들에게 관심을 갖는 이유는 그 때문이다.

권력을 잘 쓰려면, 우리는 우리를 인간답게 만드는 약점과 강점을 모두 가져야 한다. 따라서 무대에서 결함 많은 인물을 연기하는 연습이 도움이 된다. 인물의 추악한 진실을 인지하고, '자기다울' 때는 절대 용납하지 않을 '역할'을 맡아 관객 앞에서 연기를 펼치면서, 그런 연기가 자신을 근본적으로 바꿀 수는 없다는 것을 깨달으면, 그 경험은 변화를 일으킨다. 무대 위에서 결점 많은 인물을 진실하게 연기하려면 공감 능력을 발휘해야 한다. 연기는 사람들에게 선과 악이 공존하는 이유를 이해시켜, 다른 사람들과 우리 자신을 대할 때 판단하기보다 수용하고, 증오하고 두려워하기보다 사랑해야 한다는 과제를 던져준다.

지나치게 긍정적인 소리라고? 그럴지도 모른다. 사람들이 본질적으로 선한지 악한지, 이기는 사람과 베푸는 사람 중 누가 권력을 차지하게 되는지에 대해서는 하루 종일 이야기해도 부족하다. 하지만 이런 질문의 답을 실제로 아는 사람은 아무도 없다. 세상의 철학자들에게는 미안하지만 대답할 수 있는 사람도 없다. 하지만 심리학자로서 나는 우리가 살고 싶은 세상을 만드는 유일한 방법은 우리가 이미 그런 세상에 살고 있듯이 행동하는 것임을 안다. 다른 사람들이 우리에게 못된 짓을 하고, 믿을 사람이 아무도 없으며, 세상에 우리뿐이라는 생각이 들 때, 우리는 자신을 보호하기 위해 방어적으로 권력을 사용한다. 두려움에 이끌려 행동할 때 우리는 우리가 두려워하는 세상을 만든다. 하지만 희망을 품고 행동할 때, 인간이 본질적으로 선하고 다정하다고 가정할 때, 우리는 권력을 너그럽게 사용하고, 다른 사람들을 먼저 생각하고, 다른 사람들도 그렇게 하는 것이 합리적인 선택이 되는 신뢰의 기반을 만든다. 나에게 권력의 목적은 바로 그것이다.

감사의 말

10년 이상 나와 함께 '권력 연기하기' 과정을 개발하고 진행한 스탠퍼드대학교의 동료 강사들에게 한없는 감사를 전합니다. 배우, 즉흥연주자, 작가, 감독 등 특별한 예술가들과의 작업으로 내 삶은 무척이나 풍요로워졌습니다. 내게 영감을 주는 연기자들, 걸출한 코치들, 더없이 관대한 사람들로부터 연기뿐만 아니라 권력에 대해서도 많은 것을 배웠습니다. 나의 첫 연기 선생님이며 이 과정을 함께 만든 우리의 사부 케이 코스토풀로스, 수업의 기본 틀을 개선하기 위해 노력을 아끼지 않은 리치 콕스 브레이든, 멀리사 존스 브릭스, 댄 클라인, BATS 임프로브의 설립자 윌리엄 홀과 뛰어난 신 코치, 캐리 패프, 리사 롤런드, 케빈 랠스턴, 재닛 왓슨, 보비 와이너플

314

등 지난 몇 년간 가끔씩 들러 '찬조 출연'해 주신 연극인들에게 감사드립니다. 그들은 뛰어난 재능을 발휘하여 경영대학원 수업에 예술의 인간적인 영향력을 더해주었습니다. 이 훌륭한 분들은 지난 10년간 좋을 때나 나쁠 때나 내 동료, 부족, 가족, 일터 속의 놀이터가 되어주었습니다.

돈이 많이 들지만 재미있고 유용한 것을 만들고 싶었던 나를 처음부터 지원해 주신 선임 부학장님과 직원들에게 많은 빚을 졌습니다. 글렌 캐럴은 투자에 대한 보상이 불확실할 때 연기 선생님을 초빙할 시간, 공간, 허락, 자금을 내어주는 등 처음으로 가장 큰 위험을 감수했습니다. 마다브 라잔과 요시 파인버그는 이 과정이 성장할수록 더 많은 자원을 지원해 주었고 최고의 교수팀을 꾸리는 데도 도움을 주었습니다. 그리고 이 과정이 사람들에게 외면당하기 전에 데이비드 크렙스는 내가 바버라 레인브라운을 영입하여 이 모든 것을 시작할 계기를 만들어주었습니다. 바버라 레인브라운은 내게 공연 예술의 세계를 넘어 배우의 사고방식이라는 가치에 눈을 뜨게 해주었습니다. 폴 매티시에게는 (건물 안에 평평한 강의실이 없는 관계로) 트레일러에서 수업한 첫날부터 임시 직원 열세 명을 5개 구역에 배치하고, 공연과 코칭 공간을 마련하고, 생활 공간을 짓고, 살아 있고 성장하는 연극과 장면의 인벤토리를 구축하여 모든 것을 순조롭게 만들어준 데 대해 깊은 감사를 드립니다.

글을 쓰는 데 다른 도움을 주신 분들도 많습니다. 나의 에이전트 크리스티 플레처는 첫 실마리를 잡아 그것을 끌어당기고, 내가 성공적인 제안서를 작성(및 판매)하는 데 도움을 주었습니다. 곤경에 빠질 때마다 나를 구원해 주고, 지원을 요청하고, 골치 아픈 문제를 해결해 주고, 나를 올바른 방향으로 가만히 이끌어주었으며, 매번 엄청나게 귀중한 의견을 제시했기에 큰 감사를 받을 자격이 있습니다. 크라운 출판 그룹의 재능 있는 편집자 탈리아 크론은 그 이상이었습니다. 꼭 필요한 순간에 나타나 나에게 진실하고 중요한 것이 무엇인지, 지면에 언급되어야 할 것은 무엇인지에 대해 얽히고설킨 덤불 속에서 뚜렷한 길을 찾도록 도움을 준 정신적 안내자였습니다. 내가 기대도 할 수 없었던 투자와 노력을 선뜻 내주었을 뿐 아니라, 늘 현명한 파트너가 되어주었습니다. 무거운 짐을 들 때에도 함께 일하는 것이 늘 즐거운 사람이었죠. 작업에 진척이 없을 때 나타나서 나를 구해준 피터 구자르디와 멜라니 리해크에게도 감사를 전합니다. 두 사람의 목소리, 말, 표현 방식은 언제까지나 내 귓가에 쟁쟁할 거예요. 내가 거주하지 않는 지역에서 멋진 일화를 발굴해준 브리짓 샘버그에게도 감사드립니다. 나와 이 책을 믿어준 크라운 출판 그룹의 티나 컨스터블, 프로파일의 헬렌 컨퍼드, 그 밖에 전 세계의 다른 출판사에 감사를 전합니다.

셰릴 샌드버그는 초기 초안을 읽고 지구 반대편에서 전화로 상세한 의견, 제안, 응원을 전해주었고 좋은 말상대도 되어주었습니다. 이메일로 '좋아요' 이모티콘만 보내주었어도 기뻐서 어쩔 줄 몰랐을 텐데, 그녀는 솔직하고, 지적이고, 정확하고, 혁신적인 의견을 보내주었죠. 스탠퍼드대학교 동료인 브누아 모닌(전문 배우, 뛰어난 사회심리학자, '권력 연기하기'의 동료 강사, 연구 협력자)은 관대한 논평을 해주었습니다. 모닌 특유의 다재다능하고 미묘한 감성을 더하자, 내 초안은 생각도 못한 방식으로 크게 개선되었죠. 엠 라이트와 샐로너 자매는 초안을 읽고 유용하고 다정한 의견을 전해주었습니다.

권력에 대한 내 생각은 선배들에게서 영감을 얻었습니다. 시몬 드 보부아르, 데이비드 매클렐런드, 한스 모건소, 세르주 모스코비치, 마사 누스바움처럼 만난 적 없는 이도 있고, 데이비드 키프니스, 샬런 네메스, 제프리 페퍼, 필립 테틀록, 데이비드 윈터, 필립 짐바도처럼 만나본 이도 있습니다. 내게 헤아릴 수 없는 영향을 준 논문 공동 저자들과 함께할 수 있었던 것은 큰 행운이었습니다. 캐머런 앤더슨, 네이트 패스트, 애덤 갤린스키, 루시아 길로리, 리 황, 에나 이네시, 대커 켈트너, 마이클 크라우스, 케이티 릴젠퀴스트, 조 매기, 킴 리오스 모리슨, 엠 라이트, 니로 시바나산, 멀리사 토머스 헌트, 래리사 타이든스, 제니퍼 위슨, 멀리사 윌리엄스 등은 이 책의 핵심인, 무력감을 느낄 때 어떻게 권력을 가질 수 있는지, 권력을 쥐었을 때 어떻게 행동해야 하는지에 대한 나의 이해를 크게 높여주었습니다. 홀리 애로, 라이언 비즐리, 제니퍼 버달, 엘리엇 팬, 앤드리아 홀링셰드, 줄리엣 카보, 피터 킴, 비타 매닉스, 폴 마토래나, 조

맥그래스, 매기 닐, 캐슬린 오코너, 케이시 필립스, 재러드 프레스턴, 밥 와이어의 위대한 생각 덕분에 집단 역학과 상호작용에 대한 내 초기 연구가 이 책에 폭넓게 담길 수 있었습니다. MBA와 임원 교육 수업에서 만난 학생들은 과거에도 현재에도 권력이 현실 세계에서 어떻게 작용하는지, 그리고 자신보다 더 위대한 가치에 헌신하는 것이 무엇을 의미하는지에 대해 많은 것을 가르쳐주었습니다. 답을 몰랐던 질문으로 저를 압박했던 분들에게 특히 감사드립니다. 놀랍고, 감동적이고, 민감하고, 타당한 이야기들을 들려주신 많은 분들에게 경의를 표합니다. 자신의 이야기가 이 책에 수록될 것임을 아는 분도 있고 모르는 분도 있습니다(신원이 드러나지 않도록 최선을 다했습니다). 마음을 열고 저와 우리 모두가 당신의 경험에서 교훈을 얻을 수 있게 해주셔서 감사합니다.

마지막으로, 가장 특별한 분들에게 감사를 전하려 합니다. 항상 그렇게 느껴지지는 않았겠지만, 인디아와 데이시는 내가 하는 모든 것의 이유입니다. 둘은 우아함, 지혜, 마음, 유머, 엄청난 힘, 회복력, 나이를 뛰어넘는 성숙함으로 날마다 내게 영감을 줍니다. 인내심을 보여주고, 나를 믿어주고, 나의 성공을 기원해 주어서 고맙습니다. 네 분의 부모님과 언니에게 사랑과 존경을 전합니다. 나를 자랑스럽게 생각하기를 바라요. 이 책 속에는 보이지 않을 수도 있지만, 이 책을 쓰는 내내 당신들과 우리를 생각했답니다. 그리고 언제 어디서나 변함없는 나의 파트너인 가스, 당신한테는 상이라도 줘야

318

해요. 권력을 대담하고 감동적이고 선량하게 사용하고, 삶 속의 뛰어난 여성들을 굳건히 지지하고, 당신이 서는 모든 무대에서 당신이 연기하는 역할에 깊이 헌신해 줘서 고마워요.

출처

1장 | 우리 모두는 권력을 갖고 있다

48 실제로 한 대규모 메타분석에서는: S. C. Paustian-Underdahl, L. S. Walker, and D. J. Woehr, "Gender and Perceptions of Leadership Effectiveness: A Meta-Analysis of Contextual Moderators," Journal of Applied Psychology (April 28, 2014), 온라인 사전 출간, http://dx.doi.org/10.1037/00036751.

2장 | 권력 드러내기

58 지위놀이: Keith Johnstone, IMPRO: Improvisation and the Theatre (London: Faber and Faber, 1979).

65 존경과 애정이라고 착각하게 만들 수 있다: Dacher Keltner, Randall C.

Young, Erin A. Heerey, Carmen Oemig, and Natalie D. Monarch, "Teasing in Hierarchical and Intimate Relations," Journal of Personality and Social Psychology 75 (1998): 1231-1247.

76 '권위의 평균대': Richard J. Hackman and Diane Coutu, "Why Teams Don't Work," Harvard Business Review 87, no. 5 (2009): 98-105.

77 자신감 넘치던 구성원들의 지위는 타격을 입지 않았다: Cameron Anderson, Sebastien Brion, Don Moore, and Jessica A. Kennedy, "A Status Enhancement Account of Overconfidence," Journal of Personality and Social Psychology 103 (2012): 718-735.

3장 | 권력 숨기기

95 "당신의 인간적인 면모를 드러낼 수도 있고요": Howard Schultz and Adam Bryant, "Good C.E.O.s Are Insecure (and Know It)," New York Times, October 9, 2010.

98 직원들은 그런 관리자들을 변덕스럽고 예측할 수 없는 사람들로 여겼다: David C. McClelland and David H. Burnham, "Power Is the Great Motivator," Harvard Business Review, January 2003.

102 성공할 가능성이 높은 사람들로 여겨졌다: Joey T. Cheng, Jessica L. Tracy, Tom Foulsham, Alan Kingstone, and Joseph Henrich, "Two Ways to the Top: Evidence That Dominance and Prestige Are Distinct Yet Viable Avenues to Social Rank and Influence," Journal

of Personality and Social Psychology 104 (2013): 103–125.

103 "긍정적인 감정과 불안을 모두 표출하며, 인간적인 언어를 사용할 때": Ari Decter-Frain and Jeremy A. Frimer, "Impressive Words: Linguistic Predictors of Public Approval of the U.S. Congress," Frontiers in Psychology 7 (2016): 240, doi:10.3389/fpsyg.2016.00240.

104 다른 대안보다 주로 권위에 의존하지만: Victor H. Vroom and Arthur G. Jago, "The Role of the Situation in Leadership," American Psychologist 62, no. 1 (January 2007): 17–24.

4장 ㅣ '나다움'과 '권위'를 동시에 지키려면

111 '자기다워지는 것'은 한마디로 연기다: Erving Goffman, The Presentation of Self in Everyday Life (New York: Anchor Books, 1959).

117 막내나 외동보다: David C. McClelland, Human Motivation (Cambridge University Press, 1988).

118 여성이 남성보다 대출금을 상환할 가능성도 높았다: Derek Thompson, "Women Are More Responsible with Money, Studies Show," The Atlantic, January 31, 2011.

122 두 사람은 결국 절친한 동료가 되었다: Brian Uzzi and Shannon Dunlap, "Make Your Enemies Your Allies," Harvard Business Review, May 2012.

123 "진실, 사명, 사랑을": David Brooks, "Making Modern Toughness,"

New York Times, August 30, 2016, https://www.nytimes.com/2016/08/30/opinion/making-modern-toughness.html.

142 방법을 이렇게 설명한다: Herminia Ibarra, Act Like a Leader, Think Like a Leader (Boston: Harvard Business Review Press, 2015).

5장 | 달라진 역할에 맞게 권력을 쓰는 법

153 기존 방식을 뒤엎을 때: National Research Council, Sociality, Hierarchy, Health: Comparative Biodemography: A Collection of Papers, edited by Maxine Weinstein and Meredith A. Lane (Washington, D.C.: National Academies Press, 2014).

154 직장에서의 승진을 중요한 목표로 보고: Delroy L. Paulhus and Oliver P. John, "Egoistic and Moralistic Biases in Self-Perception: The Interplay of Self-Deceptive Styles with Basic Traits and Motives," Journal of Personality 66, no. 6 (1998): 1025-1060.

6장 | 권력에 따른 불안을 다스리는 법

182 "그냥, 어리벙벙했죠": "Jay-Z: The Fresh Air Interview," November 16, 2010, https://www.npr.org/2010/11/16/131334322/the-fresh-air-interview-jay-z-decoded.

183 그녀는 노래를 부를 수 없었다: Amanda Petrusich, "A Transcendent Patti Smith Accepts Bob Dylan's Nobel Prize," New Yorker,

December 10, 2016.

183 "곡의 도입부가": Patti Smith, "How Does It Feel?," New Yorker, December 14, 2016.

186 1위보다 2위를 선호한다: Cameron Anderson, Robb Willer, Gavin J. Kilduff, and Courtney E. Brown, "The Origins of Deference: When Do People Prefer Lower Status?," Journal of Personality and Social Psychology 102, no. 5 (2012): 1077-88.

187 자신을 해코지할지도 모른다는: David Winter and Leslie A. Carlson, "Using Motive Scores in the Psychobiographical Study of an Individual: The Case of Richard Nixon," Journal of Personality 56, no. 1 (1988): 75-103.

7장 | 권력은 이렇게 부패한다

209 "저는 상황을 파악하지 못했습니다": Jonathan Shieber, "500 Startups' Dave McClure Apologizes for 'Multiple' Advances toward Women and Being a 'Creep,'" TechCrunch, July 1, 2017.

212 식욕이 강해지거나 식욕을 통제하는 능력이 약해지는 모양이었다: Dacher Keltner, "Don't Let Power Corrupt You," Harvard Business Review, October 2016.

216 하급자에게 업무적으로 보복할 가능성이 높아졌다는: Melissa J. Williams, Deborah H Gruenfeld, and Lucia E. Guillory, "Sexual Aggression

When Power Is New: Effects of Acute High Power on Chronically Low-Power Individuals," Journal of Personality and Social Psychology 112, no. 2 (2017): 201-223.

220 "가지는 통제다": Lundy Bancroft, Why Does He Do That? (New York: Putnam, 2002).

221 항상 누가 악당인지 명확하지 않다: Cavan Sieczkowski, "Former CIA Officer: Listen to Your Enemy, Because 'Everybody Believes They Are the Good Guy,'" Huffington Post, June 14, 2016.

223 아버지가 도박 중독으로: Nina Munk, "Steve Wynn's Biggest Battle," Vanity Fair, June 2005.

226 그녀는 사기죄로 기소되었다: John Carreyrou, Bad Blood (New York: Knopf, 2018).

227 "칼라닉 본인이 쫓겨나는 결과를 초래했죠": Stanford Graduate School of Business, December 3, 2018; 유튜브 동영상.

231 "자신을 학대한 부모를 갈구하며 온갖 엉뚱한 곳을 찾아다니게 된다": Lucinda Franks, "The Intimate History," Talk Magazine, September 1999.

233 나중에 그녀에게 전화를 걸어 데이트를 신청할 가능성도 더 높았다: Donald G. Dutton and Arthur P. Aron, "Some Evidence for Heightened Sexual Attraction under Conditions of High Anxiety," Journal of Personality and Social Psychology 30 (1974): 510-517.

8장 | 부패한 권력과 싸우는 법

252 언어적 주장이나 지배는: M. J. Williams and L. Z. Tiedens, "The Subtle Suspension of Backlash: A Meta-analysis of Penalties for Women's Implicit and Explicit Dominance Behavior," Psychological Bulletin 142, no. 2 (2016): 165-197.

9장 | 부패한 권력 앞에서 방관자로 머물지 않는 법

258 백만에 가까운 조회수: Jim Dwyer, "When Fists and Kicks Fly on the Subway, It's Snackman to the Rescue," New York Times, April 12, 2012.

274 "가장 존경하는 사람들이 이미 참여하고 있는 경우": Shelley Correll, "Reducing Gender Biases in Modern Workplaces: A Small Wins Approach to Organizational Change," Gender and Society, November 9, 2017.

10장 | 내가 가진 권력, 어떻게 사용해야 할까?

286 "좀 더 잘하려고 항상 노력해야겠죠": National Public Radio, "Paul Ryan's Full Interview with NPR's Steve Inskeep," December 1, 2017, https://www.npr.org/2017/12/01/567012522/.

295 결핍을 느끼는 사람들과 달리: George Kohlrieser, "Secure Base Leadership: What It Means and Why It Really Matters," Talent and

Management, October 23, 2012.

305 "언제까지나 같은 자리에 머무르는 최고경영자는 없으므로 … 완전한 복종이 요구된
다": Rakesh Khurana, "The Curse of the Superstar CEO," Harvard
Business Review, September 2002, https://hbr.org/2002/09/the-
curse-of-the-superstar-ceo.

308 개인의 이익과 집단의 이익 사이에서 어떤 선택을 하는지: N. Halevy, E. Y.
Chou, T. R. Cohen, and R. W. Livingston, "Status Conferral
in Intergroup Social Dilemmas: Behavioral Antecedents and
Consequences of Prestige and Dominance," Journal of Personality
and Social Psychology 102, no. 2 (2012): 351–366, http://dx.doi.
org/10.1037/a0025515.

옮긴이 • **김효정**

연세대학교에서 심리학과 영문학을 전공했다. 글밥 아카데미 수료 후 현재 바른번역 소속 번역가로 활동하고 있다. 옮긴 책으로는 《당신의 감정이 당신에게 말하는 것》《상황의 심리학》《최고의 교육은 어떻게 만들어지는가》《어떻게 변화를 끌어낼 것인가》《야생이 인생에 주는 서바이벌 지혜 75》《철학하는 십대가 세상을 바꾼다》 등이 있고 계간지 〈우먼카인드〉와 〈스켑틱〉 한국어판 번역에 참여하고 있다.

수평적 권력

초판 1쇄 발행 2023년 10월 30일

지은이 데버라 그룬펠드
펴낸이 정덕식, 김재현

펴낸곳 (주)센시오
출판등록 2009년 10월 14일 제300-2009-126호
주소 서울특별시 마포구 성암로 189, 1711호
전화 02-734-0981
팩스 02-333-0081
전자우편 sensio@sensiobook.com

ISBN 979-11-6657-124-4 (03320)

소중한 원고를 기다립니다. sensio@sensiobook.com